浙江省社科联研究课题"浙江省大学生法律意识的发展特点、影响因素及培育策略探究"（2022N75）

温州市科技局项目"温州高校大学生法律意识的发展特点、影响因素及预测模型"（R20210002）

温州市哲学社会科学规划课题"温州青少年具身化法律认知研究"（22WSR602）

浙江省教育科学规划课题"浙江省中学生法律意识的心理机制及法治教育对策实验研究"（2020SCG151）

青少年法律意识的发展特点、影响因素及机制探究

徐淑慧　颜文靖　著

ZHEJIANG UNIVERSITY PRESS

浙江大学出版社

·杭州·

图书在版编目（CIP）数据

青少年法律意识的发展特点、影响因素及机制探究 /
徐淑慧，颜文靖著. —杭州：浙江大学出版社，
2022.8
　　ISBN 978-7-308-23071-1

　　Ⅰ.①青… Ⅱ.①徐…②颜… Ⅲ.①青少年－法律
意识－研究－中国 Ⅳ.①D920.0

中国版本图书馆 CIP 数据核字（2022）第 172979 号

青少年法律意识的发展特点、影响因素及机制探究

徐淑慧　颜文靖　著

责任编辑	范洪法　樊晓燕	
责任校对	汪　潇	
封面设计	雷建军	
封面设计	浙江时代出版服务有限公司	
出版发行	浙江大学出版社	
	（杭州市天目山路 148 号　邮政编码 310007）	
	（网址：http://www.zjupress.com）	
排　　版	浙江时代出版服务有限公司	
印　　刷	杭州高腾印务有限公司	
开　　本	710mm×1000mm　1/16	
印　　张	19.25	
字　　数	315 千	
版 印 次	2022 年 8 月第 1 版　2022 年 8 月第 1 次印刷	
书　　号	ISBN 978-7-308-23071-1	
定　　价	78.00 元	

序

　　六年前鲁东大学的白玉兰含苞待放之时,我高兴地看到徐淑慧的博士论文《法律意识植根于自我的教育研究》瓜熟蒂落、水到渠成;三年前小瀛山下东校区的白玉兰怒放之季,我欣喜地收到徐淑慧博士发来的书稿《法律意识植根于自我的教育研究——以未成年犯实证分析为例》;今年在黄海之滨的烟台理工学院,白玉兰开败,绿叶婆娑之季,我惊喜地看到徐淑慧博士发来的第二部书稿《青少年法律意识的发展特点、影响因素及机制探究》。

　　徐淑慧是我招收的第一个博士研究生。刻苦好学、勤于思考、善于创新,是她留给我的最深刻印象。一篇博士论文让其法律意识落地生根,两本专著、数篇高质量论文、十余项纵向教学科研课题等使其法律意识开花结果,尤其是在研究生学习期间,她就在《教育研究》杂志以第一作者发表法律意识方面的学术论文,这是难能可贵的。徐淑慧围绕青少年法律意识潜心耕耘、深度挖掘,十年磨一剑,咬定青山不放松,走出了一条定性与定量相结合的研究轨迹,逐渐为学界所认可。徐淑慧在探究法律意识心理机制的研究领域有着自身独特的优势。她曾接受过本科四年的专业法学教育,构建了法学领域的基本研究思维;又接受过硕士三年心理学的科学训练,深谙心理学的实证研究范式;在此基础上,她攻读了教育学、心理学、法学等学科综合的问题青少年教育学博士研究生,形成了教育学的全局视野观。徐淑慧在博士求学期间,以预防青少年犯罪为切入点,利用多学科视角提出了"法律意识植根于自我"的犯罪原因论与预防犯罪教育的观点。更难能可贵的是,作者一直在法律意识这一领域持续深耕,并逐渐探索并聚焦自己的研究方向,在这一过程中完成了这部沉甸甸的著作。

　　系统阅读书稿,我发现这本书不仅是对青少年法律意识发展状况的解读,它更深层次的意义在于作者立足于对青少年健康发展的美好期待,从预防青少年犯罪这一角度来探讨该研究主题。作者认为,青少年法律意识的良好发展是青少年顺利社会化的体现,也是青少年适应法治社会的必备素质之一,同时,也可达成对青少年犯罪行为的预防效果。故而,读者眼前是一本内容全面、观点新颖、立论严谨的学术良品。

掩卷深思,我认为与同类著作相比,该书具有一些鲜明的特点。

一是深刻的学理性与严密的逻辑性。该书首先对法律意识在法理学、教育学中的研究趋势进行了系统的梳理,并对该主题已有的研究进行了层次分明的分类与总结,在此基础之上提出该主题需要进一步探究的问题,这也是本书研究的逻辑起点。在后续的研究中,作者从理论高度构建了法律意识的子结构,并对子结构的构成进行了翔实而严谨的阐释与论证。这一过程体现了作者丰富的阅读量和对相关专业知识的积淀与思考。同时,作者从理论层面对影响青少年法律意识的因素与机制进行了构建,为后续的实证研究做好铺垫,体现了作者在科学研究过程中严谨的治学思维。

二是实证研究丰富而科学。作者针对小学生、中学生、大学生的法律意识发展特点、影响因素及机制进行了大量的实证调查研究,得到了丰富而翔实的第一手资料与实证调研数据。这些实证研究,可以说为读者展现了一幅青少年法律意识发展的全方位立体化画卷。这些实证调研又是对前面理论建构的一种回应,因而,作者做到了理论与实证的相互印证与契合。

三是创新见解耳目一新,学科融合度深刻。作者基于前人的研究提出了极具个人特色的观点,比如"个体法律意识发生在各种社会关系中,成长于各种社会关系中,成熟定型于各种社会关系中"的论点,让我们对影响青少年法律意识的因素在"关系"中进行理解,这为后期青少年法治教育提供了新思路。同时,作者基于心理测量学的技术开发了一整套青少年法律意识的测评工具,这在法律意识这一研究领域也算得上是极具开创性的工作了。此外,作者并没有因为自己的学术背景而将研究固化在自己的学识范畴内,而是积极主动地去了解和学习他人的最新研究成果,为自己的研究注入新鲜血液,比如主动汲取同行关于情绪、认知的相关研究成果,结合自己的研究进行融合,以此保持研究的创新性。

当然,该书也遗留了一些问题有待后续研究的进一步深入。比如,在具身认知的视角下对具身化法律认知和法律情感的表征问题,以及法律认知与法律情感的神经机制探究,法律认知与法律情感对行为决策的影响等。这些研究内容大概率会采取心理学实验研究范式进行，但具体如何展开，值得我们期待。

综上所述，徐淑慧在该书中体现了她对学科融合的努力，这也从侧面反映出中国青年博士积极探索学科交叉研究的学术勇气与扎实努力，这是值得鼓励的好事、幸事。我相信，如果选取合适的切入点，进行交叉学科研究，利用不同的学科的优势与研究范式，经过长期学术积累，必将产出能够解决中国问题、具有中华文化特色的原创性成果。该书可以算是学科交叉的一次有价值的尝试，故而也期望阅读这本书的读者能够从中受到启发。

苏春景①

2022 年 6 月

---

① 烟台理工学院副校长，鲁东大学博士生导师、二级教授，享受国务院政府特殊津贴专家，中国预防青少年犯罪研究会常务理事、山东省预防青少年犯罪研究会副会长、海南省预防犯罪研究会副会长。

前　言

作者在攻读博士学位期间希望通过交叉学科的研究来尝试回答青少年"为何犯罪"这一问题,故而将心理学中自我与法理学中的法律意识这两个研究主题进行融合,这样既能从人格的形成中揭示犯罪的发生过程,又可以从法律意识这一文化视角对犯罪行为进行解释,并在最后提出犯罪预防的关键在于形成法律意识植根于自我的体系。本书延续了前期的研究内容,期待通过揭示青少年法律意识的形成机制,可以达成对犯罪的预防。同时,作者提出青少年法律意识的形成与发展的实质是青少年人格健康发展在法律社会化方面的体现。基于此,本书从心理学的研究视角出发,探究青少年法律意识的发展特点、影响因素及心理机制,以期为青少年法治教育奠定心理学的研究基础,为法治教育课程改革提供理论和实证支撑。

本书的特点可以归纳为以下几点。

第一,体现了学科之间的融合。在法治建设背景下如何更有效地培育青少年的法律意识和法治思维是教育学、心理学、管理学、法学、社会学共同关注的科学问题之一。本书以青少年法律意识发展的心理机制为导向,基于心理学研究范式,融合法学、教育学、统计学等理论与技术,深度融合法学、心理学、教育学科不同的研究领域,开发青少年学生法律意识的测评工具,探究青少年法律意识发展的特点和影响因素,以此阐释青少年法律意识发展的心理机制。以往对青少年法律意识的研究多从宏观层面探讨法治教育存在的问题、培育策略以及实现路径,少数实证研究也局限于描述性统计分析技术层面。因此,本书在开发青少年法律意识测评工具的基础上,进一步通过调查法从微观层面分析青少年法律意识发展的内外影响因素之间的交互作用,以期为青少年法治教育提供理论与实证支撑。

第二,重视理论的指导作用。康德认为,对自己理性的运用会反映出一个人是否达到成熟的状态。人们由于缺乏别人的指导而不能运用自己的理性就是一种不成熟状态,出现这种不成熟的状态不是因为缺乏理性,而是因为缺乏使用理性的决心和勇气。所以,他直接给出一道命令,就是"要勇于求知,要有勇气运用自己的理智"。我们在做研究的时候同样要在勇敢决断中发挥自己的理性,在科学合理的理论指导下开展自己的研究。本书通过文献梳理,在对法律意识研究现状分析的基础上,理论上构建了法律意识的各个子结构,以及法律意识的影响因素及机制问题,为后续的实证研究做好了铺垫,并在最后一部分内容中,进一步对法律意识的前景进行了理论构想,以期为未来研究做好指引。

第三,采用实证研究。前人的法律意识研究多重理论思辨,本书发挥心理学研究方法重实证、重现象的特点,在调查研究和个案访谈的基础上,揭示青少年法律意识心理结构的发展特点,明确青少年法律意识各个影响因素的解释率,并进一步通过结构方程模型探究各个影响变量与法律意识之间的因果关系以及法律意识内部各子结构之间的影响机制。故而,本书的研究采用调查法获得了丰富翔实的一手数据,通过数据来对前期的理论假设进行了验证,体现了本书重实证研究的特点。

下面对各章的研究进行简单介绍,以便使读者在阅读前对全书的内容有个整体把握。

本书的第一篇由第一章至第三章构成,主要是从理论层面阐释了法律意识的相关问题,为了解法律意识的概念及后续的相关研究奠定理论基础。

第一章从法律意识的内涵与结构特征、法律意识的研究方法、法律意识的实现路径三个方面梳理了法律意识的研究现状并提出研究问题,同时,基于协同论、社会交换理论、交叠影响域理论、人类发展生态学理论与维果斯基的文化历史发展理论提出了本书的研究假设,并阐释了本书的具体研究思路与研究方法。

第二章介绍了个体法律意识结构与自我意识结构的一致性与从属性关系,个体法律意识结构的组成要素,即法律认知、法律情感、法律意志、法律需要与动机以及法律信仰,并论述了对个体法律意识结构测量的可测性与必要性。对于法律意识的产生与发展阶段的论述,是从个体自我意识的产生与发展来进行阐释的,即个体自我意识是法律意识产生的前提,自我意识是伴随着"问题"与"困惑"出现的,法律意识是个体自我意识发展到一定阶段的产物,法律意识的发展亦是个体自我意识的发展,法律意识的发展阶段反映了个体社会认知发展的一般规律,也反映了个体的社会化程度。

第三章从个体的人格视角、个体的关系视角和社会关系视角三个层面论述了法律意识的影响因素,最后从个体对法律概念的表征、个体法律意识各子结构,如法律认知、法律情感和法律动机内部的发生发展机制对法律意识的影响机制进行了理论层面上的探讨。

第二篇包括第四章和第五章,主要对法律意识各子结构进行了理论构建,以及基于理论构建开发了相应的测评工具。

第四章将主要精力落在对法律意识子结构之法律认知、法律情感及法律动机的内涵、分类及影响因素的理论构建上。这是第二篇中的重点研究内容,也是本书后续研究的理论起点,主要结合了法理学、心理学及教育学相关理论,构建了法律认知的维度及各个维度之间的关系,法律情感的内涵特征、维度划分及功能,法律动机的分类及影响因素等。本章的理论构建为测评工具的开发奠定了基础,也为后续的实证研究提供了理论指导。

第五章主要基于前一章的理论构建,利用心理测量统计学技术开发了一整套青少年法律认知、法律情感、法律动机及中学生的法律意识(简版)测评工具,为后续的实证研究提供了研究工具保障。

第三篇的议题是法律意识的实证研究,由第六章至第七章构成。这一篇通过将前期的理论建构转化为可操作、可量化的研究变量,并通过调查法探究青少年法律意识的发展特点、影响因素及心理机制,通过实证研究对前期的理论假设进行检验,并向读者呈现了当代青少年法律意识的发展全貌。

第六章围绕小学高年级学生法律意识的发展特点、影响因素及心理机制开展了一系列的调查研究,使我们了解到小学高年级学生法律认知、法律情感在年级、性别上的发展特点,以及在法律认知、法律情感不同维度上的表现,并呈现了影响小学高年级学生法律意识发展的各个因素,以及各因素与法律认知、法律情感之间的影响机制。

第七章主要介绍了中学生法律认知、法律情感的发展特点及自我意识、亲子关系、同伴关系、其他社会关系等变量对其法律意识的影响作用,并探究了各个影响变量之间的交互作用。这章的最后一部分,通过法律意识简版测评工具,对中学生法律意识的总体发展状况进行了调查,揭示了同伴关系在中学生自我意识影响其法律意识过程中的中介效应。

第八章主要介绍了大学生法律认知、法律情感、法律动机的整体发展状况以及年级、性别、专业上的发展特点，探究了大学生法律认知、法律情感、法律动机与各种关系变量的作用机制，大学生法律认知、法律情感和法律动机内部子结构之间的发生机制。

本书的第四篇也就是最后一章，在分析了本书研究内容的局限性基础上，提出了法律意识未来研究的方向，主要是从基础理论进一步深化研究，如基于认知和情绪的相关研究进一步深化对法律认知和法律情感的微观层面的机制探究，基于具身认知理论视角探究具身化法律认知和具身化法律情感表征等问题，以及借鉴决策心理学的相关研究提出法律认知、法律情感对相关行为决策影响的研究构想。

本书的完成得到了我的好友，也是本书的另外一位作者颜文靖博士的支持。他在了解本书研究内容的基础上，结合了自己的研究领域，即情绪的外部表现形式——表情，提出了法律情绪未来的研究构想，故而，颜文靖博士对本书的贡献主要体现在最后一章内容中。

本书也得到了我的研究生余俊文、卢晓蕾的支持，她们在对书稿的参考文献等格式进行修改中贡献了自己的力量。同时，感谢陈一丁在整个书稿的完成中对我的支持。

感谢温州大学教育学院领导对完成本书的支持。

徐淑慧

2022 年 6 月

目 录

第一章　概　述

第一节　研究现状分析及研究问题的提出

一、研究背景

习近平总书记 2019 年在党的十九届四中全会上指出，要全面推进依法治国，健全社会公平正义法治保障制度。此前，党的十九大报告指出，要"坚持全面依法治国，提高全民族法治素养和道德素质，打造共建共治共享的社会治理格局"。党的十八届四中全会通过的《中共中央关于全面深化改革若干重大问题的决定》（以下简称《决定》）要求"在中小学设立法治知识课程"。为贯彻落实《决定》的精神，2016 年，教育部、司法部、全国普法办公室印发了《青少年法治教育大纲》，指出"法治教育要遵循青少年身心发展规律"，并使中小学生在义务教育阶段"初步树立法治意识"，高等教育阶段的目标是"深化对法治理念、法治原则的认识与理解"。同年，教育部制定的《全国教育系统开展法治宣传教育的第七个五年规划（2016—2020）》更是明确提出，中小学校要"形成青少年法治教育的新格局"。2018 年，时任教育部部长陈宝生在全国教育法治工作会议上要求"充分发挥高等学校在法治国家建设中的智库作用"。这一系列文件反映了党和政府关于加强学生法律意识培养的顶层设计思维。

法治是国家治理的一种重要形式。但法谚云："徒法不足以自行。"一个只靠国家强制力才能贯彻下去的法律，即便理论上再公正，也肯定会失败。因为即便有了法律条文和相关的机构和制度，也不一定会导致法治的实现。

因为这些只是法治的外在条件,如果缺失了法治的内在条件,即法律意识这种内化于心的精神条件,法律和制度也会流于形式。所以,法律意识才是法治中国的核心内涵。2021 年《中华人民共和国民法典》(以下简称《民法典》)的实施,对个体法律意识水平的提升提出了新要求。

在此背景下,探究中小学生、大学生法律意识的结构、发展特征、影响因素及心理机制,已成为当前社会和广大教育工作者迫在眉睫的工作任务。这一研究主题顺应了时代发展的要求。在法治建设过程中青少年学生的法律意识呈现出不同学段特有的发展状况,深入探究青少年学生法律意识的心理结构,有利于提升中小学生的法律素养和培育其法治思维,有助于促进大学生快速融入法治社会,推动高校在依法治国中的智库作用。这一主题可为依法治国提供主体性保障因素,因而具有重要的学术价值和应用价值。

二、研究现状分析

通过对国内外法律意识的相关文献进行梳理可知,法律意识发展现状和趋势的研究主要表现为以下几个方面。

(一)法律意识的内涵及其结构特征研究

迄今为止,关于法律意识的内涵与结构的探讨均停留在一般学理性分析上,缺乏科学研究的相关证据。国际学术界对法律意识内涵和结构的讨论散见于社会法学和法律文化学领域,但并未形成共识。[1][2]例如,鲁道夫·冯·耶林认为,法的力量同恋爱的力量一样,存在于感情之中。[3]罗斯科·庞德则认为,法律约束力源于正义感,是一种社会控制力。国内学术界对法律意识的解读大体可分为三种类型:第一种是从分类视角将法律意识的内涵和结构平行地分解为几个子成分,例如将其分为个体法律意识和社会法律意识两个层面[4],或认为大学生法律意识包括法律心理、法律观念、法律理论、法律信仰等[5],或法律动机、法律评价、法律情感等[6];第二种从法律文化视角将法律意识的内涵和结构视为公民对其国家和民族法律体系的认知、内化、价值认可及态度的各种心理总称[7];第三种从个体社会认知视角将法律意识的内涵和结构界定为个体法律知识、法律信仰、法律情感、法律意志、法律评价等要素的集合[8][9]。此类学理性的分析,虽有助于从宏观上理解法律意识的内涵及其结构特质,却无助于阐明青少年学生法律意识形成的心理过程和心理机制,也不能为青少年学生法律意识的培养提供科学依据。

（二）法律意识的研究方法

国际学术界对公民法律意识的研究较多地采用诸如观察法和深度访谈法等体现主体地位的研究方法[10],对移民或特殊群体（如同性恋群体、劳工阶层或受害人群体）法律意识的探讨则多采用案例法[11][12]。国内研究者主要针对大学生和青少年群体的法律意识进行问卷调查研究[13][14][15],也有少数研究者对中国乡民法律意识的谚语和明清时期法律意识的"笑话"进行质性分析[16],亦有个别研究者采用测量统计学技术开发的测评工具进行调查研究[17][18]。这些实证方法的使用,极大地丰富了法律意识的研究。但总体而言,法律意识的实证研究多停留于调查数据的一般性表层分析,其研究工具的信度和效度难以保证。

（三）法律意识的实现路径探究

教育是法律意识形成的主要渠道。国际学术界针对青少年法律意识的教育探讨起步较早,研究者采用教育实验法和案例法等考察了法治教育的关键因素、法律意识培养的影响因素、教学方法及法治功能[19][20]等,并已取得相当丰富的成果。与此不同,国内的法治教育研究尚处于借鉴和一般议论的阶段,实质性的法律意识培养体系和实施途径的探讨尚未系统开展。目前的工作集中于:第一,介绍国外（美国和日本）法治教育的做法和经验[21][22];第二,分析国内法治教育的现状,并对法治教育的原则和目标提出设想[23][24];第三,多数研究者从理论方面探讨法治教育的路径和策略[25][26],极少数通过教学模式改革探究培育大学生法律素养的路径[27]。这些研究为培育青少年学生法律意识做出了巨大的理论贡献。但目前青少年学生法治教育缺乏对主体法律意识的心理机制研究,而这是有效进行法治教育的前提。

三、研究问题的提出

通过上述对法律意识的研究趋势的分析可知:国内外研究者从法学、社会学等视角对法律意识的内涵与结构进行了大量的探索,为本著作的理论构建提供了参考和借鉴;同时,国内外的研究积累了一定的研究工具和手段,为本研究的深入开展奠定了方法学基础;并且,国内外关于法律意识的实现路径进行了相关的理论和实证探究,对开展该主题的相关研究亦具有启发意义。然而,现有研究尚存在若干不足之处,有待进一步探索:第一,心理学在法律意识研究中参与不足。如果说个体的法律意识是其所具备的一系列的法律概念、判断标准和评估系统的话,那么法律意识是一个认知现象,具备内在的规律和结构。因此,在本次研究中,应该增加心理学视角对法律意识的探索,可丰富学术界对该领域的认识。第二,法律意识的研究缺乏科学严谨的研究工具和实验研究。目前对大学生法律意识的研究多采用理论思辨形式,即便是实证研究也局限于描述性问卷调查方式,缺乏标准化的测量工具以及实验研究。第三,法律意识的实现路径——法治教育的研究也多为宏观方面的理论探讨,缺乏可操作性的实践应用研究。目前关于学生法律意识水平提升的策略多处在理论思辨层面,较少用于指导法治教育的课程教学过程。故,如何基于法律意识心理机制的相关研究结论设计更科学高效的法治教育模式,是值得探索和尝试的领域。

基于上述分析,本研究拟从法学、教育学和心理学等多学科视角探讨青少年学生法律意识的基本结构、发展特点及影响因素,在此基础上明确青少年学生法律意识的心理机制,拟为提升个体法律意识的法治教育的实施提供科学依据。

针对第一个问题,本研究拟从法理学角度构建法律意识的结构构成,并依据发展心理学中青少年心理特征,分析个体法律意识的发展规律,探讨其内部心理机制,并以教育学为落脚点提出培育中小学学生法律意识的对策建议,为高校法治教育的相关理论研究提供参考。

针对第二个问题,本研究拟基于心理学测验的编制方法开发一套大、中、小学生法律意识发展状况的量表,以满足对大、中、小学生法律意识发展状况的资料收集并对大、中、小学生法律意识的发展做出评价,为学生法治教育策略的成效进行量化评估提供工具。

针对第三个问题,本研究拟结合每个阶段的学生特殊群体的心理特征,通过调查法、访谈法等探究其法律意识发展的心理特点和内部、外部影响因素,并揭示各个影响因素与学生法律意识发展的交互作用,从而发掘学生法律意识发展的心理机制。

第二节 研究假设提出的理论依据及研究假设

一、研究假设提出的理论依据

（一）协同论概述

"协同"概念是德国物理学家赫尔曼·哈肯于 1973 年首次提出的。它指的是系统中各个子系统之间相互协同的科学，子系统的协同作用能够实现单个系统所无法显示的整体效应，且系统的协同能够从混沌中产生某种稳定结构。在协同论中的系统既可以是原子、分子、光子，也可以是生物组织的细胞、器官，甚至是动物世界以及社会中的人。故而，协同论就是有关合作、协作的学说，揭示的是系统从无序到有序的发生机制。哈肯认为，系统从无序到有序遵循三条基本原理。第一条是开放性原理。系统只有保持开放，才能够和周围环境发生能量交换。第二条是序参量原理。系统从无序到有序的程度取决于外部环境中的主导影响因素。第三条是自组织原理。也就是说系统在演化过程中，其内部子系统和要素之间通过交互作用，促使系统的各要素之间协调起来，最终形成有序的结构。[28] 系统通过与外界进行物质、能量交换，会发生从无序到有序的变化，在这个过程中会导致某一序参量的变化达到一定的阈值，进而导致系统发生突变。这是一种与外界的沟通联系，最终促使自身达成平衡的过程。所以，协同论阐释的就是系统与外界之间的能量交换，进而引发系统内部各子系统之间达成一种全新的、稳定有序的状态的过程。[29] 本著作的研究主题为法律意识的形成与发展机制，我们可以将之看成一个系统，而法律意识的子结构可以看作各个子系统，个体法律意识的影响因素，如外部影响因素中的家庭、学校和社会可看作系统开放性的体现。因为依据协同论的有序效应理论，系统能够从无序到有序状态的前提就是开放性，那么，个体法律意识这一系统应该作为一个全面的开放系统，在与外部因素的能量和信息交换中，促使协同效应的发生。协同论亦指出，在系统演变过程中存在着起决定作用的序参量。那么，在探讨影响个体法律意识形成的过程中，分析各个影响因素中的关键变量，并将各个因素之间的相互作用产生的影响进行整合和调适,最终推动个体形成一种协同的法律意识结构。而协同论认为,系统的自主性是系统的内在生命力,这就要关注个体的内部因素对法律意识形成的影响,通过结合个体的认知、人格等内部因素对其法律意识的影响,使内外因素之间形成一种合力,促进个体形成相对稳定和平衡的法律意识结构。

(二)社会交换理论

社会交换理论最早是受到了古典经济学经济交换理论的启发。社会交换是指行动者被期望能够从他人那里获得且确实获得回报激励的一种自愿行动。彼得·布劳认为社会交换是一种社会现象的原型,且社会交换与经济交换的本质区别在于社会交换包含非明确的责任,有助于信任、感恩等社会关系的建立。现代交换理论关注社会交换关系的发展,将社会交换理论视为理解亲密、爱以及长期关系的理论模型,这一理论为解释人类的交往行为提供了有力工具。[30]人们之间受情感、意志影响的人际交往体现了人的存在的主体性和互相依赖性。人们总是由于自身的需要有目的地利用外部环境。人们之间的相互依赖性体现了人的社会性。人的社会交往就是个体在与和自己有依赖关系的他人的协作中实现自己目的的过程。[31]个体的法律意识是在人际交往中形成与发展的,那么,依据社会交换理论,就可解析影响个体的人际交往因素,进而阐释人际关系对个体法律意识形成与发展的影响。

(三)交叠影响域理论

交叠影响域理论是由美国约翰斯·霍普金斯大学的爱普斯坦教授提出的。该理论认为,家庭、学校和社会的高质量交流和沟通有助于儿童的成长,故而,家庭、学校和社区对儿童成长的影响是相互交织且难以区分隔离的。[32]不仅如此,家庭、学校和社区对学生的影响是交互叠加的。这一影响过程是以学生为中心的。家庭、学校和社区三个主体的经验、价值观和行为既有共同部分,也有独立部分,既可相互结合,也可分离,从而对学生成长产生交互叠加的影响。在整个过程中,学生是交叠影响的中心,当学校、家庭和社区中的人们形成共识并采取统一的行动时,交叠影响便会产生。这种作用发生在机构和个体两个层面。在机构层面,可能表现为学校邀请家庭和社区组织的集体性活动;在个体层面,表现为作为个体的家长或教师、社区人士就学生的相关问题进行交流沟通。这样,家庭、学校和社区就会形成合力来影响学生的成长。故而,交叠影响域理论中,学生一直处于中心地位,学校则起到主导作用,且家庭、学校和社区是一种积极的合作伙伴关系,三者要协同构建社会、学校和家庭三位一体的学习环境。[33]大、中、小学生法律意识的培育意味着需要更加广阔的基础知识、更加多元的角色引领和更为丰富的实践资源,因此家庭、学校和社会的协同合作可以更有效地达成教育目标。学校及其内部成员,比如教师、同学等应在培育学生法律意识中发挥主动引导作用,家庭和社会亦要参与其中。学校充分发挥自身优势,根据学生的认知发展特点进行法治教育。同时,家长应充分发挥自身优势,共同参与对学生法律素养的培育。"如果不能引导家庭和社区与之建立持久的伙伴关系,势必会剥夺孩子接受完整教育的权利。"[34]在探究学生法律意识的影响因素时,应考虑到这三者的影响作用,以及可能的叠加影响效力,从而为后期的法治教育实践活动的"家—校—社"协同育人提供实证支撑。

(四)人类发展生态学理论

人类发展生态学理论经历了两个发展阶段。第一个阶段的理论是生态系统理论,由美国心理学家布朗芬布伦纳提出。该理论认为,个体的发展会受到生态系统的影响。生态系统圈由内到外包括微观、中观、外层和宏观系统。其中,微观系统是个体直接面对和接触的系统,比如父母的教养方式、同伴的互助行为、教师的培育行为等。中观系统是指微观系统中各因素的交互作用,比如,学校和家庭的沟通交流。外层系统则是指没有对个体产生直接影响却对他们的发展产生影响的系统,比如父母的工作环境等。宏观系统则是指一个更为广阔的社会系统,比如文化、制度等体系。[35]生态系统理论关注了人与环境的交互作用,并详细地分析了各层环境因素对个体发展的影响。据此,可展开个体法律意识的影响因素分析。但生态系统理论低估了人的特征和作用,故而布朗芬布伦纳又提出了第二阶段的理论,即人类发展生物生态理论。这一理论强调,个体发展是有机体与环境中的人、物、符号之间的复杂互动。该理论还提出近端过程是人类发展的核心,这一近端过程是人与当下环境在较长时间内较为稳定的互动。人类发展生物生态理论重点关注了个体发展的需求特征、资源特征和动力特征。这一理论对生态系统模型中的四个系统内涵进行了拓展,比如在微观系统中增加了对他人的描述,在中观系统中增加了情境之间的交互过程,在外层系统中强调了多个情境的互动。

故而,人类发展生态学理论将个体置于生态圈层的交互过程中,突出了个体与生态系统之间的共生性。[36]那么,本研究基于该理论可揭示各个圈层系统对个体法律意识发展的影响,为个体法律意识的形成和发展机制的探究提供了理论依据。

（五）维果斯基的文化历史发展理论

苏联心理学家维果斯基的文化历史发展理论认为,个体认知和心理机能的发展起源于社会文化互动中,故而,对个体认知和心理机能的研究不能脱离社会文化环境。维果斯基认为,心理发展的本质就是个体在社会文化环境和教育的影响下,从低级心理机能向高级心理机能转化的过程。个体的心理过程是各个内部过程和外部过程的协调和整合,并随着社会和文化的发展变化而形成的一个动态的机能性系统。在这个机能性系统的发展中,发挥作用的便是各种中介工具。中介工具既包括文化工具也包括心理工具,这些工具在高级心理机能发展中起符号中介作用。[37]作为文化历史理论的重要组成部分的活动理论认为,人的高级认知功能是在社会活动实践中发展起来的,个体在与他人的社会活动中逐渐发展其高级心理机能,个体行为心理受到社会文化历史和社会交往活动的影响与制约。故而,社会文化理论强调了社会活动和语言符号在个体心理发展中的重要作用,同时也强调了人与人之间的互动以及社会文化因素在个体认知发展中的重要性。[38]在探究个体的法律意识发展过程中,应注意到社会人际交往和互动对学习主体产生的影响,以及教师和同伴对个体法律认知水平发展的促进作用。

二、研究假设

基于以上理论依据,本书提出以下具体研究假设。

假设1:不同学段、不同年级的学生,其法律意识发展状态存在显著差异。

假设2:个体法律意识内部各子结构,即法律认知、法律情感、法律动机等发展具有不平衡性。

假设3:个体法律意识会受到家庭、学校、社会、个体人格因素的影响,且不同的影响因素对因变量即法律意识的解释率不同。

假设4:个体法律意识与内外部因素之间存在交互作用,通过揭示这些因素彼此之间的关系可发掘法律意识形成和发展的心理机制。

第三节 研究思路与研究方法

一、研究思路

本研究的主要思路是"进行理论构建→开发测评量表→探究发展特点、影响因素→揭示心理机制",即本研究拟整合多学科理论与技术对中小学生、大学生法律意识领域进行研究。首先,通过对法理学关于法律意识理论的相关研究进行梳理和借鉴,确定研究对象的法律意识结构;其次,以心理测量统计学关于量表的编制技术开发研究对象的法律意识发展状况测评量表;再次,利用教育学、心理学的相关理论和研究方法探究对象的法律意识发展特点、影响因素;最后,通过前期的理论和实证研究收集的数据揭示研究对象法律意识产生和发展的心理机制。具体研究思路参见图1-1。

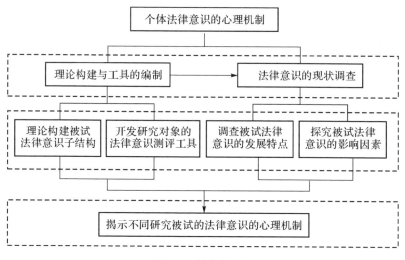

图 1-1 研究的思路

二、研究方法

本次研究主要采用的研究方法有文献法、访谈法、因素分析法、问卷调查法、统计分析法等,具体实施如下。

（一）被试法律意识理论建构及测评工具的开发所用到的研究方法

在确定被试的法律意识结构的过程中,主要使用了文献法,即在文献梳理的过程中,通过文献资料的可视化知识图谱分析,了解大、中、小学生法律意识研究领域的基本研究现状,厘清相关概念的内涵,界定法律意识各子结构的内容,为后期研究的开展奠定基础。在文献梳理过程中,初步将大、中、小学生法律意识的结构分为法律认知、法律情感、法律意志、法律动机、法律理想等五个维度,每个维度预计由 10～12 个条目组成,总计 50～60 个条目。

为了对青少年学生法律意识的发展特点、影响因素等进行研究,前提条件是需要有一个研究工具,即标准化的心理测量工具。法律意识作为个体对法律现象的一种稳定的心理特质,首先具有的一个特性,那便是客观存在性。"凡客观存在的事物都有其数量"(E. L. Thorndike),"凡有数量的东西都可以测量"(W. A. McCall),这是经典测验理论的重要假设。法律意识作为一种相对稳定的心理特质,便可通过测量工具对其进行量化。对于法律意识的标准化测量工具的编制,最关键的是要确保量表的信度和效度,故而,这一部分研究内容用到的研究方法主要有焦点小组讨论法、测度项分类法、因素分析法。

焦点小组讨论法:首先,研究者让大家读一部分关于研究被试法律意识量表的测度项,给一些时间让每个人思考对这些测度项的理解;其次,让每个人分享对这些测度项的理解(研究者记录这些讨论,并追问理解错误或困难的原因);然后,研究者告诉他们这些测度项所反映的理论构件,要求他们评论这些测度项是否能准确反映这个理论构件。

测度项分类法:创建好大、中、小学生法律意识测度项后,分两步进行。第一步进行初步分类。初步分类需要邀请至少 4 个具有代表性的裁判。此阶段不需要给裁判分类标准或者种类,完全依据他们对测度项的理解去分类,分类结束后对测度项的措辞进行调整,或者淘汰一些测度项。第二步为验证性分类。重新邀请 4 个裁判,并在分类之前说明分类的标准和种类,然后进行分类。最后通过 Kappa 系数计算裁判之间的同意度。同意度若低于 70%,则对测度项进行修改,然后重复第一步。

因素分析法:对预施测的数据通过项目分析、探索性因素分析和验证性因素分析,进一步确保量表的测度项信度和效度指标符合心理测量学的要求。本部分内容运用到的统计分析工具主要是 SPSS 和 AMOS 软件。

（二）被试法律意识发展特点及影响因素的研究方法

本部分内容的研究方法主要采用了调查法及相关分析法。具体实施如下。

使用前期研究编制的量表测量个体法律意识发展现状（采用分层抽样的方法收集不同学校与各年级样本）。比如，在研究大学生法律意识的时候，以法学院高年级学生的法律意识测查水平为参照，掌握非法学专业大学生法律意识的发展水平、发展特点以及影响因素。探究学生法律意识心理结构的特点，即在某一群体中各法律意识子结构之间的地位差别，各子结构与人格特质等内外部影响因素的相关关系，进一步则对各子结构的发展水平进行横向或纵向的比较（随年级／年龄的增长），研究各子结构的发展是否存在异质性，即各子结构在个体发展过程中发展是否同步。

探究个体社会性发展最常用的方法便是相关法，本研究也大量用到此法。相关法是探究两个事物之间是否存在某种关系或某种有规律的联系，以及这种关系或联系的程度大小。比如，本研究通过相关法调查学生的法律认知与自我认知之间的关系，并且通过相关系数来确定这两个变量之间的关系是否具有统计学上的显著性。如果相关系数显著，则表明这两个变量之间存在某种联系，而这种联系可以排除偶然因素的影响。对于其他影响个体法律意识的因素，我们也可以通过此种方法进行初步探究，为进一步揭示变量之间的影响程度以及预测率奠定基础。

三、法律意识形成与发展的心理机制的研究方法

本部分内容所用到的研究方法主要是调查法和统计分析技术。法律意识作为一个整体是由各子结构之间的结合而形成的，因此，法律意识的发展水平不仅取决于内部各个子结构的分化状态，也取决于这些子结构之间的相互关系。然而，一个整体结构内部各子结构之间的相互作用和影响关系，需要通过实证调查的数据分析方可得到验证。本部分内容的研究以标准化测评量表收集数据，并量化影响研究样本的法律意识发展的各项因素，然后结合前期的理论研究构建结构方程模型，并将这些因素作为各项显性指标进行输入，结合现代计算科学的数据挖掘与模式识别技术，对模型的拟合程度进行验证，以此揭示被试法律意识的心理机制。

第二章　青少年法律意识的
心理结构与发展阶段

第一节　青少年法律意识的心理结构

一、法律意识的心理结构概述

法律意识是关于法本质、功能、价值、发展规律及法律制度等各种法现象的认知、情感、意志、动机等综合心理的总称。根据主体范围的不同,法律意识可分为宏观法律意识和微观法律意识。前者是与特定社会文化、制度相联系的一种有关法现象的人类社会法律意识,涉及法律文化、法律传统和法律价值;后者是指个体在发展过程中,逐渐将宏观的社会法律意识内化为个体自我意识结构的一部分,形成微观层面的个体法律意识。个体法律意识的心理结构包括法律认知、法律情感、法律意志、法律需要和动机及法律信仰。本书对青少年法律意识的探究主要是指个体法律意识。

二、青少年自我意识的结构与法律意识的心理结构

（一）自我意识及其结构

个体的自我意识是个体对自己及与周围环境的关系的诸多认知、体验和调节的多层次心理功能系统。它包括自我认知、自我体验和自我调节。自我认知是自我意识的认知成分,包括个体对自己的能力、品德、行为、社会关系等方面的感觉、分析与评价。自我体验是自我意识在情感方面的表现,反映

了对自己所持有的态度,包括自尊、自卑等。自我调节是自我意识的意志成分,包括自觉性、自我控制等。这三者之间的关系通常表现为个体基于自我认知而产生自我体验。自我控制则体现了自我意识的能动性,对自我认知和自我体验起到调控、监督作用。[39]自我意识是个体人格的核心成分,其发展水平反映了个体社会化程度的高低。

(二)个体法律意识的心理结构与自我意识的关系

个体法律意识的心理结构与个体自我意识的结构具有一致性及从属关系。首先,个体法律意识的心理结构与个体自我意识的三个成分形成与发展同源,即个体自我意识是在个体的心理过程中形成和发展起来的。同理,个体法律意识的各个心理成分也是在个体的心理过程中形成和发展起来的。其次,个体法律意识的各子结构构成了个体自我意识的组成部分,法律意识的法律认知、法律情感、法律动机和法律意志直接是个体自我认知、自我体验和自我意志的构成部分。因此,个体法律意识心理结构从属于个体自我意识。再次,个体的自我意识与法律意识的形成与发展具有一致性。个体的自我意识是在关系中形成和发展起来的,是个体对自己及自己与周围环境关系的认知、体验和调节的心理系统,体现了个体社会化程度的高低。个体的法律意识同样是在关系中形成与发展起来的,其法律意识水平的高低直接反映了个体的社会化程度。同时,个体自我意识的顺利发展奠定了其法律意识良性发展的心理基础,个体法律意识的高度发展,亦体现了个体自我意识的发展水平。最后,个体自我意识的高水平发展与个体的法律意识高水平发展具有内在的一致性,最终都体现为人格的成熟定型。另外,个体自我意识的范畴要大于个体的法律意识。个体法律意识只是个体自我意识的一个组成部分,是个体自我意识中有关法律现象的认知、体验与调控。同时,个体的自我意识与法律意识的发生具有一定的时间差,当个体开始有了"我"的认知时,代表其自我意识开始发展。而个体法律意识的发生则要滞后一些,只有当自我意识发展到一定程度时,个体才会有对规则、秩序、公正感的认知、评价与态度。因此,个体法律意识与自我意识之间的关系具有从属性。

三、青少年法律意识的各心理子结构

(一)法律认知

贝卡里亚说:"了解和掌握神圣法典的人越多,犯罪就越少。因为对刑罚的无知和刑罚的捉摸不定,无疑会帮助欲望强词夺理。"[40]这句话表明了法律认知对预防犯罪的重要作用。法律认知指认知主体对法律及其相关现象进行信息加工的心理过程。它是个体形成法律信仰的基础。从法律信仰角度探求法律认知的客体可知,法律认知包括两部分:一部分是有关法的基本理念认知,如公平、正义、自由、秩序、诚信等法据以存在的价值基础以及对法的历史、起源等的掌握,从而对法形成一种科学、合理的理性认知,为将法律认知内化为自身价值观打好基础。另一部分就是对国家现行法律的了解与把握,对主要部门法的基础知识以及这些知识的应用的掌握,懂得法在个体实际生活中的应用范围,以及如何利用法律来保护自身的权益,形成权利意识,知道行为的法律界限。

(二)法律情感

耶林认为:"人们在权利受到侵害时感受到的痛苦,包含着权利于他意味着什么的粗声吼叫这一本能的自我告白……在这一内在的因素中产生出的对权利的真正的意义和真正本质的激情和直接感受,比起长期未受干扰地对权利的享受,表现得更加强烈。不是理解,唯有情感,才能为我们回答,为何语言把一切权利的心理学源泉正确地称为是非感,法律信念是民众不了解的学术概念——法律的力量,完全犹如爱的力量,存在于情感之中,理解不能替代尚欠缺的情感。"[41]在耶林看来,法情感是人的一种精神支柱,是一个完整的人所必须具备的一种心理特征。对权利的感受是一种本能的表现,这种本能的情感表现如此强烈,以至于唯有这种本能的情感显现出来,才能够真正了解什么是法律。当法律所代表的权益被侵害时,对被侵权者而言,是一种切肤之痛。因为伤害的不仅仅是标的,更重要的是伤害到了他的法律情感。心理学研究表明,良好的情绪情感为人的智力的开发奠定基础,并且积极的情绪情感能为人将来良好的人际关系、认知、人格产生全面的影响。[42]而法律情感作为个体情感的一个维度,其健康发展对个体法律信仰的养成起到重要作用。

心理学认为,"情绪和情感是人对客观事物的态度体验及相应的行为反应"[43]。法律情感就是个体对现行法律体系及其运行的态度体验和反应。作为法律关系主体之一的自然人,是理性和情感的结合体,其法律情感影响到法律关系能否良性发展,最终可影响到法律对社会关系调整的效力。如现代合同法中的情势变更原则,当归责于当事人之外的原因而使得继续履行合同会造成显失公平的后果。故此,可以终止履行合同或者变更合同内容。这一原则实质上是诚实信用原则的具体应用,追求的目标便是公平、公正。当法律关系的双方当事人履行合同之前,发生情势变更,使得合同基础丧失,便可援引情势变更原则,求得最终的公平与公正。那么,双方当事人对这一法律后果从情感上是可接受的,自然愿意遵从法律的裁决。反之,如果缺失情势变更原则,继续履行合同,产生的不仅是履行合同的损失,更是对其法律情感的摧毁,继而引起对法律的负面情绪。所以,法律情感是一种对法所蕴含的情感内涵的赞同,是对法律发自肺腑的认同感并自愿服从其约束的一种情感。

(三)法律意志

在论述法律意志之前,我们先解释一下法学理论中的法律"意志",即经典马克思主义对法的本质的探究。马克思认为,法律是统治阶级意志的体现。他强调:"这些个人通过法律形式来实现自己的意志,同时使其不受他们之中任何一个单个人的任性所左右。"[44]马克思主义所言的法律意志,属于社会法律意识的范畴,且为社会的经济关系所决定。这种法律意志是对客观规律的一种反映,在这里"意志"充当了联系规律和法律之间的一个中介。从这个角度来看,马克思主义所言的法律意志,更多的是对法的本质的表述,且是具有物质前提和科学性的一种宏观法律意识。本书所说的微观法律意识中的法律意志,更接近于我们前面所表述的法律信仰的本质——它是一种对法律终极意义的追求,是以知情为主要特征的理性与具有强烈情绪情感的非理性的统一。在法律信仰的结构中所探讨的法律意志,更侧重于从个体的角度来诠释。故这里的法律意志,是个体对自身知法、守法、护法的一种坚定信念,并以此为目的调节自身行为,克服困难,以期达到维护法律的一种心理过程。个体如果有了坚定的法律意志,一方面会抑制触法行为,这是抵抗诱惑和欲望的坚强后盾;另一方面会有意识地加深对法律的认可感,参与提高自身法律修养的活动。具备法律意志的核心价值便是保证个体活动的适法,增加其对法律认知的自主性,清晰其对适法与违法的界限。

(四)法律需要和动机

人本主义心理学的创始人马斯洛认为,人的需要是由低级向高级逐层发展的,依次为生存需要、安全需要、爱与归属的需要、尊重的需要、自我实现的需要。为确定法律需求处于需求理论中的缺失性需求还是发展性需求,我们先要厘清法的功能和作用。从法律的本源来看,恩格斯认为法律是和国家相伴而生的,是由于"经济利益而互相冲突的阶级,不导致在无谓的斗争中把自己和社会消灭,需要一个表面上凌驾于社会之上的力量",这就是国家的产生;而法律的产生是"一群远离社会的权力的代表们——官吏需要特权确定自己享有特殊的地位,并规范人们的行为"[45]。从这个视角来看,法律具有一种平衡利益的社会控制功能。但这里我们并不想给法律蒙上一层功利色彩,而是借此从个体生存发展角度来展现法律的功能:法律的这种平衡利益之功能,为个体撑起了一片安详宁静的生存空间。有了法律,个体的生命、财产等利益的安全就有所保证,而这种安全感作为人的基本需求之一,是人能够发展的前提条件之一。另外,历史法学派的主要代表人物萨维尼认为,"一个民族的法律制度,像艺术和音乐一样,都是他们的文化的自然体现,不能从外部强加给他们。法律如同语言一样,没有绝对停息的时候,它同其他的民族意识一样,总是在运动和发展中……当这一民族丧失个性时,法律趋于消逝"[46]。这样,法律成为民族个性的表现形式。意识决定于物质,而当意识存在时,它亦有了自身相对独立的生存能力。法律与民族精神、民族魂、中国梦相关,那么这种法律需要已从个体性上升为整个民族的生存性需要了。在此意义上,法律需要是缺失性需求和发展性需求的综合体。

法律动机由法律需求所驱动,并促使个体指向某一目标,以此来满足其欲求的心理状态。在法律需要和动机的驱使下,个体会从事有关法律活动。这种活动包括以下三个层面:理论层面上,通过对法律知识的涉猎,了解自身在社会生活中的基本权利义务,了解目前国家的基本法律体系及其运行状况;实践层面上,通过参与涉法行为,成为法律关系中的当事人;超理论实践层面上,通过学习法律,对法律形成了一种神圣的认知,当处于法律关系中时,其目标不仅仅是法律所约定的标的,而是追求对法的尊重,是对法所赋予的价值内涵的追求。

(五)法律信仰

信仰产生于对终极意义的追求,是深入其灵魂的一种信念。法律信仰是以法律为认识客体而产生的一种强烈的信赖感,并在行动中以此为自己的行为准则,是个体关于法律的知情意行的合金,是人的法律精神的最高境界。

首先,法律信仰体现了知与行的统一。法律信仰是主体将内在的法律知识、认知或者思维外化为法律行为,是将法律认知与法律行为紧密连接在一起,用法律知识指导实践生活中遇到的法律问题,在法律关系中能够以法律的思维模式对法律关系的内容和客体进行科学合理的处理。其次,法律信仰亦是体验与超验的统一。体验是人在感官范围内认识客体的一种心理经历。超验则是超越感官认识的一种深刻的精神存在。个体的法律信仰不仅仅停留于能够体验到的"知情意"的法律信仰心理要素上,更要达到一种超越人类感官的精神存在。这种精神存在占有统摄地位,却无法准确地表述与推理。这种超验在体验的基础上形成,一旦形成就达到一种对法律综合性的信赖与依赖,从而形成法律信仰。再次,法律信仰是理性与非理性的统一。理性是在推理、逻辑过程中加以体现它的高于感性、高于经验的特性。法律信仰中的理性即这样一种富有逻辑性的思维,是对法律知识具有构建升华作用的存在。非理性植根于人类的本能,是对生命活力的高扬和洞察人生真谛的激情。情感和意志在其中占据核心位置。如对法律炽热的情感与顿悟性的理解、对法的精神及其存在意义的执着探究是法律信仰非理性方面的主要表现形式。法律信仰是理性与非理性的统一。理性是基础,它使法律信仰有了合理的根基和实现路径;非理性是动力,它使法律信仰有了强有力的动机和力量。最后,法律信仰是稳定性与发展性的统一。法律信仰的稳定性表现为,它一旦形成就成为个体人格特征的一个组成成分,因而具有稳定性。这种稳定性既建立在个体心理与生理的成熟基础上,更建立在法律及其信仰的本质属性基础上。但是,法律信仰的稳定性不是绝对的,它随着个体的阅历和经历以及认识的丰富深刻,随着法律的发展完善而发生变化,从而表现出发展性。换言之,法律信仰是一个不断提升飞跃的过程。稳定性体现在法律信仰的本质和性质方面,发展性体现在法律信仰的层次和水平方面。

四、青少年法律意识心理结构的测量

(一)测量法律意识心理结构的可能性

法律意识的心理结构可测性主要可以从理论和技术两方面进行论证。法律意识作为个体对法律现象的一种稳定的心理特质,首先具有的一个特性,那便是客观存在性。那么,"凡客观存在的事物都有其数量"(E. L.

Thorndike)，"凡有数量的东西都可以测量"（W. A. McCall），这是经典测验理论的重要假设。法律意识作为一种相对稳定的心理特质，便可通过测量工具对其进行量化。

现代心理测量技术的发展为开发法律意识心理结构测评工具提供了科学手段。目前测验的编制方法主要有合理建构法、校标法、因素分析法以及对以上几种方法的综合运用。[47]对法律意识测评工具的编制，主要利用合理建构法和因素分析法。合理建构法是一种在理论假设的指导下确定所编制量表基本结构的测验编制法。根据相关文献研究，合理建构法初步将法律意识的结构分为法律认知、法律情感、法律意志、法律动机、法律信仰等五个维度，阐释与论证每个维度的内涵与外延。由于合理建构法对理论假设的科学性和系统性要求均很高，故需要对青少年学生法律意识基本结构及各个维度之间的逻辑关系从哲学的高度进行论证。这些维度的基本内涵与外延，同时构成了编制量表测度项的重要来源。因素分析法则是通过观测变量之间的相关关系或协方差关系，找出潜在的起支配作用的主要因子，并建立因子模型的方法。所以，该方法的目的就是通过统计学方法计算出共性因子，然后对其实际含义予以分析探讨，并加以命名。[48]对青少年法律意识测评量表的开发首先通过探索性因素分析，确定法律意识各子结构所包含的维度，然后通过验证性因素分析，对量表结构的拟合度进行检验。

（二）测量法律意识心理结构的必要性

测量个体法律意识的心理结构的必要性可以从理论和实证两方面加以说明。理论方面，测评个体的法律意识心理结构是收集相关研究资料所必需的。例如，在探究中学生法律意识发展的影响因素中，我们就需要用到法律意识测评工具来确定中学生法律意识的发展水平，然后才可以进一步研究其影响因素。同时，目前关于法律意识的理论研究很多，但基本上还处在理论假设的阶段，要对这些假设进一步进行检验，就必须对其进行实证测量。比如，目前认为法律意识分为若干结构，并从理论上也推测出各个结构的发展顺序，如认为法律认知是个体最先发展的子结构，法律信仰是最后发展起来的。那么，要对这些理论假设进行检验，则需要对其进行实证调查，方可验证此命题的真伪。所以，从理论研究的角度来看，开发法律意识心理结构的测评工具具有重要价值。在实证方面，测量个体法律意识的心理结构的作用首先体现为对青少年法治教育效果的测评。法治教育效果的评价除了主观方面的考核外,还需要更为科学、客观的指标,这就需要测评青少年的法律意识发展水平,通过测量,对其法律意识各个子结构的发展状况进行清晰的描述和评价。其次,在犯罪预防教育中,可将青少年法律意识的发展水平作为一个重要的预测变量。那么,测评其法律意识发展水平,对预防青少年犯罪具有一定的参考价值。由此可知,从理论研究和实际应用两方面,均可窥探到测评个体法律意识心理结构的重要价值。

第二节 个体法律意识的产生与发展阶段

一、个体法律意识的产生

关于个体法律意识的产生,我们想从问题角度入手,即从个体一开始面临的问题是否可归纳到法律意识的范畴来阐释这一主题。这个过程也是由人类特有的性质所决定的。因为只有人类才有意识,所以人类在自然界就显得如此怪诞,而作为大自然的一部分,人类却始终不能与之相分离,由此产生了各种各样的问题。在众多问题中,一部分问题可用来理解法律意识的产生。因为人类获得了意识,所以会产生各种困惑,有困惑就会面临各种不确定性和矛盾。法律便是帮助人类解决部分对未来不确定性恐惧的一种手段。一旦寻找到这样一种解决途径,就只能依靠它。这体现了人类对法律的一种需求与渴望。个体法律意识的成长是一个逐步清晰、分化的过程。随着自我意识的成熟,个体对法律现象的认知、情感与需求也变得逐步清晰,使之更好地为个体的生存和发展服务。法律意识发展的高级阶段,也是个体自我意识发展成熟的体现。一个人只有浸入式地体验到自我与法律之间的关系,才能够发展其成熟的、高级的法律意识。所以,法律意识的培育不能够仅仅靠培育和灌输的方式,它需要具备一定的物质和心理基础,以及需要在问题中进行建构。在一次次的问题解决过程中,个体的法律意识不断从低级形式向高级形式发展。没有意识,就没有问题;没有问题,法律意识便不会产生。所以,个体的法律意识就是在寻求各种问题的答案中产生的。那么,个体的法律意识的具体发生过程又是如何的呢?

个体法律意识产生的前提是个体自我意识的萌芽,个体认识外界之物和认识自我是两种不同的能力。个体从混沌状态逐步开始能够区分他、我,从用第三人称称呼自己到用第一人称称呼自己,表明其自我意识的产生。而这也是其法律意识产生的基本前提条件。自我意识的发展程度也标志着其法律意识可以达到的程度。我们前面说过,问题的产生是探究个体法律意识发展的关键转折点。所以,随着个体自我意识发展越来越强,独立解决问题的需求和能力也随之增加,这就伴随着个体的法律意识逐步分化,从最初产生朦胧的法律价值与理念到后期的对现行国家法律的清晰认知,从掌握具体的法律概念到后期能够解读抽象的法理。

二、个体法律意识的发展

法律意识发展的第一个阶段是朦胧的,是基于对法律理念的认识,比如判断事件公平与否;第二个阶段是对具体的法律的认知,比如学习相关的法律权利义务等;第三个阶段是基于法律知识的法理认知,是超越了具体的法律认知而形成了对法的一种全局性的把握与理解。这样的发展阶段和个体自我意识的发展是一致的。故而,个体法律意识的发展水平取决于自我意识的发展状况。法律意识发展的本质是个体自我意识的发展,是个体生活范围的扩展以及个体应对现实生活的一种方式,是个体对某种安全感、确定性的心理需求的一种解决策略。这一过程也可以用皮亚杰的认知发展论来解释,即个体在寻求与环境平衡的过程中,法律意识得以发展,个体在应对现实问题的时候,法律意识从低级发展水平达到高级发展水平。

个体法律意识的发展会受到他人的影响,受到社会期待的影响,受到社会文化的影响,但更重要的是会受到个体自我人格的影响。个体终其一生都在认识自我,认识他人和社会,但最终依然会回到认识自我,即如荣格所言,四十岁之前是对外的,四十岁之后又是内省的状态。个体法律意识的发展亦遵循这样的一种状态。法律意识发展的前期通过心理资源的外投来认识国家现行法律,在后期又开始对自己的法律意识状态进行反省,体现了心理能量的内投。经过这样的发展历程,个体法律意识与自我意识融合在一起,法律意识成为自我意识的一部分,即法律自我得以形成。所以,有时候个体的法律意识在后期的发展中,比如对公平与自由的理解,可能会与现行的法律相冲突,但从全局来看,这是个体自我意识凸显的体现,也是人类社会得以进步的动力源泉,是个体法律意识发展过程中出现的阶段性特征。大学生在步入社会后,其家庭责任感、社会责任感增强,法律意识的发展更多的是理想与现实碰撞的结果,在碰撞的过程中形成了自己的法律意识。在校期间和步入社会,法律意识的发展显然是不同的。前期主要是对法律知识的静态认知,多停留于理想层面,后期则主要是在解决问题中发展,体现了法律意识在实践活动中的发展过程。这一发展过程均受到个体自我意识发展的影响。

法律意识的发展也是个体社会化的一种表现形式。法律意识的发展不仅受到认知发展水平的影响,而且受到社会经验的影响。法律认知是社会认知的一种形式。皮亚杰的认知发展理论和罗伯特·塞尔曼的角色承担理论可以揭示社会认知发展趋势。也就是说,我们可以通过认知发展理论的发展阶段来预判个体法律认知的发展阶段。因为个体的一般认知发展有助于社会认知的发展,也就是可以通过一般认知发展特点来分析个体法律认知的发展状态。比如,在形式运算阶段之前,个体对法律现象的认知停留在具体的权利义务中,只有在形式运算阶段之后,才可能理解法律价值、法律功能等抽象的法理。罗伯特·塞尔曼认为,角色承担技能的发展是个体对自我和他人认知能力提升的表现。法律意识体现了个体的社会化,蕴含了个体对自我和他人关系的理解,法律意识也是在自我和他人的交往中发展成熟起来的。所以,个体获得了角色承担技能后,对法律的认知会越来越丰富和深刻。这是从个体认知发展的角度分析其法律意识的发展阶段。

同时,法律意识的发展还受到非认知因素的影响,比如社会经验。既然法律认知是社会认知的一种表现形式,那么影响社会认知的重要因素,即与他人之间的交往经验也会影响到其法律意识的发展。个体与他人交往的经验有助于个体对法律调整人与人之间关系的这一功能的理解,进而促进其对法律功能发挥的基础即法律价值的理解,同时,对具体权利义务的认知也得到了升华。这里其实就是个体的社会性发展,也就是个体的自我发展与促进个体自我发展的各种人际关系的发展。

三、个体法律意识的发展三阶段论

个体自我意识的发展是其法律意识发展的前提与基础,个体法律意识的发展亦会促进个体自我意识的发展。依据个体的自我发展、认知发展阶段和社会性发展状况可将法律意识的发展划分为以下三个阶段。

（一）第一阶段——"我"隐约感觉到法律的存在

在第一阶段，个体在自我意识的生成过程中隐约体验到道德、规则等的存在。个体从出生之始，就受到社会群体共同创造的道德规范的塑造和约束。而这些被认为是习俗或者道德的存在，是宏观法律意识的表现形式。这些在个体出生之前就存在的各种维持社会秩序的规则或文化，被认为是合理的，且必须被遵守。这种传统或价值取向被父辈们认为是理所当然的存在，且被作为"真理"予以遵从，并在教养孩子的过程中通过语言和行动被传递。

个体刚诞生于这个社会之始，所体验到的各种社会秩序，如道德、习俗、法律等处于一种杂糅的状态，父母没有有意识地去对这些规则加以区分，而是将其表现在无意识的语言和行动中。父母在社会化过程中，已然将这些习俗或道德内化为自身的一部分，并在社会生活中形成了一种内隐的思维方式和行为习惯。这种内隐的思维方式和行为习惯因有利于社会生活和人际交往，故逐渐被积淀成群体的行为规则，并被群体加以确认。个体只要生活在社会中，就要接受这种群体规则。个体因为害怕被群体排挤而变得孤立无援，故将这种内化于心的规则传递于自己的后代。在个体法律意识发展的第一阶段，个体既无对法律现象的清晰认知，也无对道德的认知，他有的只是模糊的、泛化的对行为规则的"试误"，这种试误通过父母的反馈得以建立。在亲子互动过程中，父母对个体适应社会的规则予以肯定，对错误的行为予以惩罚或纠正，从而使个体获得了一般他人所认可的行为方式甚至是一整套泛化的社会规范。通过亲子交往，个体初步完成了对自我的认知，而对自我的认知则可促进其对自然法理念的理解，这就是法律意识发展的第一阶段。下面将以法律最终追求的公正为例来说明这一过程。

公正，从哲学上来说是指自由权利转化为社会制度中的现实权利义务……这一过程在人类社会发展进程中不断循环，并逐步卸掉制度强加于人的规则，促使人类将规则内化于自我约束的一部分，从而达到自治的目的，此乃正义生成之过程。[49]哲学上的公正基于自由权利而论，最终的目的寄希望于人类社会能够进行自我约束，达到一种相对的自由。卢梭认为公正即公意，社会契约便可加以实现。法律亦将公正作为自己终极意义上的追求，是其存在的依据及精神实质。法律意识的最高境界便是以法律认知为基础，最终落脚于一种公正信念或信仰，这种信仰确信所有卷入社会制度的个体在牵涉到权利义务的分配时,法律都将彰显它的公平与正义。因为将公正作为法律的核心价值,法律才能有效维护社会秩序,发挥定分止争的作用。个体对法律的这种崇敬的意识,已然成为自我意识的一部分,并在社会生活中以此为行为准则,坚定而幸福地加以遵循。这种信念存在于大多数人的价值观念中,并在孕育后代的过程中作为一种理所当然的存在传递给子代,这种传递大多是无意识或蕴含于具体的行为中的,所以,第一个阶段的法律意识的发展表现为一种混沌和模糊的状态。

在心理学中,公正世界信念是由美国学者 Lerner 提出的,其核心观点便是个体有对安全感的基本需求。这种需求表现为对社会秩序的信念:确信自己所生活的环境是一个各得其所、安全有序的社会。这种信念让个体对生活获得了一定的控制感,从而能够依据这种信念生活,并对未来的行动做出积极决策与投入。Lerner 认为,公正世界信念来自儿童与这个世界的一项契约,名为个人契约(personal contract)。这项契约的基本内容是:付出与回报是成正比的,如果对一项活动投入越多,那么将来就会得到越多的回报。所以当儿童放弃一些即时满足他们的回报,而继续投入时,那么将来的回报是会增多的。[50]国外的实证研究表明,个人公正世界信念和一般公正世界信念在个人主义社会中是作为一种社会规则存在的,且具有社会价值判断力。[51]但个体最初与公正相遇时并不明白何为公正,或许是在他与小伙伴的玩耍中,由于父母的介入给他们订立了一个游戏规则,这个游戏规则可保证他们公正地享受在游戏中的乐趣,抑或是无意中听到或看到父母对某一不公正事件的义愤填膺的评判,从而使得这种有关公正的信念隐隐约约地植根于他们的自我意识成长过程中。父母与邻居搞好关系的表象亦伴随着个体的成长,这种睦邻关系在以后的法律中表现为民法对相邻关系的调整,如民法对相邻关系的调整表现为相邻权的赋予、所有权的限制、物上请求权等,这些法律规定是基于对"睦邻友好关系"的期待。个体从小就在"远亲不如近邻"的文化氛围中成长,那么,接受这些法律规则便有"理所当然""理应如此"的感觉。

在个体的法律意识发展的混沌状态阶段,个体自我意识的成长时刻伴随着法律意识的发生与发展,但这些法律意识大多体现为一种模糊的、不可言说的状态或表象。

(二)第二阶段——"我"明确知道法律是什么

在第二阶段,个体的自我意识飞速发展,并清晰意识到法律现象的存在。

这一阶段大体发生在个体开始接受学校教育时期。此时,个体的自我意识水平有了很大的发展,自我认知发展到了皮亚杰所说的具体运算阶段,守恒概念出现,初步具备了抽象性逻辑推理能力,且自我控制能力显著提高并逐步稳定下来。[52]学校的法制教育促使个体对法律的认知开始清晰化,并初具法律的基本知识。但此时个体的自我意识与法律知识是一种分化状态,即在认知领域中,二者是彼此分离的,法律知识对自我来说是陌生的、新鲜的,存在于人格之外。这一时期个体由学龄前以亲子关系为主要表现形式的人际关系转变为以师生关系和同伴关系为主导的人际互动形式,个体的自我意识进一步在这两种关系中发展着。同时,法制教育也在促进着个体法律意识的提升。

在学校环境中,教师作为重要的人,对学生自我意识的发展产生重要影响。这一阶段学生心目中的教师是社会代言人,是理想价值观的载体,良好的师生关系将促使学生模仿教师,并树立了教师的权威。这种权威的树立一方面有助于个体对教师言行的认同与内化,另一方面使教师对学生法制知识的传播也变得具有权威性。通过师生交往,学生不断吸收教师所传达的各种信息,自我意识就在这种交往过程中不断发展和构建。师生之间的关系分为课堂内关系和课堂外关系,法制教育则是发生在课堂内。在课堂内的法制教育课上,教师所传达的法律规则、秩序等符号明确地表明了是需要学生接纳的。故在这一环节中,需要发挥教师—学生双主体的作用,在法制教育过程中,形成主体间的对话与交流,促使法律意识在平等主体之间进行传递。

在学校环境中还有另一种重要的人际关系,即同伴关系。研究表明,小学生自我体验水平与亲社会行为、同伴接纳存在正相关,羞愧情绪可有效预测儿童的亲社会行为。[53]同伴关系可以为儿童提供安全感、归属感和社会支持,同伴的交往可促使儿童发展出成熟的社交技能,也正是在同伴互动过程中,个体获得了大量的信息资源,这些信息成为自我意识发展的必要前提,同伴关系塑造了个体的自我意识。良好的同伴交往对个体价值观及法律观的获得皆产生了积极的影响。年龄相近的同伴在互动过程中不断发展各自的社会性,不断为自我意识的发展汲取能量,他们彼此之间的自由平等交流更是一种建构性的学习。这种建构性的学习同师生之间的教与学是不可同日而语的,故学校教育要利用这一优势,促进法律意识在同伴交往之间的传递。

在第二阶段,随着个体认知能力的发展,也随着个体正式接受到学校的法制教育课程,其开始清晰地认识了"法律是什么",开始在学习各种基本的权利义务过程中了解法律的一些基本特点,比如强制性等。

（三）第三阶段——"我"深刻理解了法律是什么

在第三阶段,个体的法律意识融入了自我意识当中,成为法律意识中的自我和自我中的法律意识,达到了法律意识植根于人格自我的成熟定型阶段,亦可称之为自我的法律化阶段。在这一阶段,自我意识与法律意识之间的关系表现为法律意识已然成为自我意识的内在构成成分,法律认知、法律情感、法律意志、法律需要和动机都具有个性化特征,宏观法律意识经过人际互动融入人格之中,构成了自我意识的部分因子。经过这一阶段,个体意识到法律规则已不是外在于自我的"客体",而是内在于自我的"主体",个体对这些规则的服从不是来自外界的压力,而是遵从了内心的选择,是基于个体对秩序、自由、权利的追求而对法律的认同。对法律的服从一定程度上是独立于外部的规则,是自身对法的积极情绪体验自然而然地生出的对它的信仰和敬畏。

在这一阶段,个体继续着其社会关系,自我意识继续发展并完善着,但已经脱离对特定主体的依恋。这种脱离表现为自我意识能够超越时空的限制而借助"主体"来发展完善自身,这种主体包括历史上的伟大人物,也包括现实生活中大家共同知晓的名人。人格的发展已经不再需要面对面的接触,它对外界能量的汲取已达到一种自觉的状态。另外,自我意识依然在关系中发展着,这种关系是一种不特定的社会关系,其获得的支持也是不特定的社会支持。这个社会有可能是网络,也有可能是不认识的他人,但这些良好的社会际遇为人格的进一步完善提供了必要的资源。同时,法律意识亦是在这些超越时空的"主体"和关系中继续传承并给自我意识的良性发展提供一部分养料。

在第三阶段,法律意识已成为个体自我意识的组成部分,这一发展阶段的到来,预示着个体法律意识的高度发展。在之后的社会生活中,个体的人格当中有了法律自我这一成分,法律自我可确保个体顺利适应社会,同时又是个体创造性的保证。个体将不再拘泥于具体的形式化的规则,他知道不管是法律制度还是别的形式的规则规范,都是来源于对人类发展的考虑。"法律自我"是法律文化、法律传统、法律价值等宏观法律意识作用于"自我"的结果,是在个体自我意识的成长过程中逐步形成和发展起来的,这对理解和揭示具体的法律规则和法律行为有着重大意义,它既是预防人类犯罪的控制体系,也使个体站在了追求法律信仰的精神之巅,是个体灵魂接受法的洗礼并使灵魂趋向于善的过程。

个体法律意识发展的三个阶段是依次序不断在关系中建构的过程。法律意识的高度发展代表着个体对法律意义的真正思考与探究,同时也使得自我意识发展更为完善。当个体具有高水平的法律意识时,那么对"法律为何被遵守"这个问题的回答将不再是出于对法律惩罚的惧怕或法律对德行的追求,而是觉得法治生活不仅与人类社会的发展进步相符合,同时这也是对个体生命的一次整合。法律意识的高度发展也体现了个体自我意识的高度发展,这就意味着个体将自我献身于社会、献身于人类的发展,意味着个体人格真正独立于世,将自我与自然界真正加以区别后又统一起来。

第三章 法律意识的影响因素和机制

第一节 个体法律意识的影响因素

哪些因素影响到个体的法律意识发展水平？作者从三个层面进行分析论述，分别是个体自我发展视角、个体关系视角和社会关系视角。

一、个体自我发展视角

法学家伯尔曼讲过，法律必须被信仰，否则形同虚设。论法精神里也提到，真正的法律是印刻在人们心里的，而不是刻在石柱上的。这都表明，无论一个社会中的法律制度多么完善，如果人们没有接受它，或者说个体的自我意识里缺乏了法律意识，法律就不会对人的行为真正起到作用，法律的生命力就不可能永葆生机，它的功能和它所倡导的价值均不会得到很好的实现。换言之，法律意识的产生不仅要有完善的法律及其相关制度为基础，还要有健全的主体人格。因为只有个体人格中蕴含了基本的公平正义的德性基础，才更有可能知道如何正确使用法律。个体人格中的这些德性基础也是在个体自我意识发展中逐步确立的，是在个体社会化过程中逐步形成的。这也是个体与他人和社会能够建立起相互认同感的人格基础。所以，做一个法律意识发展水平高的人与做一个自我意识高度发展的人之间是紧密相连的。

个体的自我意识发展水平是个体法律意识的关键影响因素。因为不管是对法律的认知还是法律情感和动机的产生，抑或是体现法律意识的法律行为，这一心理活动过程和行为的施动者是具有自我意识的人。如果一个人自我意识水平低，人格不健全，他就缺乏法律意识所必需的土壤和载体，最终导致法律的功能和价值成为一纸空文。由此也就可以解释为何在严苛的法律制度时代,依然不能避免大量的"知法犯法"现象。其中非常重要的可能原因就是有些人的自我意识比较低,从而在一些违法活动中他们会表现出从众现象,即"我看他们这么做,我也就做了"。我们甚至可以说,若个体自我意识发展不良,直接会影响到他对法律权益的感知。比如,我国有《中华人民共和国妇女权益保障法》《中华人民共和国未成年人保护法》等一些对社会弱势群体倾斜的法律,这类法律存在的本质是为了确保这些群体能够平等地享有社会福利,为了确保在法律庇护下的每个人能够满足自己作为人的一些基本需求。反过来看,这里蕴含的另外一种观点就是,一个人如果想要被平等地对待,想要获得作为人的基本尊严与权利,就需要有作为人的自觉性,以及作为一个人对自己人生基本的自控需求,这种自觉性与自控需求就是自我意识。如果缺乏自我意识,丧失对自己生命的自觉性与自控力,人将不能称之为人,他只能和动物一样被动地、本能地适应环境,即便法律对他做出倾斜与保护,依然不能达成其目的。故,自我意识的健全发展决定了个体促成法律功能和价值的实现。

鉴于以上分析,法律意识最核心的影响因素便是主体的自我意识,而自我意识又是由关系决定的,个体的自我意识在关系中发生与发展。具体来讲,自我意识在亲子关系中萌芽,在学校生活中发展,在社会关系中成熟定型。其中,学校场所对个体自我意识的发展具有重要作用,因为学校教育可以利用其独特的资源优势来提高个体的自我意识发展水平,并消解学生的不良家庭对其自我意识发展造成的负面影响。

另外,个体的自我对法律意识的影响还体现在个体的知识结构或者图式会作用到其法律认知的加工过程中。有自我图式的人能够更有效地加工与图式一致的信息。据此,我们可以提出假设:个体自我图式领域的自我法律认知有助于有效加工法律相关知识,也可以进一步推断,在遇到与法律相关的决策行为时,可以更迅速地做出反应。心理学的相关研究,比如对象棋领域内专家与新手的研究发现,二者在自己的专业领域内加工信息的方式完全不同。那么,通过提升个体的法律认知,可丰富其自我图式,也就是说,法律认知反过来促进了自我的发展。但是,有关自我图式领域内的法律知识与自我之间的关系目前心理学也没有相关研究。所以,我们可以在未来研究中通过设计精密的实验加以研究,设法搞清:自我图式领域的法律知识是来源于自我的知识,还是先于自我的知识存在? 二者之间的因果关系是什么? 如果个体具有丰富的法律知识,那么能否使其构成自我图式的组成部分,也就是能否使法律知识具有长期通达性? 因为自我本身是一个具有丰富结构的概念,它包含了各种各样的有关个人行为和特性的记忆和信念。自我具有一定的稳定性,也具有可变性,这种可变性是因为在不同场合激活的自我知识单元是不一样的,所以,具有丰富的法律知识图式,可在法律事件和行为情境下被激活。换句话说,自我影响个体对法律现象的认知加工过程,结果是当个体形成自我法律图式时便可在法律现象相关的情境下激活这部分自我知识单元而影响其认知加工过程。

这也进一步说明,如果个体的自我是丰富多样的,比如在不同领域内形成图式,那么就成为一个高自我复杂性的个体。高自我复杂性的个体相对于低自我复杂性的个体来说,在应对外界刺激时会存在不同的情绪反应。据此,我们是否可以推论出法律意识的各个子结构中得分高的个体与得分低的个体在应对方式和心理健康方面存在如下假设:高法律自我图式的个体较低法律自我图式的个体会采取更积极的应对方式和拥有更健康的心理状态。另外,不同法律自我图式的个体对其法律认知以及后续的法律行为是否会产生不同的影响呢? 这类相关问题是我们未来在进一步研究法律意识机制时要验证的内容。

二、个体关系视角

法律是一种社会现象,它的发生、发展均在社会关系中进行,所以,可以从关系的视角来理解个体法律意识的影响因素。个体的心理发展具有连续性和阶段性,但其成长终究是在关系中进行的。比如他是某个人的孩子、某个学校的学生、某个单位的员工、某个社会的市民以及某个国家的公民。个体具有的权利、义务、责任构成了他的生活状态和完整人生。个体的权利义务基于诸多社会关系而产生。我们甚至可以说,个体的关系特性促使法律的产生,法律意识是个体为了更好地处理这些错综复杂的关系而必备的一种自我意识。在法治社会中,法律意识成为个体自我意识的必要组成部分,其水平高低也是个体社会化的关键点。因为,每个生活在现代法治社会中的人,都在追求一种安全、平稳、确定的生活方式,那么,他就不得不参加到各种关系中去。

法律意识被一个群体成员所共享就会产生一种凝聚力,能够将人与人之间的关系拉近,进而形成一种共识,这对个体而言产生了一种归属感和认同感,于社会而言则可产生一种治理社会的"合力",有助于社会的稳定。法律意识的这种功能源于法律对各种社会资源和人与人之间权益的平衡,从而满足了个体的各种需求。若法律没有这种功能,它就不能凝聚社会成员的力量。理想的法律会对每个个体的需求予以回应,这种回应便体现在人与人的相互交往中。在交往中,法律的意志得以表达,法律的价值得以实现。

法律对人与人之间关系的调整,实则是对人与人之间利益的平衡。但是只有在利益共同体和价值共同体中,这种调整才会有效。也就是说,只有法律所倡导的价值符合人们的期待时,这种调整才会顺利进行。一旦每个个体认可了这种价值观,便会形成一种共同体。所以,法律意识本身蕴含着个体对法律价值的认可、对法律分配权利义务的深刻理解,并且他们明白只有通过这种方式,自己的利益才能得到保障。一旦达成这种认识,法律意识便体现出了它的功能,这就是基于一种整体观来实现自己的功能。这种整体观需要确立人与人之间应是一种和谐的关系,只有在这种整体上和谐的关系中法律的功能才得以实现,法律的价值才能被认可,法律意识也成为一种社会共同体的意识。所以,个体法律意识不仅仅是通过理性认识抽象出来的一个专业名词,它只能在个体与他人的互动中生成,并且在与他人和社会的互动中展现出来,最终成为每个个体人格的一部分。这便是法律意识的关系特性。法律所调整的权利义务关系不是对每个个体权益的限制,而是为了使每个人更好地实现自己的权益。法律假定人与人之间可实现共赢,人与人之间不应该是一种冲突状态,在维持和调整这种关系的基础上,最终实现公正,也促进个体人格的健全成长。

三、社会关系视角

我们在这一章秉持的一个基本观点便是个体法律意识是在关系中生成与发展的。因此,从关系的视角论述个体法律意识的影响因素是本节的基本思路。我们既会考量法律意识作为人类知识所具备的特点对个体法律意识形成的影响,也会思考个体本身对其法律意识发展与形成的影响。法律意识作为上层建筑的客观存在,对于个体而言具有一定的吸引力,个体对法律现象的认知便体现了这种吸引力。同时,法律意识于个体而言又具有一定的文化归属感。法律意识是在关系中存在的，也就是说，这种归属感实则是各种社会关系对个体归属感的满足。任何个体法律意识的产生、发展与形成，并不是独立个体在理性的作用下自然发展的，而必然是个体在参加各种社会关系的过程中，在个体与他人相互作用的过程中发生的。简言之，社会关系是法律意识形成与发展的重要影响因素。

个体法律意识的社会关系特性是由法律意识的本源、功能及表达形式决定的。个体法律意识产生的本源是法律现象，各种法律现象又是以语言为载体加以表述和阐释并通过语言表达出来的，而语言又是一种社会现象，这就注定法律意识也是一种社会现象。同时，法律意识的传递过程是在人与人的社会交往中以语言符号为中介进行的。法律的功能之一便是对社会资源的平衡与分配，是处理人和人之间关系的一种重要的手段之一。法律的另一功能便是社会控制，这种社会控制作用的发挥是因为法律作为文化的一部分，能够满足个人归属感。个体只有接纳了该社会的法律并加以内化形成自己的法律意识，方可获得成为该社会成员的资格，也具备了由法律为其分配权益、平衡责任的身份。所以，唯有在社会生活中，个体才能够形成自己的法律意识，进而在其中获得身份感和归属感。因此，不管是从法律意识的本源还是其功能来看，均不能脱离社会关系对它的影响。同时，个体的法律意识，只有在特定的社会关系中才能确定其水平的高低，也只有在与他人的比较过程中才能够进行量化。所以，个体的法律意识不但现实地存在于特定的社会关系中，而且从发生到发展乃至最后的成熟定型均依赖这种社会关系。个体的各种社会关系决定了法律意识的形成和发展，法律意识的这种社会关系特性是生活在法治社会中的我们无法选择和避免的。

我们进一步来理解发生在社会关系中的法律的社会控制作用。法律的社会控制是指法律通过价值指向为全体社会成员构建一种理想的生活状态和生活目标，从而达到社会控制的功能。这一功能只有在社会关系中方可实现，因为作为重要的调节人与人之间关系的权利义务是存在于各种社会关系中的。以小明成长的例子来讲述社会关系对个体法律权利义务观形成与实践的影响。小明的父亲送小明上学，体现了他对子女的抚养义务。小明去上学，从个体角度体现了他接受教育的权利，从社会角度体现了他履行受教育的义务。在这样的社会关系中，一系列权利义务得以践行。小明在上学后，通过教师讲授课本知识，明白了权利义务的内涵，同时，结合自己的亲身体验,对这种权利义务加以内化,初步形成了自己的法律意识。在以后的成长过程中,小明体会到了法律在对人与人之间关系的调节中的重要性与必要性,进一步深化了其法律意识。也是在各种关系中小明逐步理解到每个人都需要具有法律意识,这样人与人之间的关系将会更和谐。这也可以部分解释为何个体会积极主动地履行义务。因为整体上来看,法律的价值观是每个善良人的价值与期待。法律最终的目标是达成人与人之间和谐的状态,同样,这种目标假定人与人之间存在共同的利益关系。

个体对法律的认知、法律情感以及法律动机等法律意识只有在人与人之间的互动过程中才能形成。个体关于权利义务的认知和情感只能在切实的人际交往中才具有真实性。所有的权利义务不是空洞的书本上的定义,也不能指望完全通过教育的灌输就让个体的法律意识内化到其自我意识的形成过程中,我们应注重各种真实情境中的社会关系对个体法律意识形成的影响。

第二节　个体法律意识的心理机制探究

一、法律认知的概念表征机制

探究法律意识的形成和发展机制,就是揭示各种因素是如何影响个体在特定环境中激活和运用法律意识来指导自己的随后行为的。要达成这一目标,首先要探究个体是如何表征法律概念的。目前对某一概念的表征方式主要有经典观点,即认为概念由一组必要且充分的属性所定义。例如,认为可以将法律这一概念用"国家制定""强制性""权利义务为其内容"等这样的一组属性来定义。事实上,在法学领域确实有很多概念都是基于这种观点进行表述的。但法律意识这一社会概念是否就是以这样的方式贮存在个体头脑中的呢?由法学领域这么多年依然对"法是什么"这一问题众说纷纭的客观事实可见,即便是法学领域的专家也很难找到关于法概念的充分必要属性。那么,概念表征的概率观点似乎可以解释部分概念的表征方式。用概率观点来解释法律意识的表征就是将某一要判断的实例与法律概念这一范畴进行比较,若超过某一临界值,就认为属于该范畴。比如,刑法学的罪名认定过程,实则就是依据概率观点中的原型说和样例说这两种方式形成范畴的。但事实上,我们对于法律概念这一社会现象的认知,也未必只通过这两种方式,还有一种形式是基于理论知识进行判断。比如,对因为发生了自然灾害而不能按时履行合同的事实,如果从表面来看,就是违约,但连非法律专业的普通人都会觉得认定为违约是不妥的。所以,合同法提出了情势变更原则。也就是说,在判断某一行为是否违约时,是基于潜在的价值观念而不是单由表面的相似性将之划入某一范畴的。当然,这样的判断同时取决于个体的不同背景知识以及受到主体的认知目标的影响。但这种现象就反映出对法律概念的表征受到个体潜在的背景知识的影响。

以上是关于法律认知这一社会概念的内部结构所进行的讨论。从认知角度来看,对于某一概念的认知存在许多概念层次,其中,有一个层次可以称之为基础水平,在这一水平上我们可以很自然地对物体进行命名。比如,当我们说到法律这一概念时,一般人脑海中可能会出现有关刑法方面的知识,或者出现法院这样的表象,而不会出现有关物权背后蕴含的法理。这种基础水平概念通常也是个体最先学习的概念。基础水平就是那种涵盖性最高的层次水平,在这一层次的水平上,认知客体拥有许多该范畴的共同属性。通俗易懂地来说,当说到法律概念,个体很容易想象出某种法律现象的具体事例,那么这种法律现象就是法律意识的基础水平。但是,不同知识背景的个体,其基础水平是不一样的。所以,关键点在于找到每个年龄阶段法律意识的基础水平。这有助于揭示法律意识形成的机制,更好地对其进行法治教育。

二、法律动机与法律情感对法律认知的影响机制

目前心理学相关研究已证实个体的情绪会影响判断。心理学提出了指向性目标(directional goal),并通过一系列实验证实了指向性目标,即指达到某个特定结论的目标,会使我们的判断出现偏差。对于动机影响判断这背后的加工机制,心理学认为是对结果的依赖导致了这种判断偏差,这一现象可以用不协调理论来解释。动机性推理的机制在于个体总是选择性地获得那些支持期望结论的观点和规则,反驳那些不合意的结论。准确性目标(accuracy goal)则会导致个体投入更大精力到当前的任务中去,以便搜寻更好的推理策略。也就是说,指向性目标使个体喜欢那些支持自我期待的结论的观点和规则,反之,准确性目标则促使个体获取对任务最佳的观点和规则。这种不同的情境源于不同的心态,即审慎心态和工具心态。前者产生准确性

目标,后者产生指向性目标。这种不同,可以用到我们对法律动机的研究中来。我们可以将法律动机划分为价值型法律动机和工具型法律动机。那么,基于前期的关于动机的研究,我们知道价值型法律动机和工具型法律动机导致对法律认知的不同,进而可能会导致不同的法律行为。

心理学认为,准确性目标可能会激发避免闭合的动机。对于闭合需求是不是一种个体特质需要我们进一步研究。但我们有理由基于当前研究提出这样的假设:不同闭合需要的个体,他们的法律认知亦是不同的。比如,具有高闭合需求的个体,他们更多地持有工具型的法律动机,那么,对法律的认知可能采取启发式认知方式。低闭合需求的个体,极有可能持有的是价值型法律动机,对法律认知水平采用更深层次的加工方式。简而言之,持有不同的目标和愿望,导致个体对法律做出不同的判断,也就是导致不同的法律认知状态。

大量研究表明,个体的判断与自己的情绪是一致的。当我们处在积极的情绪状态中时,倾向于更积极地看待相关问题;反之,则倾向于以消极的方式认知和加工当前信息。为何会出现这一现象?心理学认为,情绪可作为启动的来源。因为情绪启动了与判断有关的情绪一致的内容。另外一种解释的理论便是个体会将情绪作为判断的直接信息来源,即我们以为这种判断来源于客观对象,实则来源于我们的情绪。也就是说,情绪对判断的影响是通过激活与情绪有关的内容来达成的。那么,这种影响在什么时候起作用?心理学提出了情感注入模型,即认为情感对判断的影响源于个人采用的推理策略类型。启发式加工由于情绪的启动原因,促使个体提取的信息受到情绪的影响而导致认知偏差,实质性加工因为依赖与情绪一致的记忆而同样导致认知偏差。这些研究均表明,情感会影响到个体的认知内容。同时,不同的情绪状态会导致不同的认知策略。说服理论认为,在消极情绪状态下更可能从事系统加工;反之,在积极情绪状态下,应倾向于避免这种加工策略。这些研究结果为我们后期通过实验方法揭示法律情绪和法律认知之间的关系做好了铺垫,也为我们采取更好的教育策略促进对法律的认知以及培育积极的法律情感提供了相关的理论和实证研究基础。

第四章　法律意识心理结构的理论构建

第一节　法律认知的分类、维度及各维度的关系

法律认知的客体为法,那么首先得明确何谓法。对于法之内涵,本书作者认可法包含三种形态,即观念的法、制度的法和现实的法。观念的法是指没有系统学习过法的社会大众对法的"定义";制度的法则主要表现为含义相对确定的成文法或不成文法;现实的法是指通过具体的法律行为、法律文件等表现出来的法。[54]亦有学者认为,公民的法律认知从具体到抽象,可分为法律实体认知、法律程序认知和法律本性认知三个层次。在这三个层次中,法律实体认知是法律认知的基础,法律本性的认知是法律认知的高级阶段,也是法律认知一个循环的终点,又是下一个循环法律认知的基础。[55]

本书根据学者对法律认知的已有分类,结合个体认知发展的规律及道德认知发展理论,将个体对法律的认知分为抽象法律认知和具体法律认知。抽象法律认知包括对法律本质、法律价值和法律功能的认知,即对法律是什么、法律于人类的有用性以及法律如何来达成人类需求的认知。具体法律认知则指对国家现行法律的认知,主要涉及对权利义务的认知。

一、抽象法律认知

(一)法律的本质

法根源于人的社会性和理性。国家制定法也是建立在理性意志的基础上的。关于法律的本质,或法律的起源,经典的理论假说便是社会契约论。

该理论认为,人类在从自然状态转向社会状态的时候,建立了国家和法律,而国家和法律的产生途径便是社会契约,即广大社会成员为了保护彼此的正当权利,维护社会的和平与秩序,自愿交出自然权利。所以,国家源于社会契约,国家的权力源于人民,故而国家制定的法律来源于人民的认可,是全体社会成员公共意志的体现。[56]"服从法律,所服从的既是自己所有,也是属于任何别人所有的公共意志。"[57]所以,"法律只不过是公意的宣告",只有体现公意的法律才能做到权利义务的平等。[58]霍布斯认为,法律就是主权者的命令,是国家理性的命令。国家是基于每个个体放弃自己的权利并授予它、承认它而产生的。所以,国家的理性是因为它的产生是人类的理性活动的结果,并具有全体的力量。它的所作所为得到了全体人民的担保和同意,故而国家制定的法律也是公正的。[59]

个体对法律本质的认知是一个循序渐进的过程,是从现象到本质的过程。最初,个体极有可能认为法律是主权者的命令,进而随着认知水平的发展和知识经验的积累,个体开始意识到法律的本质应源于主权者对公意的宣告,而公意则源于每个自然人对自己自然权利的让渡,故而进一步认识到法律的本质是每个个体理性的综合体,也因为这样,法才具有了它的生命力,才能够被人以积极的心态去服从和遵守。对法律本质的认知是层层递进的,同时会受到各方面因素的影响。

(二)法律的价值

法律的价值是基于人的需要而产生的,即法律对人的有用性。对于法律的价值,论述最多的莫过于正义了。关于正义是什么,众多学者对此莫衷一是,众说纷纭。博登海默认为,社会秩序中的正义在相当广泛的程度上是可以进行理性讨论和公正思考的。[60]可见,博登海默强调正义的理性构成。乌尔比安认为"正义是使每个人获得其应得的东西的永恒不变的意志"。西塞罗则指出正义"是每个人获得其应得的东西的人类精神取向"。这两个人强调正义的主观性,即正义是一种态度、意愿和意向。正义是一种处理人与人之间关系的善德,在正义的影响下,个体把自己从只关注私利中解放出来。正义的生理根源是人类基本的生理需求,心理根源便是基本需求,所以正义实则既有它的生理构造根源,也有人类共有的心理根源。这也要求正义应在人的完整性及人格方面得到尊重。除了生理和心理,对于正义的要求还来源于人类的认识能力,这种认识能力使人类意识到攻击性和破坏性对社会的危害,也能认识到需要用法律的力量来控制这些具有破坏性的一面。所以,正义具有复合性的特质,是集理性和情感为一体的符合人类本性的一种特质。

从个体层面来看,个体对法律价值的认知,也是对自我认知逐步深入的一个过程,是其自我意识不断成熟和人格完善必经的一个社会化过程。个体的社会化和法律社会化是一个相辅相成的过程,个体认知发展水平决定其对法律价值的理解程度,反过来,法律价值由于个体的领悟而被赋予新的内涵。

那么,除了正义之外,法律的秩序、自由、平等价值也是经常被论述的。秩序,暗含一致性、连续性和确定性;无序,则表明非连续性、无规则的现象。人类历史的发展过程,就是建立秩序、对抗无序的过程。这已然成为一种心理图式而世代遗传。在自然界中,有序是普遍的,秩序压倒无序。在人类的社会生活中,有序的生活方式比无序的占优势。这种对秩序的需求的心理根源在于人类对安全感的需求以及人类心理资源的有限性。基于心理资源有限论和人类认知的发展规律,法律将这种有序性引入人与人之间的关系中,使得人们对未来具有一定的预见性,并据此安排自己的未来生活。

洛克宣称:"法律的目的并不是废除或限制自由,而是保护和扩大自由。"霍布斯认为,法律的目的如同栽篱笆,其作用不是为了阻挡行人,而是为了让行人走在正确的路上。所以,法律的作用是为了指导和保护人们,促使人们在活动过程中不要因为自己不合理的欲望和鲁莽而伤害到自己。[61]同样,洛克也阐释了类似的观点,他认为,"法律真正的含义是指导一个人自由而有智慧地去追求他的正当利益。法律的目的不是限制自由,而是保护和扩大自由。因为自由的含义就是不受他人的束缚和强暴,而法律的缺位,就会失去这样的自由。"[62]确保个体获得自由,是法律的重要价值之一。所以,法律对自由的保障,真正的目的是发展个体的潜能和创造性,使一个人看起来更像人,而非别的东西。

那么法律对平等价值确立的心理根源是什么呢?是被尊重的需要,这也是人格权的重要来源,因为每个人都需要被平等地对待。另一个被平等对待的驱动力便是不受他人统治的欲望,那便是自我决定、自我控制的需要。从社会发展来看,遵循平等价值理念与他人相处,有利于人类的友好相处。违背平等价值理念,就会触发对正义的需求。对正义的需求,正是要通过辩驳得出不平等的不合理与荒谬性。

通过法律增进自由、平等、安全,均是人性中根深蒂固的意向所驱使的。法的价值,实则体现了人的需求,最终也是为人类共同幸福谋福利。三者之间冲突平衡的标准就是尽量增进人类的幸福。正义是空间上的平等,而非时间上的平等。法律被遵守的根本性原因,正是因为它是有效的。这也就是说,强制力并不是法律的本质特点,虽然强制力对于法律的实效性而言是很有必要的。唯有正义的法律规则,才可能被全社会认可。所以,法律秩序的生命力源自其内部,源自每个个体的承认。个体对法律诸多价值的认知,有助于更好地理解国家现行法律,而对法律的理解是个体对法律认同和内化的前提,也是敬畏法律的心理基础。

（三）法律的功能

法律的主要功能不是惩罚,它的功能在于为人类的良好生活做出有序的安排。强制力使用得越少,法律的功能越能很好地得以实现。所以,如果一个社会的法律需要依赖政府强力来实施,说明该法律制度已然失灵。法律的功能是指法律在运行过程中会造成一定的客观后果,这种后果有利于法律价值的实现,且可以体现其在社会中实际的特殊地位。法律功能体现法律的价值,但相对于法律价值而言,法律功能蕴含着动态性,是在法律系统与环境相互作用的过程中展现出来的,是基于法律结构属性而与社会发生关系的状态,表明法律在社会中的效用。[63]格劳秀斯说:"因为自然法之母就是人性,社会交往的感情就产生于此,并非由于其他缘故,遵守契约即为民法之母,而自然法又是从契约的约束力所生,因此可以说自然法是民法之祖。"[64]所以,正如亚里士多德所言,人是一种社会性动物,这种社会性促使人有一种交往需求并建立社会组织。[65]这不仅说明,国家和法律的产生源于人的交往本性,更深层次地体现了法律的功能实则是对人际关系的协调,是为了促进人与人之间更好地相处,从而使每个人在社会性群体中能够谋取正当利益,平安地享受他该享受的权益。

关于法律的功能问题,应该置于整个社会中来思考。法律功能能否得以实现,重要的是看法律在社会中产生的实际效果。社会法学家的基本观点是,法的产生在于社会冲突,更深层次的缘由则是人们的利益纠纷。狄骥的社会连带主义认为,人们之间存在连带关系,这种关系愈强,社会纽带就愈牢固,个人的需求则愈能够得到满足。[66]但由于人类不同的才能和需求,所以,自己需求的满足需要依靠他人的服务方可达成,故而产生了错综复杂的利益关系,对利益关系加以协调的有效手段便是法律。所以,法律便成了社会控制的手段之一。"法律的功能,就是协调各种关系与端正行为,使人们在文明社会里高效地达成自己的期望,把冲突和消耗降至最低。"[67]简而言之,法律的功能,一方面是促进个体利益的实现;另一方面是通过对各方利益的协调来减少社会矛盾和冲突,促进社会向前发展。这种功能的实现,不是一种由权威发布的自上而下单向的影响,而是在立法者与守法者之间的双向互动过程中对人类的行为进行指导和控制。[68]也就是说,人们在互动过程中逐步形成了社会秩序,这种社会秩序能够划定个人活动的大致界限,从而防止人与人之间互相干涉,进而获得最大限度的自由。[69]

法律功能具有动态性,是对法律价值的兑现。我们可以在法律对弱势群体的保护中见证法律价值在法律运行中得以实现。只要社会向民众提供了人性尊严和人人平等所要求的生活前提条件,这个社会就实现了最低限度的公正。法律对弱势群体的倾斜体现了国家对资源的重新配置,这最终有利于实现国家强大的凝聚力,实现民众对国家的认同感。[70]法律对弱势群体保护的实质是为了平衡形式平等所造成的对公民基本利益的影响,以及修复由此所引发的潜在社会秩序的紊乱。只有靠法律的介入,才会终止由社会关系失衡所导致的社会矛盾。弱势群体由于其"弱势"会导致很多合法利益的湮灭,而这种利益却是处在正常社会关系中的个体的基本诉求,这种基本诉求不能被满足的不利后果,不应该由弱者来承担。更进一步来讲,法律对弱势群体的保护实则是社会发展的文明程度的体现,越是高度文明的社会,越会关注人的尊严和发展。唯此,才可消解社会矛盾,促进社会的稳定发展。[71]

基于对法律功能的解析可发现,法律功能是否得以很好地发挥作用,关键在于是否对人与人之间的关系处理得当。那么,基于此,从个体层面来看,良好关系,可以促进法律功能的实现。这里的良好的关系从个体发展过程来看,主要包括亲子关系、同伴关系、社会关系等。换言之,如果个体具有良好的关系,一定程度上有助于法律功能的实现;同时,良好的关系也有助于个体对法律功能的理解与领悟,最终可提升个体对法律的认知水平。

二、具体法律认知

具体法律认知指个体对国家现行法律的认知,于普通公民而言,主要包括对权利的认知和义务的认知。

权利是"对某种特定利益的分配机制"[72],"体现了人们交往行为中的利益结构关系"[73],"它是一种社会的构造"[74]。权利概念的目的模式认为,权利是一种实践推理关系,在这段关系中以个体利益为起点,经由论证,以他人负担义务为终点。所以,权利人的利益是他人履行义务的理由,权利蕴含的是相关义务的理由。[75]权利是法律的核心,法律对各种权利的界限和范围予以规定,所以,法律的基本含义是权利。[76]权利是法律的灵魂,德沃金将"平等关怀与尊重的权利"作为其权利论的核心内容。同时,他指出制度的权利是被特定的制度承认并加以保护的权利,这种权利能否实现一方面取决于政府的态度,另一方面则是公民的自我保护意识。[77]个体对权利的认知,有助于实现权利上所赋予的利益,而这种利益的实现是由他人承受负担为对等条件的。通常而言,个体对权利的认知,首先是基于对利益的诉求,其次才有可能意识到权利的享受是以为他人创设相关义务为对等条件的。如若对权利的认知达到后者这样的层次,那么个体将更为珍惜既定的权利,同时对义务的履行会持有一种积极的心理状态。

由此可知,权利和义务是一体的。那么,关于义务,作者认可哈特的观点,即认为把法律当作强制命令是错误的,因为"强迫某人做某事"和"有义务做某事"是存在差异的。前者反映出社会压力是产生义务的主要因素,这种社会压力来源于人们认为遵循某种规则对社会生活的维持是必要的,这种社会压力对负有义务之人就如一条锁链,促使他们去履行义务。这类人其实是拒绝规则的人,他们只是从外在观点来看待规则,并将不履行规则所带来的不利后果作为其履行义务的动机。但哈特认为,义务还包括另一层意义,即负有义务的人首先是认可这些规则,并且将这些规则作为自己去评判或者要求他人做或不做某些行为的理由和依据,这个时候,负有义务的人其实是接受规则并自愿合作以维持规则的。[78]

由此可见,法律义务虽然以其"力"制约个人的行为模式,但在自愿接纳规则并加以遵守这一层含义中,蕴含了法律积极的社会功能。故,个体若能够从他人对义务的履行中来认知权利,那么其对自我应当履行义务就会持有一种积极的态度与情感。更进一步会发现,权利和义务的设定,实则符合个体对良好关系的期待,权利和义务的顺利发生,某种程度上表示个体与他人之间的关系是良性的。据此,增强个体对权利义务的认知,有助于个体良好关系的发展;换言之,个体社会化程度也可预测其对权利义务的认知水平。

三、法律认知各个维度之间的关系

(一)权利和义务关系

这里以一种具体的权利——人格权来论述权利义务的关系。康德在《道德形而上学的奠基》的"人性公式"中说道:"你要如此行动,即无论是你的人格中的人性,还是其他任何一个人的人格中的人性,你在任何时候都同时当作目的,绝不仅仅当作手段来使用。"[79]他认为"人格中的人性"是人被尊重的基础,这是一种能够使人超越感性自我,不受自然的机械规律控制的自由和能力[80],以及人不仅能够依据道德和法律的要求主张自身的权利,而且能够通过履行特定的义务来尊重他人的权利。[81]所以,对人格的尊重是"作为总体的人类社会的存在对个体的要求、规范和命令"[82],同时,每个个体也必须对其他人担负起相应的义务。[83]这种"受到尊重并尊重他人"赋予了法律制度以正当性,也是个体在法治社会中生活的共识。[84]这种基于法哲学上的普遍理性的相互尊重关系表现在私法领域便是权利义务关系,即私法中对人格权内在要求的理解。对人格尊严的保护首先是一种道德要求,但这种要求同私法中其他权利一样需要法律制度化,需要在权利义务关系中实现。以便达成任何人的人格尊严和人格利益都在自我的支配之下,同时,任何人也不得对他人的人格尊严和利益加以干涉和阻碍。[85]比如,对个体隐私权的保护就体现了法律对一个人自我决定需求的满足,以及法律对个体差异性的尊重,最终有利于个体人格的健全发展。

再者,通过受教育的权利与义务来剖析二者的关系,从个体主义取向来看,接受教育的权利是为了个体人格的形成。正如梁启超所言:"使其民备有人格(谓成为人之资格也,品行智识体力皆包于是),享有人权,能自动而非木偶,能自主而非傀儡,能自治而非土蛮,能自立而非附庸……此则普天下文明国家教育宗旨之所同,而吾国亦无以易之者也。"[86]受教育的义务则可从国家取向的教育目标来理解。国家通过教育传递人们在社会交往中的一般规则,以及通过教育培育社会所需人才,进而实现社会控制与国家建设的目的。[87]所以,在个体身上所承载的义务实则是为了更好地享有权利,而权利的实现也蕴含着他人对义务的履行。权利和义务的存在一方面促使个体更好地实现自身潜能,另一方面,权利和义务也反映出社会关系的和谐与稳定。

(二)法律价值、法律功能与权利义务

法律价值从应然状态转变为实然状态即为法律的功能。以法律对弱势群体保护为例来说明这一观点。德沃金认为,社会文化条件的差异与个体的自然禀赋是导致人们不平等的两个原因,而造成这种不平等的因素是个体无法自由选择的,所以,政府有责任纠正这种"不可选择"。查尔斯·泰勒从发生学的角度认为,人对国家、社会、民族的认同源于承认,而承认则是由他者决定的。加拿大学者威尔·金利卡的自由主义认为,国家在建设过程中,会偏向于某种文化价值,这对另外一些文化价值的发展则是不利的,因此国家对由此偏向造成的不公应负责任。宪法爱国主义理论则直接指出,公民对本国宪法理念的认同可以形成凝聚力。[88]这些理论均指出,对弱势群体的保护,实则是为了维护社会秩序,在维护社会秩序的过程中,公平正义的法律价值得以实现。

法律功能的发挥依据于法律价值。在传统时代,分配正义的理由是基于个体具备某种美德,比如卓越的品行或者行动,故而应得某些善品;而现代意义上的分配正义则认为每个人都应该得到无条件的尊重和平等的对待,应得的善品并不依赖于某些群体或个人的恩惠,而应该是一种权利,这种权利应受到国家制度的保障。[89]分配正义原则的产生则基于既定的价值观念,比如自由。森认为"实质的自由包括基本的可行能力,比如免受饥饿、疾病、过早死亡等苦难,以及能够识字算数、享受政治参与等的自由"[90]。这些自由的实现,需要国家的强力调控。罗尔斯认为:"一种正义观念不可能从自明的原则性的前提或条件中演绎出来;相反,它的辩护必定依赖于多种考虑相互支持这一事实,且所有观念都融合到一起,以获得一种连贯的观点。"[91]所以,他的正义观念的提出是基于政治观念共识的一种契约程序。这种契约论证是基于理性权衡、计算交易来达成的。但现实社会中强势者拿出一定的财富给予弱势群体,往往基于想避免或缓解弱势群体可能制造麻烦而危及强势群体的利益的算计。这种基于工具主义理性的契约论证缺乏道义基础,与分配正义的宗旨相去甚远。故,依赖特定的价值观念推导的正义更具可取性,有助于为中国社会分配制度的构建提供理论启示。[92]由此可见,法律功能基于法律价值而起作用方可确保法治的生命力。

　　法律功能的实现则是通过权利的行使和义务的履行来完成的。在个体层面,就是通过具体的权利义务将个体的行为纳入一定的模式和准则之中,从而促使社会关系保持一定的规则性和秩序性。[93]法律的功能在法律与社会的互动中得以实现,更具体地讲,是在个体行使权利、履行义务的过程中实现的。因此个体对法律的认知能力便成为法律功能实现的一个重要影响因素。法律是调整人与人之间关系的规则,故法律价值也必须反映人与人之间的关系。正义是人们遵守法律的道德理由之一,是对法律正当性的评判标准,同时对权力具有约束力,所以,正义作为法律价值体现出对理想人际关系的制度安排。[94]法的功能在于实现正义,正义就是每个人在社会中都可以“得其所哉”,换言之,就是享受该有的权利,承担应履行的义务。[95]所以,权利和义务的设置,实则体现法律的价值与功能,比如审判时被告人在场是义务还是权利? 在义务视阈下,主要强调的是效率价值和发现案件真相;从权利视域来看,被告人在场有助于其对裁判者施加积极影响,可最大限度地提高被告人切身参与而服判息诉的可能性,最终有利于体现法律正义的价值以及法律定分止争的功能。[96]个体享受权利或履行义务的过程,也是逐步将法律从工具转化为目的的过程,最终能够自觉担负起一个法治社会中的公民对社会应有的责任。在法律调整下,参与社会活动的各方能够扮演好自己的社会角色,承担起该有的社会责任,在进行利益分配中就能够有效地达成公平互利的社交模式。

　　由此可见,法律价值是法律功能发挥的依据和基础,法律功能使得法律价值由应然变为实然,权利和义务则是法律功能得以实现的具体方式。在这组关系的背后,个体的自我意识起到了非常重要的作用。只有具有良好自我意识的个体,才会关注自身的权利义务状态,并能够以“契约精神”在生活中通过法律行为去实现法律价值,进而完成法律对社会的控制作用。这是法律社会化对个体的要求。同时,我们应该了解到,最纯正的法律应该是一种平等关系,而非支配关系。虽然在一定程度上,个体均处在被控制的社会中,但另外一个层面,我们期望个体不仅要进行社会化,而且要保持个性,具有较强的自我意识。个性化的前提就是个体摆脱被支配和控制的状态。那么,法律即可达成个体的这种成长需求。个体只有在平等的氛围中才能够成长,法律只有在接近平等的环境中才能够繁荣。这种环境需要通过法律对权力的限制来达成,既包括对政府权力的限制,也包括对个体权力范围的划定。进步的文明是"从身份到契约"、从权力到法律的运动,进步且文明的社会,是个体对权利、义务与责任达到高度的自愿、自觉。这种生活方式,唯有法治方可达成。个体意识到法律的本质、价值与功能,就会体验到一种前所未有的内心宁静与自由,在这样的认知状态下,才会更好地展现自己的才能与创造性,此乃法律价值与功能对个体自我意识的促进作用。故个体的个性化发展需要法律的保驾护航,同时法律价值与功能的实现也需要个体具有良好的自我意识发展水平。

四、个体法律认知的研究展望

(一)法律语言与普通语言的认知过程

有学者认为,法律思维分为普通的、初级的法律思维,比如对公平的认知,同时也有更高级的二阶法律思维,比如规则感。初级的法律思维一般包括人们直接的情感,以及对效率和公平等的认知,比如"欠债还钱"这种朴素的公平感。二阶法律思维则需要按照法律条文的规定来进行判断,比如"谁主张,谁举证"。一阶法律思维属于感性认知,决策速度比较快;二阶法律思维属于理性认知,是个体对一阶认知的反思,故决策相对较慢,而普遍规则的形成则是一阶认知二阶化的处理结果。[97]这表明,法律语言与日常语言有显著的区别。其中一个重要差别是歧义性。歧义性是日常语言中的核心问题之一[98],根据一些研究者的观点,语言的歧义性提高了信息交换的效率,他们进一步认为,如果一种信息的传递与上下文信息意义相关的话,这种信息传递方式中的组成单元的含义必然是歧义的。[99]从这个意义上说,无论在理论上还是实际生活中,日常使用的语言呈现出强烈的歧义性。

与此相对,法律语言是一种特殊的语言形式。它试图尽可能清晰、准确和完备地描述法律文本和法律文书,在最大可能上消除歧义性。因此,常常表现为结构凌乱、形式冗长,充满专有和技术词语/词组。通常情况下,法律语言并不用于日常交流,从这个意义上,法律语言在通俗易懂性和清晰准确性之间存在内在的矛盾。

对法律语言的认知理解过程的研究多集中于"米兰达警告"。米兰达警告是一个典型的法律语言,对于米兰达警告的理解水平在不同人群中有显著的不同[100],如在智力/认知低下的或罹患精神/神经疾病的高风险人群中显著低下[101]。与此相对,描述法律的精神的语言,例如文明进步、社会公平、公益宽容等,更多使用日常语言的形式,因此其处理较具体的法律语言更为高效。未来对法律认知的研究将从这些方面进行探讨。

(二)具体概念和抽象概念的加工过程

从语言的角度看,抽象概念和具体概念的区别在于,具体的概念有物理的/实在的指向,例如公平的判决;而抽象的概念没有,例如平等、公正。这二者在认知识别中有显著的差别:具体概念的识别、记忆、理解都显著比抽象概念快,即"具体性效应"。[102]比较流行的理论机制是,抽象概念和具体概念的加工方式不同。例如,双重编码理论认为语义的处理包括言语信息处理和非言语信息处理,其中,具体概念只涉及非言语信息处理,而抽象概念同时需要言语信息和非言语信息处理,因此显然会更慢。当然,也有理论认为两种概念是用同样的方式加工的。[103]例如,具体概念和抽象概念由同一脑机制加工,但是这两个过程是相互竞争的。[104]

抽象的法理概念和具体的法律条文二者在认知处理过程中的显著不同有潜在的应用价值。具体的条文有利于更加准确完备地描述法规和法律条文;而更抽象的法律精神则能使得个体对法律的意义和内在逻辑有更好的理解。

认知系统可以从一个对象中同时提取抽象概念和具体概念,不同的抽象水平可能涉及了不同的认知机制。[105]然而,在实际过程中,对于大部分的对象,存在一个较优的抽象/具象水平。例如,当看见金丝雀的时候,人们倾向于命名它为"鸟",而较少称之为更具体的"金丝雀"或者更抽象的"动物"。而对于鸡,人们倾向于命名它为具体的"鸡",而较少称之为较抽象的"鸟"或者更抽象的"动物"。也就是说,合适的抽象水平将是更优化的描述方式。从这个思路出发,可以通过认知行为的方法,对不同的法律文本,用实验的方式更加合理地确定法律用语的抽象/具体水平,以达到意义表达的准确和法律普及的平衡。

第二节　法律情感的内涵特征、
维度划分、功能及培育策略

法律缘起之际就与情感相伴相随。西方法学理论中功利主义法学家杰里米·边沁（Jeremy Bentham）就提出法律的目的是"增进公共幸福"，而约翰·斯图尔特·穆勒（John Stuart Mill）更是将边沁的观点进行了发展。按照他的法律思想，在论及个性自由时他提出"幸福、快乐是一种自我评价，应允许人们有按自己的意见选择生活方式的自由"[106]。这均体现出法律与情感的紧密联系。法社会学的先驱鲁道夫·冯·耶林（Rudolf von Jhering）直接提出了法权感，也被译为法律情感，认为客观的"法律情感"是法的最终源泉，主观的"法律情感"与人的人格紧密联系。[107]哈罗德·J.伯尔曼则提出了法律信仰，他认为对法律的信仰不仅涉及理性，而且涉及感情和直觉。[108]这说明，法律情感的存在是客观且被承认的。法学理论的奠基人孟德斯鸠（Montesquieu）在《论法的精神》中提出，法律不应该约束某些民族的心胸开阔、热爱生活、趣味十足、宽容、率真等美德。[109]博登海默则认为法律的目的之一便是为个人创设有利于其智力和精神力量发展的环境，从而保障个人人格的良性发展。[110]这表明，即便法律具有强制性，也不应以牺牲个体健全的人格为基础，而健全的人格势必包含健全的情感。

"中国古代立法皆为孔家的概念所支配。"[111]也就是说，我国古代法律的理论基础是儒家思想，儒家思想的内涵之一便是尚"礼"，重视人情。比如孔子提出的"父为子隐，子为父隐，直在其中矣"（《论语·子路》），体现出重情的司法原则。秦汉时期的"十恶"大罪中的"大不敬、不孝、不睦"亦讲的是人际关系中的情。[112]荀子更试图以"亲亲、尊尊"的礼法培养良民。中国法文化中讲究血亲情感，中华民族传统的法心理是一种"法—情—权"的儒家型结构模式，这里的"情"指的是以宗法伦理为内容的"情理"，"法"和"权"均"受情"的制约。"调解"制度更是宗法血缘之"情"的硕果。[113]所以，儒家的法治，是法律与人情的相辅相成。

从中西方的法学思想和理论可知，情感在法律中是客观存在的，但法学界，尤其是在司法过程中却一再表现出对"情感"的"嫌弃"与贬低。诚然，这种现象的出现也有其缘由,但不可否认的是,正视情感在法律中的地位,发挥情感在法律中的功能,才是一种科学又不失理性的态度。

一、法律情感的内涵及特征

法律与情感的研究大抵上划分为三个阶段:第一个阶段就是正视法律中存在情感这一事实;第二阶段便是研究特定的法律情境下具体的情感所发挥的作用,比如对刑法中"后悔"这种情感的研究;第三阶段则是期望通过法律手段塑造特定的情感。[114]关于法律与情感的研究可以说已经揭开序幕,二者表现为一种"你中有我,我中有你"的"伴生"关系。这种关系凝结为抽象概念便为法律情感。

法律情感是情感的一个下位概念,它是个体对法治精神、现行法律体系及其运行的相关法律刺激事件做出的复杂反应,反映了个体的愿望和需要的一种心理现象。根据法律情感这一概念,可得出其有以下几个特征。

第一,法律情感兼具个体性和群体性。法律情感是个体对法律现象的一种主观体验,反映了法律情感的个体性,同时,又具有群体性。群体性主要表现为:首先,法律情感具有可替代性,即发生在其他成员身上的法律事件亦会诱发个体产生相应的情感反应。比如,看到新闻报道中"坏人"得到了法律的严惩所产生的愉悦感、听到法律不公正行为所产生的愤怒感等。其次,法律情感具有相似性,即大多数群体成员对法律情感具有类似的情感体验。比如对正义感的肯定、对侵权行为的愤怒等,这些类似的法律情感一方面源于共通的人性,如人性对真善美的追求,另一方面是群体受共同的道德理念影响所致,而道德又是法律重要的渊源。再次,法律情感具有社会传递性,即法律情感在群体成员之间传递,从而对群体的态度和行为起到激发与调控作用,比如某一审判结果所引发的群体愤怒或赞赏。法律情感的社会感染性也反映了法律情感的可替代性和共享性。

第二,法律情感的刺激源为法治精神、现行法律体系及运行中的法律。个体的情感有很多种,法律情感特指由法律现象所引发的主观体验。法律情感大体上可分为两层:第一层是对法治价值精神的情感,比如对法所蕴含的公正、平等、民主、自由等理念的主观体验;第二层是对现行法律体系的情绪情感状态。现行法律体系由静态和动态两部分构成,静态的法律体系即为宪法统率下的法律、行政法规、地方性法规,以及多个法律部门;法律的运行主要包括立法、执法和守法等过程,即动态的法律体系部分。法律情感就是指由这些法律现象所诱发的主观体验。

第三,法律情感的发生逻辑为正义这种法治精神。当人们打破了为维护相互利益而建立的理性协议时,法律情感就发生了。此刻,出现在法律情境中的情感便打上了法律的烙印。此时的法律情感多属个人法律情感,因为其发生是基于个人的利益受损,是基于互利性正义。还有另外一种正义即公道性正义,这种正义指向一种共享的公共的善理念。当这种正义被损害后,法律就需要承担公道性正义的责任,进行裁决或者对受害者进行安抚。这时候由于正义遭到破坏所产生的法律情感变为国家法律情感的发生逻辑。[115] 也就是说,不管是个人法律情感,还是国家法律情感,其发生的逻辑起点均为正义这种法治精神。

第四,法律情感的发生伴随着一系列的生理唤醒状态。法律情感属于情感的下位概念,情感与其他心理过程不同的地方在于其发生总是伴随着生理反应和外部表现。那么,法律情感同样有这样的特征。换言之,当法律情感发生时,会引发个体的自主神经系统和躯体性神经系统的反应。这一特征成为法律情感可进行测量和量化的前提条件。

二、法律情感的维度

根据目前心理学界对情绪结构的研究,采用情绪的环形模型理论[116],将法律情感从效价结构划分为积极法律情感和消极法律情感。从唤醒层面及基本情绪和复合情绪层面考虑,又将积极法律情感划分为兴趣、期待、信任与敬畏感四个维度,将消极法律情感划分为失望、蔑视、厌恶三个维度。每个维度均基于对法治精神、现行法律体系及运行中法的主观体验。

(一)积极法律情感

积极法律情感,即法治精神或当前的法律体系及运行能够满足个体对法律的期许或需求,从而伴随着愉悦的主观体验。从唤醒的强烈程度划分,依次包含兴趣、期待、信任和敬畏。积极法律情感表达了个体对法律的认同,这种法律情感也是国家倡导和期待通过教育培育的一种情感状态。

从激活状态来看,兴趣属于低强度的唤醒,是一种指向具体活动的趋向性。对法律的兴趣更侧重于个体性,且和具体对象相联系。比如青少年学生对法律具体价值的兴趣、对基本权利义务的兴趣、对法院审判活动的兴趣等。

法律期待指个体对法律"应然"状态的一种主观预期。比如认为法律终将带来公正,法律能够伸张正义,法律对人类充满了关怀等。所以,法律期待指向未来,是个体对法律自身应具备美好德行的一种预期,反映了人类普遍的理想价值。

信任同属于基本情绪之一,法律信任属于非人际信任的一种社会信任,是对人们在社会交往过程中涉及的法律法规的一种制度信任。这种法律信任可对个体的"有限理性"起到一定克服作用,且可促进社会成员之间的良性交往,成为一种有效的社会控制手段。如,社会成员基于对民法诚实信用原则的信任,能够进行良性的交易活动;基于对刑法的信任,觉得国家安全和个人安全都处于被保护的状态。如果说法律期待情感指向未来,则法律信任是对法律体系"实然"状态的一种情感,故法律信任更多着眼于当下。

《孟子·告子上》曰:"恻隐之心,人皆有之;羞恶之心,人皆有之;恭敬之心,人皆有之;是非之心,人皆有之。"这里的"恭敬之心"其实就是敬畏感。敬畏不是单纯的惊恐或畏惧,而是一种复合情绪的组合。研究表明,敬畏情感中积极成分占主导,同时包含了恐惧和焦虑等消极成分。[117]法律敬畏是一种理性的情感,是接近法律信仰的一种内在精神状态。敬畏法律,是敬法治所体现的人类的终极追求,畏法律的权威与神圣。唯有对法律怀有敬畏之心,才能够更好地践行法律。对法律的敬畏实则是对法律所蕴含的规律性、神圣性、权威性等人类追求的终极目标的尊重,并以此约束自身的言行,从而促使个体形成一种隐忍、克制的人格特性。法律敬畏感是个体对法的一种反思态度,表现为个体法律自我的完善。唯有对法律怀有敬畏之心,才能够体验并获得法所追求的终极价值,才能更好地成就自我。法律敬畏是个体与法之间的一种互相敬重、互相约束的关系,更是个体对秩序、对规律的一种态度。

在对法律的敬畏中,个体意识到自身的渺小与法的强力,从而产生一种"臣服"与敬仰之情。这种"臣服"心理的积极后效就是在社会生活中将法视为一种可依赖的"精神后盾",在对法的臣服心理中,个体多了一份理性,少了盲从与冲动。这个层面的敬畏感更多反映的是对法权威性的折服。另一层面则为敬仰之情。由于法追求的终极目标使得个体感到自我的渺小和卑微,从而自愿去人格化来感受这种宏大的精神追求,处在一种宁静致远的状态中。这时候,法对个体来说就是神圣、不可亵渎的美好存在。个体在这种情感体验中获得了归属感与完满感,这将导致对现行法律体系的认可与接纳,即便它还没那么完美。

归根结底,对法律的敬畏之心,一方面是个体对自己在法律素养上的修炼与提升,是追求法律自我完满的表现;另一方面,有助于建立守法、遵法的和谐平稳的法治社会。

（二）消极法律情感

消极法律情感是指法治精神或现行法律体系及运行对个体的心理所造成的负面体验,主要包括失望、蔑视和厌恶。

失望是结果的发生与自己的预期不一致且比预期结果要差的时候所体验到的情绪情感。[118]对法律的失望感来自法未达到个体的预期期待值或预期落空时所产生的一种主观体验。例如,当事人在卷入法律纠纷的时候,或者对于公众所知的法律案件,基于对案情的了解以及本着对法价值的期待,相信法律会给予一个公正的答复,但结果并不如所愿,或者当事人觉得法并未给予其一种公正的裁决,就会对法有一种失望感。对法的失望感将影响个体后续对法的态度。相关理论研究表明,由于情绪对评价的加权影响,当预期和结果差距较大的时候,会引发更为强烈的失望感。[119]故当个体对法的期待落空时,会产生失望感,且这种失望感会随着预期和结果之间的差距的增加出现一种加权效应。对学生法律情感的培育应考虑到这种加权效应,并给予合理的消解对策。

对于蔑视,有学者从"不予承认"这个角度进行揭示,并指出有三种不同形式的蔑视,即通过一定的方式令个体丧失对其身体的控制权,剥夺个体的法律权利并将主体排除在特定的团体外,通过社会制度的确立贬损个体的生活方式或信念。[120]对法的蔑视亦可以从"不承认"这个角度来理解。对法最为严重的蔑视便是将法这种元素完全从个体的生活当中剥离出去,即忽视法存在的现实。纵然法是客观存在的,但在蔑视法的个体的认知中,它是不存在的且个体完全不与之发生任何互动。不发生互动,表明法是没有价值或者不具备意义的。此乃对法最为严重的蔑视形式。这代表着在蔑视法的个体的社会化过程中,法已被彻底"抛弃"并附带着消极贬损的情绪体验。第二个层面对法的蔑视则需从法的社会性来理解。法的"定分止争"作用表明其发生于人与人的互动过程中。那么,若产生对法的蔑视,则个体在人与人的交往过程中会摒弃对法的运用。至于摒弃的缘由，可以是对法价值的贬损，也可以是第一层次对法的"抛弃"所导致的个体缺乏"法律素养"。这种形式的蔑视直接导致法应有功能不会实现，从而使法成为一种"死法"。第三层次对法的蔑视则是抹杀掉法的特性。法与其他调节社会关系的方式的不同在于其"强制性"与"权威性"，如若将法看作与道德、风俗习惯无异，虽然后者也是重要的法源之一，但抹杀掉法的特殊性就意味着法具有可替代性。这也是一种对法的蔑视。综上所述，第一种对法的蔑视其实更侧重于个体角度，情感上则是与法的一种相分离和拒斥形态。第二种和第三种侧重于在社会意义上对法的蔑视，这两种形式终将使法丧失掉自身的价值从而"死去"，而这始于个体第一层面对法的蔑视。

厌恶是人类在自然选择过程中所形成的一种具有适应性功能的典型负性情绪。厌恶情绪的发生导致个体对厌恶刺激源的回避或拒绝。目前主要将厌恶情感分为由食物、动物、排泄物等具体刺激引发的核心厌恶和对不道德行为的道德厌恶两大类。[121]但个体对法的厌恶具体归为哪种类型，目前尚没有实证研究的支持。对法的厌恶是指个体对法治精神、法律体系及相关现象的一种负性情绪体验。不同的厌恶情绪的认知加工过程及其涉及的神经层面有所不同。目前虽然没有实证研究支持法厌恶属于哪种类型，但可以推测其应属于道德厌恶。道德厌恶的加工依赖社会认知和评价，并受到社会文化的影响。[122]故此，对法及其制度和运行的厌恶感实际上可能是个体在与法的双向互动过程中，理解和体会到的个人化的对法的厌恶。在社会生活中，个体可能由于种种原因并未真正认识到法的价值，基于对法不准确的理解而形成了一种消极的情感状态，比如个体的特殊经历导致他认为法是不公正的，法做了肮脏的勾当，从而厌恶法。这种厌恶情绪属于道德厌恶，是出于对自我心灵纯洁性的保护而产生的回避性的情绪体验。教育的目标是培养学生的积极法律情感，但对法律的厌恶情绪进行深入了解，具有积极的教育意义，只有找到厌恶法的缘由，方可更好地进行法治教育。

三、法律情感的功能

（一）健康法律情感对人格的健全作用

法律情感是个体法律意识的组成部分。个体法律意识的成熟定型就表现为一种法律人格,即"法律自我"。法律自我是个体在成长过程中将法律意识植根于人格形成中,从而在个体的人格中注入了追求公正、珍惜权利等有利于社会发展的价值理念。法律情感作为"法律自我"的动机机制,是法律自我健康发展的必要前提。法律自我又为人格的组成部分,故良性法律情感是个体人格健全的必要保证。此其一。其二,伊扎德提出人格是由内驱力、感情—认知间的相互作用以及感情—认知结构三种类型的动机结构结合而成。内驱力的发生和各种情绪体验密切相关,其中当然包括法律情感体验。感情—认知间的相互作用和感情—认知结构中重要的一方因素就是感情因素。由此可见,在伊扎德的人格理论中,情绪处于核心位置。[123]法律情感是情感的下位概念,是对象指向情绪中的一个特例。据此可知,法律情感在个体人格中起着重要作用。

综上所述,法律情感属于"法律自我"的重要组成部分,而"法律自我"是个体自我中的物质自我、精神自我和社会自我并列的人格自我的一个维度。因此,对于个体人格的健全成长,法律情感的良性发展不可或缺。此外,从人格和情绪的关系中可得,法律情感是个体人格特质中重要的动机因素之一。

(二)法律情感对法律意识发展的促进作用

法律情感的组织功能是指法律情感对法律意识其他组成部分的影响。这种影响作用主要表现为积极法律情感的促进作用和消极法律情感的消解作用。个体对法律处于兴趣、期待或敬畏的情感状态,可促进个体对法律认知的深入程度以及对法律的意志坚定状态,最后可形成对法律的信仰;反之,个体对法持一种蔑视、厌恶的情感状态,会导致"不知法",对破坏法律的现象也不会采取积极的行动。

法律情感是个体对法律现象的情感宣泄。这里法律现象的效价可以是正的,亦可以是负的。何以导致法律情感?其乃是人类对终极公平正义这种信念的信仰所致,而法律则成为这种信仰的载体。韦伯认为,一种秩序的正当性可以通过情绪得到保障的基础之一就是情感上对这种正当性的信仰。[124]个体对法律现象所引发的情感,实则就是一些客观法律事件使个体的这种终极价值得到确认或遭到破坏的结果,如为正义伸张感到欢欣鼓舞,为冤假错案感到义愤填膺。法律情感的进一步后果是促使个体去维护自己的终极信念,在情感得到释放或宣泄之后,从感性步入理性,寻求问题解决的最佳方式。这种情感与理性的结合,使得情感得到了升华,但它的驱动性功能也得到了体现,进而促进个体法律意识的提升。

（三）积极法律情感对法律社会控制的"黏合剂"作用

法律是一种社会现象,法律意识形成于社会关系中意味着法律情感也是在社会关系中形成的。对法的积极依赖与信任,能够将卷入法律中的人际关系良性化,从而间接导致一种良性的社会交往状态。对法律的期待、信任与敬畏实则是对社会主流文化的一种认同与遵守,这也构成了社会稳定和谐的前提条件。如果每个生活在社会中的个体都保持这种积极的法律情感,则可形成一种"黏合剂"作用,这种"黏合剂"将不同的个体联结在一起,从而确保个体不被边缘化。

情绪社会结构论认为,情绪体验植根于合理的社会情境关系中,情绪是在社会文化系统中获得的。[125]法律情感属于情绪社会化过程的类型之一。现行的法律实则是对社会主流文化的一种确认和承诺。由于一定社会时期人们共享某种法律制度,个体对这种法律制度的认知评价成为法律情感的基础,这种基于对现行法律制度的评价又会受到他人的影响,同时也反映出个体与他人之间的关系。换言之,法律情感部分形成于人际互动的过程中,并且会对人际关系产生影响。形成于人际关系中,又对人际关系有塑造功能,便是法律情感的社会控制力作用的体现。比如,律师接受一个离婚案件,首先是对当事人法律情感的回应。在离婚的过程中,随着当事人对法律认知的加深,其法律情感亦会发生改变,随着离婚案件的结束,双方当事人的关系（除了离婚事实外,有可能从彼此仇视到放下仇视）亦发生了改变,这种改变很大程度上就是法律情感影响的结果。

四、青少年学生积极法律情感的培养策略

情感教育一方面为了促进个体形成与社会价值观相适应的积极情感,另一方面是应社会要求对消极情感进行调控。[126]法律情感教育亦然。培育青少年学生理性化的积极情感可以为当前法治社会的建设奠定主体性动力因素。

（一）法律认知教育是培育法律积极情感的前提

情绪的认知理论集大成者拉扎勒斯（Lazarus）认为,情绪是人对自身与环

境之间相互关系的综合分析,这一过程的核心便是认知评价。他将评价分为初评价和再评价,每一次的评价过程都可能有具体情绪的发生或者是情绪事件的结束。[127]依据这一理论,对积极法律情感培养的前提是确保学生对法律现象有正确的认知。目前我国中小学校都开设了"道德与法治"课程,其目的就是向学生灌输基本的法律知识,培养学生的法治思维。期望学生对我国的法律体系具有积极的法律情感,最好的途径便是从法律认知入手。只有了解了什么是法律、法律的基本性质、社会主义法律体系的基本内容以及具体的权利义务等法律知识,学生才有可能对社会生活中的法律现象或者对法律本身做出正确的评价。这种评价是导致法律情感发生的重要源头。唯独了解了法律的价值与功能,才能理解法律存在的必要性,才会形成对法律的积极评价与积极情感;也唯独懂得了法律的特殊性与终极追求意义,才会对身边的法律现象有一个理性而客观的分析,不会被社会舆论左右,避免对法治产生偏见与敌意。正如学者朱小蔓认为的,情感教育不是对理性的否定,而是对非理性的强调,其最终目的是培养高理智与高情感协调发展的人才。[128]所以,法律情感的培育首先应以法律认知为基础,以法理使人信服。法律情感是对法理的认可,法理是法律情感的源头,从而达到合情合理的和谐状态。例如,当学生懂得了法律的强制性特征以及其背后的法理后,就不会觉得法律义务是一种负担,因为他懂得强制性的根本目的是确保法律的生命力,而法律的生命力可以保障每个守法人的基本权利。这样,当遇到不履行法律义务的个体时,学生会表现出对违法行为的负性情感,对法律被践踏的担忧与关怀,从而可促进其对法律的维护。这种最终做出对法律维护行为的前提是基于对法律的正确认知与积极评价,这种评价导致对现行法律的积极情感,对违反法律行为的消极情感。

(二)良好的人际关系是培育积极法律情感的保障

开展情感教育的最终目的是实现人的全面和谐发展。[129]情感教育的重点在于使学生学会交往、学会合作。[130]梁启超认为,情感教育的目的是教人成为仁者,这里的"仁"即孔子所说的:"仁者人也。"就是人格的完成,而人格的实现又是在关系中生成的。[131]积极的法律情感培育的保障便是良好的人际关系。法律情感作为一种高级社会化情绪,是在个体情绪的社会化过程中发展起来的。从儿童的心理发展过程来看,亲子依恋是儿童情绪社会化的桥梁。儿童要产生正性情感,依赖于养育者对其舒适度需求的满足程度。亲子依恋作为个体对养育者强烈持久的情感联结,会影响到儿童后期与其他交往对象的关系,比如与同伴、恋人、不特定的他人等。同时,良好的亲子依恋也为人格的健全发展奠定了基础。法律情感产生于个体情绪的社会化过程中,换言之,产生于个体与他人的互相交往过程中。据以上研究可推论,良好的人际关系有助于塑造个体正向积极的法律情感。安全型的亲子依恋是良好人际关系的保证。后续的同伴关系、师生关系以及与社会的关系均会影响到个体法律情感的"效价"。因此,培育个体积极的法律情感,就需要从各种关系入手。

首先,尽量保障个体能有安全型的亲子依恋关系。安全型的亲子依恋关系不仅作为一种内部交往模式可为以后人际交往奠定良好基础,更为重要的一点,可确保个体人格的良性成长。健全的人格与积极的法律情感具有相匹配性。健全的人格不仅是物质自我、精神自我、社会自我良性发展的表现,也是法律自我健康成长的展示。故可通过亲职教育,为父母提供科学有效的育儿方法,有助于形成良好的亲子依恋关系。

其次,随着儿童年龄增长及人际交往范围的扩大,同伴关系占据的重要性越来越大。同伴之间的良性交往不仅可以为个体提供情感归属,还可以影响个体的价值观。因此,法律情感便有可能在同伴交往中逐步形成。步入学校生活中的个体,开始学习法律知识,对法律是否认可及随后产生的法律情感,均会受到同伴的影响。健康的同伴关系往往能够提供一种主流的价值观。

最后,个体与社会关系是否为良性,直接决定了个体是否会遵纪守法。个体被社会边缘化,极有可能导致犯罪行为的发生。罪犯最明显的特征便是对现行刑法的践踏,那么,其对法律的情感是不言而喻的;但个体若生活于社会控制网中,便会信任法律,对法律心存敬畏。

决定个体是否会被边缘化的重要因素便是个体与他人的关系是否为良性,也就是个体与家庭、同伴、重要的生活和工作场所等是否有强烈的依恋。所以,要培育青少年学生积极的法律情感,从关系入手不失为一种可靠的策略。

(三)法律情感体验是培育积极法律情感的关键

情感教育的研究者朱小蔓认为,渗透性、非实体性是情感教育的基本形式。[132]情感教育的基础是情感体验。法律情感教育属于情感教育的子类型，故可通过两种方式达成培育学生积极法律情感的教育目标。第一种是通过法学案例诱发学生的法律情感，让学生体验法律情感，培育法律情感，即"以情育情"；第二种是让学生参加法律实践活动，比如旁听法院审判活动，或者进行模拟法庭的法律实践活动，从而达到"以境育情"的目标。

21世纪我国的法学教育改革就是通过引入案例教学的方式来激发学生学习法律的兴趣。[133]这说明，法学案例教学可提高学生的法律情感。通过真实的法律案例诱发学生的法律情感，将学生代入案例中，使其在认知过程中伴随着法律情感体验，这样的结果会促使学生掌握相关的法律知识，领悟法条背后的法理，从而有助于增强其法律意识，最终增强学生的积极法律情感。也就是说，"正是由于体验的情感性，主体在积极的体验中形成积极态度"[134]。也由于学生在法律案例中体验到了法的正义，以及对违背正义、公平等法价值的愤怒，最终有助于形成对法的积极情感。

为增强学生的法律实践能力，培养学生的社会责任感，法学教学引入了法律诊所教育[135]。法律诊所教育中的一项评价目标便是态度评价，即评价学生在进行相关课程的学习后对法学教育等相关问题的态度。[136]法律诊所教育属于实践性教育，且这种法学教学方式关注学生的法律情感。为培育学生的法律情感，在法治教育课程当中，也可以开设"模拟法律诊所"，让学生参加一系列角色扮演和模拟训练，在"身临其境"的法律实践活动中，提高学生对法律知识的兴趣，促进其对法追求的终极意义的领悟。由于情绪具有感染性，也可通过让学生旁听真实的法院审判活动，将枯燥的法律知识以直观生活的情境展现给学生；同时，当事人的情绪情感会感染学生，让学生体验正义伸张后的愉悦感，以及法的不容侵犯性与威严，从而让学生形成对法的认可、信任和敬畏等积极的法律情感。

（四）民族法文化是培育积极法律情感的核心

"能够铭刻在公民心灵里的法律情感必然滋生于一个民族国家深厚的法文化之中。"[137]中国的法文化以儒家思想为其内在精神，即"引礼入法"。为达到对学生积极法律情感培养的目标，需要对中国的法文化进行两个层面的理解。第一个层面是使学生对传统法文化产生兴趣。比如对"礼不下庶人，刑不上大夫"（《礼记·曲礼》）意义的理解，如果教师不进行深入剖析，学生很可能就会认为这是古代礼法制度阶级性的体现,是将庶人和大夫排除在"礼"和"刑"的实施对象之外。但若通过深入分析,对"上"和"下"的含义理解为"至"和"在某之上(下)",则意义完全不同。[138]还有另一种解说更为有趣,认为"礼不下庶人"是由于"庶人贫,无物为礼"(《礼记正义·曲礼上》)。这种解释完全基于原文的具体意思进行理解,表示庶人都没有车可以坐,怎么行下车之礼呢?这样的一种解释,让学生对传统的法思想产生浓厚的兴趣,会主动去探究传统法文化的滥觞,最终使学生对现行法律的积极情感体验置于肥沃的法文化土壤中。第二个层面则是对目前法律制度从传统法文化的视角进行解读。比如对未成年人的刑事政策"坚持教育、感化、挽救的方针",以"教育为主,惩罚为辅"的理解,且不说我国古代文化中的"恤幼"思想对这一政策的影响,更为直接的是古代儒家对犯罪的预防观点。比如孔子认为"性相近也,习相远也"(《论语·阳货》)。他持有的是"性善论",那么人犯罪则是"习"所导致的,也就是后天环境所导致的。在这样的基础之上,孔子提出了犯罪预防措施,即"富之""教之",先富后教。[139]荀子则进一步提出"不富无以养民情,不教无以理民性"(《荀子·大略》),并提出"教"的具体内容,以及达成"礼义之化"的目标。那么,据此观点,我们可以认为对未成年人的"以教育为主"的"教"的思想,可推及未成年人犯罪是缺乏"教",而这一观点正是印证了儒家法的犯罪预防观。目前中小学生"道德与法治"课程的设置也是为了培育学生的道德情操,其目的之一就是培育其法治思维。这种做法也是与我国传统法文化注重道德修养相符合的。

第三节 法律动机的分类、影响因素及培育策略

一、法律动机概述

(一)法律动机的内涵与功能

法律动机的提出源于心理学中动机的概念。它可以是一种状态,也可以指一种特质,且具有多种类型,比如可表现为追求法律知识的知法动机,也可以是维护法律权威的守法动机,亦有为了维护自身权益的用法动机。法律动

机的内涵在满足动机特征的同时也要具备其独特性。在法律动机中,主体为具体的人或抽象的人;客体则指法律现象,包括观念中的法律和行动中的法律。动机是激发和维持个体进行活动,并导致该活动朝向某一目标的心理倾向或动力,它是构成人类大部分行为的动力基础。法律动机则是激发、维持、调节人们知法、守法以及用法的心理倾向,并引导这些法律活动和行为朝向某一目标的内部心理过程或内在动力。它是个体在追求法律价值的过程中,在头脑中形成的一种内部驱动力,具有目标导向和自我效能感两个衡量指标。法律动机下隐藏着个体的某种意愿,这种意愿会影响人们在法治社会中对法律的态度以及在法律活动中的知法、守法和用法行为。法律动机是将法律认知和观念转换成守法、用法行为的关键,是法律价值内化为个体的目标,从而激励个体遵法、守法和用法的行为,并最终实现法律价值的动力性因素,是个体在环境的影响下,将自己对法律的价值期待付诸具体行动的一种特殊心理状态。

作为动机的下位概念,法律动机同样对法律活动具有激活、指向和调控功能。首先,当个体对法律现象产生兴趣时,就会激活其学习相关法律知识的意愿。比如,当某个社会热点问题涉及法律时,个体就会带着好奇心去查阅相关法律条文或关注相关的司法活动。这便是法律动机对法律认知活动的激活功能。其次,法律动机也具有指向功能。个体的法律活动是在法律动机的作用下进行的。个体的知法、守法、用法活动基于法律动机的行为表现。例如,如果个体只是抱有对法律的了解需求,那么其主要表现为知法动机,同时,其行为指向的则是大概阅览法律条文。但若个体是为了很好地使用法律来维护自己的权益,其用法动机便会起主导性作用,且会将自己的行为指向相关的法律活动,如学习法律知识、聆听法律讲座、聘请律师等。再次,个体可通过不同强度的法律动机来调控自己的相关法律活动。如果个体的法律动机强度很高,就会在行为上表现出来。假设某个个体想成为一名优秀的律师,那么其知法、用法的动机均很高,也会反映在一系列行为上,比如认真学习法律知识,践行"用法治思维生活"的格言;反之,个体如果只想成为一名不违反法律的公民,则法律动机相对要低,在相关法律活动方面的表现与前者会存在差异性。

(二)法律动机的起源

对于法律动机起源的研究可以分为两个层面:一个层面可以从法本身所

蕴含的价值来解释;另一个层面则可以从法律动机的主体——人的视角来阐释。由于法所蕴含的价值能够满足人们的需求,故能够促使个体产生法律动机。换言之,法的价值是个体知法、守法和用法的基础和动因。那么,为了更好地理解法律动机,我们先来看看法到底蕴含哪些价值。

首先,法的生命价值是个体法律动机的重要源泉。生命的有限性和一次性使得它弥足珍贵,同时生命又是脆弱的,所以,法律将生命权宣布为人权,并保障个体的生命权。许多重要的国际公约对个体生命权加以确认和保障。"人人有固有的生命权。这个权利应受法律保护。不得任意剥夺任何人的生命。"法律通过各种方式保障公民的人身安全和财产安全,实则是对生命权的具体化。故生命是法的第一价值,生命权是个体的第一法律动机。

衡量个体人格发展的成熟与否的重要标准之一就是个性化发展程度,一个具有高度自我意识的个体同时是一个自由的个体。亚里士多德认为:"公民们都应当遵守一邦所定的生活规则,让个人的行为有所约束,法律不应该被看作(和自由相对的)奴役,法律毋宁是拯救。"[140] 所以,为了得到自由,我们才是法律的臣仆。所以,自由是法的价值,自由需要法律的保障。

法还有平等的价值,即法律面前人人平等。这里的平等至少包含法律平等地保护社会成员的合法权益,在适用法律的时候也要做到平等而无差别对待,以及违法犯罪应受到法律的平等制裁等。[141] 所以,法律面前的一律平等是指实施法律、执行法律或适用法律上的平等,而非立法平等。[142] 法律维护这种平等,对平等权的需要是法律的重要动机之一。同时,为了使人活得像个人,也由于人的自然、社会和精神属性,法律确认了一系列人权,比如人身权、政治权、经济权等,即法的人权价值。

法还通过社会控制的方式维持秩序,从而实现它的秩序价值,满足人类对安全与秩序的需求。法的秩序价值的实现过程,也是个体法律动机的功能体现过程,比如体现出对个体法律活动的定向、调节与维持作用。"在近代世界,法律成了社会控制的主要手段"[143],表现了法律动机对人与人关系的调节、维持。

最后,法还有公正价值,即法通过分配权利义务、规定责任来确定多元主体不同利益之间的平衡,从而保障社会的平稳有序。

法律的动机源于法的诸多价值,但法是人的手段而非目的。诸多法的价值归根结底是服务于人这个主体的。法的价值本身反映了抽象人的需求,是整个社会人的需求的法律化。故谈到法律动机的起源,更深一层实则源于人的需求。

二、法律动机的分类

法律动机可根据来源,分为内部法律动机和外部法律动机。内部法律动机指的是由于个体对法律蕴含的价值认可而使其产生遵守或维护法律的欲望,个体在这种动机下的法律活动具有完全自主性。外部法律动机是指人们为了获得某种可期待的法律上的利益而具有的从事法律活动的倾向性,故外部法律动机是基于外界的诱因而产生的。法律动机也可根据一般个体对法律的践行顺序,分为知法动机、守法动机和用法动机。

(一)知法动机

法律动机的客体为法,那么首先得明确何谓法。对于法之内涵,作者认可法包含三种形态,即观念的法、制度的法和现实的法。观念的法是指没有系统学习过法的社会大众对法的"定义"。制度的法主要表现为含义相对确定的成文法或不成文法。现实的法是指通过具体的法律行为、法律文件等表现出来的法。[144]据此,本书将知法动机分为对法治观念的认知动机和对具体法律权利义务的认知动机两个维度。

法治观念的认知动机是指个体心中有法、自觉守法、遇事找法、解决问题用法,能够持有法律至上、公平正义、制约权力、保障人权等基本信念。这一层面的法律认知极为重要,因为它关系到一般主体对具体法律的权利义务条文的认知及遵守。那么,法治观念的认知动机就是个体对法律至上、公平正义以及保障人权等法治观念的需求。美国法学家宾汉姆认为:"在观念之外并不存在规则,规则本身是不可发现的,因为它们是心理现象。"弗兰克也认为,法律的社会价值在于它是人们可以根据实际需求来确立其含义和内容并适应人们的实际社会实践的期待与展望。[145]也就是说,相对于具体的法律条文,一般民众观念中的法律对个体法律实践活动具有关键作用,且影响到个体对具体"文本法律"的理解与适用。这种观念中的法律构成了个体适用法律的"背景"与依据。所以,对法律观念的需求反映了个体对具体法律文本的合理性与正当性的心理诉求。也是个体将当前运行中的法律与自我价值观相互统一的一种内在需求。

　　具体法律知识的认知动机,是指引发、指导和维持对国家现行法律知识学习行为的一种内部状态。对现行法律知识的认知动机依据马斯洛的需求层次理论可分为缺失性法律认知需求与成长性法律认知需求。前者涉及个体对基本生存条件的法律需求,当个体的基本生存需要依赖法律知识的时候,主观上便会体验到法律知识的贫瘠所带来的缺失感。比如,个体"谋生"的时候对基本法律知识的需求,或者当个体权利受到损伤而急需法律保障的时候,抑或是个体想从事某种活动却不知道法律界限所导致的心理不平衡感。这些缺失性需要均可引发个体对法律的认知动机。另一种便是成长性法律认知需求。这类需求虽然不是个体生存所必须具备的,但对个人的成长却至关重要。比如个体对法律在社会运行中作用的思考,即马斯洛的需求层次理论中的认知需求,或者个体为了提升自我综合素养,想培养自身的法律逻辑思维而对法律具体知识的认知需求等。简单来说,前一种认知需求是由于学习法律知识可以让个体更好地维护自己的权益,后者则表现为学习法律知识让个体感觉到更快乐。

(二)守法动机

　　守法动机可分为回避惩罚动机和基于价值认可的积极守法动机两个层面。回避惩罚的法律动机通常基于对具体法律的认知。在这个层面,个体关心的是某种违法行为所引发的不良法律后果,从而对之进行规避的心理倾向。价值认可的积极守法动机则体现为对抽象法律的认知,如理解并认同法律是正义的象征、是民族精神的体现[146],从而触发一种积极遵守法律的动机。

　　回避惩罚的法律动机,源于个体将法律看作一种以国家强制力为保障的行为规范,这种行为规范实质上是一种命令。这种命令表达了法律制定者的意志,这种意志既然为命令,那么不遵从它就会受到制裁。这样的命令表现为两种。第一种为直接命令型,比如,刑法中的不得侵犯他人隐私、不得损害他人合法权益等法律条文,如若反之,则会受到权威机构的制裁。第二种是较为间接的命令方式。比如,法律规定在法定年龄内公民有结婚的自由,具有民事行为能力的个体有与他人订立合同的权利,这些方面的法律看似属于授权型的规范,但实则也暗含着对他人的命令性,反映了法律的强制性。比如,规定某个个体拥有婚姻自由,其他人就不得干涉,如果干涉将会受到权威机关的制裁。个体守法动机中的回避惩罚动机,源于对法律强制力的领悟,而这种强制力又有权威机构的暴力制裁为其后盾。这种法律的"命令"本质,也将其与道德或其他社会规范区分开来。守法的动机之一就是源于"法律为控制他人的权力而被制定的初衷"。[147]这一守法动机是基于对"不利后果"考虑的结果,是希望避免法律的惩罚。

守法另一层面的动机则表现为对法律的积极主观态度。哲学家休谟将人类的知识分为有关事实的知识和有关价值的知识。也就是说,我们应该区分法律的"实然"和"应然",前者就是法律的存在状态,后者则会卷入个体的主观判断,比如动机。某个人遵守法律,可能由于它的强制性,也可能是因为他觉得这样的法律符合了他的价值观,遵守这样的法律就是对自己价值观的认可,对自己存在意义的佐证。这里论述的守法动机,并不是像自然法所宣称的那种"永恒真理""自然规律",或历史法学派的"民族精神"或"习惯的力量",而仅仅是个体的主观欲望使然。这里对法律的积极主观态度,更接近哈特所提出的"规则的内在方面",是一种正面心态行为者的"反省"。这种"规则的内在方面"意指规则行为模式中出现的行为者将行为模式视为自己的行为及批评他人的理由和确证的主观方面。如果前面论述的守法动机是由于个体的"惧怕"心理,那么,这一守法动机便是个体认为自己"有义务去做某事"。这是个体的一种"自觉"行为,是一种因"确信这种做法是正确的"而对法律的积极的主观态度。这种守法动机是一种"自愿的"关注法律的义务。学者指出,对法律的服从,根源在于法律对个体利益的维护,表现为法律对个体权利诉求的满足。法治建设路径的选择也只能在理解了法律服从产生的内在机制后方可成为可能。[148]

总之,法律可以是人们希望和想象的任何东西——既不全是好的,也不全是坏的。它很特殊,但也很实用。如果人们相信法律是完全平等和公正的,那么,一旦遇到法律的无能和不公正,人们对法律的忠诚就会被破坏。如果人们仅仅相信法律是一场游戏,则法律是不可能在其历史上始终获得支持的。然而,总体来看,这些因素对人们信任法律的程度有重要影响。[149]也就是说,法律的生命力其实存在于人们对法律意义的建构当中,存在于人们对法律的不同心理状态中。守法动机也是在具体的法律事件当中构建起来的,具有情境性。

(三)用法动机

法不仅仅是静止的条文,更是活的力量。只有通过"用法",才能将法所认可的客观权利转化为主观权利。在这转化过程中,用法动机起到了激活、指向和调控的作用。换言之,个体在获得了相应的法律知识与技能后,用法行为的决定因素之一便是用法动机。用法动机分为对权利的行使动机和权利救济动机两方面。权利的行使动机,是权利人实施行使权利行为以此实现权利所追求的利益的内驱力。该动机的出发点是为了实现由法律之力所保证的自由,更深层次的缘由则为了个体的全面发展。比如,赋予公民言论、出版的自由是为了确保其成为一个精神独立的人,可以就某些事件发出自己的声音,有助于个体的人格个性化发展;赋予公民受教育的权利是为了促进个体认知和德行的发展,比如接受文化洗礼,从而提升自我的精神境界;赋予公民科学研究、文学艺术创作的权利可以使个体创造潜力的发挥得到保障;赋予公民婚姻自由的权利直接确保个体自由意志的表达,更重要的是为保障个体的幸福。故权利的行使动机,最为根本的目的是促进个体更好的发展,保障个体的幸福生活。

权利的救济动机是指,当个体的权利遭受侵害时维护个体权利落实的一种驱动力。权利救济动机,从近期来看是为了捍卫根据宪法基本原则由法所保护的、客观上可能受到侵害或者威胁的个体的生活利益,即法益[150];从远期来看,则基于对法律实现的捍卫,对法治需要的呼唤。这一层面的权利救济动机已然超越了个体即时的生活利益,扩大到对未来法治的需求,也是人类社会对法蕴含的价值强烈需求的体现。其中权利的救济方式主要有诉诸人民法院审判的司法救济、要求国家行政机关裁决的行政救济以及通过游行、人民调解等方式的政治救济与社会救济,还有一种是权利人通过自己力量的自力救济。诸多的权利救济方式皆为保障个体的合法权益。所以,权利救济的动机亦是为维护权利背后的法的价值。

三、法律动机的影响因素

(一)内部影响因素

1.个体的法律认知

动机的基础是认知性的理由判断,而不是心理状态。法律动机是理性和非理性的统一,理性则是认知后的结果。动机的认知理论认为,个体的认知能力有助于其成功地完成相关任务,从而获得外界的认可,满足其诸多方面的心理需求,最终有助于增强学习动机。[151]班杜拉的自我功效论同样认为,个体对行为的决策是主动的,个体的认知变量对行为决策起到重要作用。[152]据此可得,个体对法律的认知水平会影响到其法律动机的强度。法律认知指认知主体对法律及其相关现象进行信息加工的心理过程。[153]公民的法律认知分为法律实体认知、法律程序认知和法律本性认知三个层次。这三个层次的法律认知水平是由低到高、由具体到抽象的一个过程[154],是对法律的认识从"是什么"到"怎么办",最后到"为什么"的过程。个体对法律的认知水平不同,其法律动机水平也会有所不同。亦有学者认为,个体对法律有强烈的愿望,个体需要法律的时候,必然会主动认知法律。[155]也就是说,对法律的认知本身就暗含着法律动机,在知法动机之下,个体的法律认知水平不断得以提升。在法律认知上由于存在"法律认知三原则",故"情感脑"总会在某些法律问题上被激活。[156]所以,对法律的认知过程中法律动机会被激活,而这种被激活的法律动机则进一步影响到法律认知。综上所述,个体的法律认知是影响其法律动机的重要因素。

2.个体的自我意识发展状况

尽管人们遵守或诉诸法律的直接动机并不相同,或完全不同,有时甚至可能没有清醒的自觉意识,仅仅是出于习惯,但就总体说来,遵循或诉诸法律必定是由于法律能给人们带来各种便利和利益,包括心理和感情上的利益。[157]换言之,民众遵守或运用法律的动机,更深层面反映出法律对民众自主意志的确认。对民众自主意志确认的前提则需要民众有自主意志或者说自主意识发展到一定的水平。从心理学角度来说,就是个体自我意识的发展状况。自我意识是个体对自我及自我与他人、环境之间关系的认知、体验和调节的心理功能系统,包括自我认知、自我体验和自我调控三个维度。个体往往基于自我评价阐释情绪调节,最终体现在自我控制之上。[158]个体只有具有正确的自我认知,才能够产生正确的自我评价。这一自我评价也是个体对自身知法、守法和用法状态正确评价的基础,基于评价继而产生相应的自我情绪体验。这一情绪体验成为法律动机发生的内驱力,最终个体的法律动机会在自我控制下转化为相应的法律活动。换言之,个体发展程度较好的自我意识是其产生法律动机的人格基础。法律动机不仅是个体内心欲望的反映,同时也是对个体法律活动的正当性与合理性的表达。法律动机是理性与非理性的综合体。将这种欲望与理性很好地统一起来的前提便是要求产生法律动机的主体具有健全的自我意识。维果斯基认为,儿童意识的发展不仅是个别技能的增长和提高,更主要的是其个性的发展,因为个性对其他技能的发展具有重要作用。[159]其中应然地包括对个体法律动机的作用。个体具有发展良好的自我意识,才可以在社会生活中合理地表达自我的法律诉求。也就是说,一方面,个体法律动机的产生与发展受制于个体的自我意识发展水平;另一方面,个体自我意识的发展过程也是其法律动机由外部转向内部的一个发展过程。个体从最初为避免惩罚而服从法律,到对法律及法律价值的认可而自愿遵循法律,以及最后逐步将法律与自我意识融合为一体,达成与外部环境的和谐一致。故个体自我意识的发展是其法律动机的一个重要的主体性影响因素。

（二）外部影响因素——法治建设环境

十三届全国人大三次会议表决通过了《中华人民共和国民法典》,该法自2021年1月1日起施行。《民法典》与法治政府之间是一种双向关系:一方面法治政府建设保障了《民法典》的实施;另一方面《民法典》促进了法治政府的建设。《民法典》作为"社会生活百科全书",是对民事主体的人身权利、财产权利及其他合法权益的宣言书,对我国法治国家、法治政治、法治社会建设均带来重要影响,可为实现政府治理的现代化水平,保障公民权益提供助力。[160]所以,《民法典》的颁布,对生活在社会中的每个个体都有"从出生到死亡"的深刻影响。这部权利法的颁布也成为个体知法、守法、用法动机的最强大的外部影响因素。

党的十九届四中全会通过的《中共中央关于坚持和完善中国特色社会主义制度、推进国家治理体系和治理能力现代化若干重大问题的决定》(以下简称《决定》)提出了推进国家治理体系和治理能力现代化的总体要求。我国现阶段应当紧扣新时代改革开放推向前进的根本要求,准确把握国家治理体系的演进规律,抓住国家治理体系和治理能力现代化这一关键,推进法治国家、法治政府、法治社会一体化建设。有学者认为,政府治理现代化的核心是法治,法治是现代国家治理的一种手段,法治的理念和价值体现了现代国家治理的目标。[161]同时,《决定》要求"坚持和完善共建共治共享的社会治理制度"。"依法治国"要求法律面前人人平等,人人都要遵守法律,这为个体法律动机的培养提供了良好的社会背景;而"共建共治共享"则体现了国家治理现代化对普通公民的素质要求,其中必备的便是公民的法律素养与法治思维,因为这将成为治理目标实现的重要主体性保障条件。社会治理从本质上来说也就是平衡各主体之间的关系,法治是现代社会治理中一种相对来说最为科学有效的方式。法治的对象为所有社会成员,故国家治理现代化中对法治的需求也成为社会每个个体的需求。

"社会不仅控制着我们的行为,而且塑造着我们的身份、思想和情感。社会的结构成为我们的意识结构……社会既包裹着我们,也深入我们的内心。我们受制于社会的枷锁,这个枷锁不是我们被征服后套在我们身上的,而是我们和社会合谋打造的。"[162] 所以,外部社会环境塑造着个体的法律动机,外部社会环境的法治需要也成为每个个体的法律需要。这种法律动机与需要是每个个体和外部社会环境"共谋"的结果,是个体与社会对法治价值需求的体现。

四、法律动机的培育和激发策略

(一)提升学生的法律认知水平,促进法律动机

有学者认为,法律思维分为普通的、初级的法律思维,比如对公平的认知,同时也有更高级的二阶法律思维,比如规则感。初级的法律思维一般包括人们直接的感知觉,以及对效率和公平等的认知,比如"欠债还钱"这种朴素的公平感。二阶法律思维则需要按照法律条文的规定来进行判断,比如"谁主张,谁举证"。[163] 这种高阶法律思维需要后天的教育来培育。对法律认知的培育主要从两方面进行:一方面是加强对法的基本理念的认知,通过追本溯源的方法透彻了解"法的起源""法是什么"等法理问题,通过鉴赏古今中外法学家对法价值的观点,并结合具体案例来体会法律的智慧,从而达到对法基本理念的认同。这种对法基本理念的认知也会激发个体对运行中法律的认知动机。另一方面是加强对现行法律的系统认知,通过对现行法律体系的认知,进一步促使个体的知法动机指向具体的运行中的法律,比如指向民法、刑法或者诉讼法等具体法律部门。这种对具体法律部门的认知也满足了个体守法动机和用法动机的需要,为个体守法、用法做好知识储备。[164] 提高

学生对法认知的教育方式则可采取多种形式,可在课堂上进行法律知识的普及与教育,可举办讲座,也可以对生动的案例进行讨论。这些均可增加学生对法律的认知。同时,可依托网络形式进行线上教学。为确保线上教学的效果,可采用设置问题、抢答等环节,以达到提升学生法律认知水平的目的。亦可让法律专业的学生以非正式网络群体的方式,在网络互动中对群体成员进行相关的法治教育,如结合当下的一些热点问题,进行讨论及引导,促进学生对法律的兴趣与好奇,激发其知法、守法及用法的动机。

(二)形成学生自我意识与内部法律动机双向促进的教育模式

个体的知法、守法和用法动机均可分为内部法律动机和外部法律动机。简而言之,由外部因素所激发的法律动机为外部法律动机,而主体为满足内部需求而产生的法律动机为内部法律动机。引导学生为促进其人格的成长而去知法、守法和用法,则为内部法律动机。外部法律动机指向外部的价值,如为避免触犯法律而去学习法律知识,或者为获得即时的利益而持有的工具型法律动机;内部法律动机则为了促进个体的成长,如知法是为了提高自己的法律素养,或者培育自己的理性思维,守法是因为法所蕴含的价值与自己的价值观相契合,用法的动机则是为了自我的全面发展,比如维护自己接受教育的权利,或者维护自己个性的健全发展等。当个体的法律动机为外部动机时,对法律活动容易产生厌倦,且即便目标达成后,成就感所带来的幸福指数偏低;反之,当个体的法律动机定位为促进其自我意识的良性发展,则其知法、守法乃至用法行为会更加积极主动,能够体验到更为持久的正向情绪和情感。所以,教师在激发学生法律动机的时候,要强调知法、守法和用法对个人自我意识的促进作用,引导学生关注法律活动对自身成长、自我价值的确认,乃至法律活动对作为一名合格社会公民的必要性,以及对法治社会建设的重要意义,尽量不要过分关注法律活动给个体带来的暂时性好处与利益。同时,通过设置个性化的与法律相关的讲座或者课程,通过生动的案例解说,让学生体会到法律在促进个性成长方面所做出的贡献,以及良好的个性与自我意识对个体积极参与法律活动的基础作用,以此形成法律与个体自我意识发展之间的相互促进作用的模式观。

(三)了解中国民众的法律心理,有效生成法律动机

要从我国的传统文化中生长出对法治的认可与接纳,就要探究我国公民

的法治心理特点,据此从幼年期就加以培育,这样的法治建设才是"自然演进型的",是植根于我国传统文化中"内生"而来的。故中国民众特有的法律心理对揭示其法律动机颇为重要。

法律信任是法治建设的心理基础,而法律信任来源于法所蕴含的公平和正义价值理念,更源于社会对法的权威性的保障,以及人民对法的信仰。[165]这表明,法治在社会、在人民。中国人有着"和谐""平衡"权利心理。当"脸面"权利心理,比如人格权利受到侵害的时候,在"面子"心理下,中国人往往表现出强烈的维权意识。相较于西方人更倾向于采取公平法则来处理社会关系,中国人则更多时候倾向于采用人情法则。[166]权利心理受特定的文化传统影响,只有理解这些文化传统对中国民众权利心理的影响,才能提出更好的培育策略。有学者提出的"软审讯",就是在分析被审讯人的心理特征和行为特点的基础上,通过语言或其他人体行为来说服犯罪嫌疑人如实供述的一种方法。[167]这从侧面反映出,法治的实现,乃至法律动机的激发与培育应该考虑到个体的法律心理因素。

(四)在参与法治建设中激发法律动机

国家治理现代化法治建设的根本目标是依法保障公民个人的合法权益。[168]现代法治的必然要求是,公众不应被视为权力和规范的承受群体,而应当扮演参与者和建构者的角色。政府应当通过成熟的制度建构来包容公众舆论并与之积极商谈,从而避免"越维稳越不稳"的恶性循环,消除治理危机。除回应社会压力之外,商谈建构化的另一作用是通过凝聚国家与公众的合力,解决社会生活当中的复杂问题,提升社会治理效率和改善治理效果。[169]这为法律被认可提供了制度上的解决路径,即从立法源头就关注"公众舆论",让公众的意见在法律的制定中予以充分体现。那么,当通过讨论、协商形成的"决议"上升为"法律"的时候,民众对它的认可度、接纳度均要比"自上而下"的法律普及方式好。自我决定理论认为,个体对于从事的活动拥有一种自主选择感而非受他人控制的需要。人希望自己对事件的发展具有掌控力。如果行为是由自己决定的,那么会提升个体行动的内部动机。[170]所以,个体参与到法治建设,更能有效地激发其知法、守法和用法动机,因为法律反映了"我们的意志",学习它、遵守它、运用它就是对我们自己意志的维护,是对我们需求的表达,也体现了个体的"自主"性。换言之,在参与法治建设中,每个人都是独立思考、有见解的人,而非屈从、被动接纳他人意见的人,这种独立和有见解既是个体法律动机的缘由,也是法律动机的目的。那么,对于学生而言,让其了解到法治建设中自身参与的重要性与意义,可有效激发他们的学法、守法和用法动机。

第五章　青少年法律意识测评工具的开发

第一节　小学生法律意识测评量表的开发

习近平总书记在党的十九大报告中指出,要坚持全面依法治国,提高全民族法治素养和道德素质。在此之前,党的十八届四中全会通过的《中共中央关于全面深化改革若干重大问题的决定》要求"在中小学设立法治知识课程"。为贯彻落实《决定》精神,2016 年教育部、司法部、全国普法办公室印发《青少年法治教育大纲》,指出"法治教育要遵循青少年身心发展规律",并使中小学生在义务教育阶段"初步树立法治意识"。同年,教育部制定的《全国教育系统开展法治宣传教育的第七个五年规划(2016—2020)》更明确提出,中小学校要"形成青少年法治教育的新格局"。这一系列文件反映了要培育小学生良好的法律意识具体需要以下几个条件:首先需要在中小学开设法治课程;其次,法治教育需要结合中小学生的心理发展特点开展;最后,文件也隐含了对法治教育的成效进行评定。对法治教育成效的评定则需要量化工具。

一、小学生法律认知测评工具的开发

法律认知是法律意识的重要组成部分,小学生与中学生、大学生的心理发展特点相比存在较大的差异,由此推断其法律认知也具有自身特点,故有必要开发属于小学生法律认知的测评工具。另外,开发出小学生法律认知测评工具,也可促进小学生"道德与法治"课程的教学实践活动改革。教师对课程的安排,教学内容、教学方式的选择,均应依照学生的法律认知发展特点来

做出,这样才是真正的"因材施教"。而要对教学效果进行评价,标准化的测评工具必不可少,故本研究尝试编制适用于小学高年级学生法律认知的测评工具,以期为量化评估小学生法律认知水平提供科学有效的工具。

（一）研究方法

1.量表初稿的形成和检验

根据法理学中关于法律认知的相关理论并结合小学生的认知发展特点,将小学生对法律的认知划分为三个维度,即法律价值认知、法律理论知识认知以及对运行中的法律的认知,并初步编制了 30 个测题。然后,将初步编制的测题用于访谈。访谈的内容主要为:量表题项表述的内容是否能够被理解,如果不理解怎么样修改会更合适;量表中的题项表述是否存在歧义,如果有歧义如何表述会更好;量表中题项的措辞是否通俗,如果过于学术化,是否有好的建议等。通过对小学生的访谈,对测题进行了删减与修改,在请相关领域的学者进行评价并给予修改建议后,再一次以小学生为被试做了测度项分类,其目的是验证量表的各个维度划分是否合适。测度项分类分为两步,第一步由主试将测题顺序打乱并分别写在卡片上,要求被试进行分类,并命名每一类的主题;第二步换一批被试,由主试根据前一轮的反馈意见对测题进行调整修改后,再根据已有的理论将测题划分好维度并对该维度进行命名与解释,由被试对测题进行归类。通过访谈法、专家评价并根据其建议修改以及测度项分类后,最终确定初始问卷的 17 个测题。量表采用"完全不符合""比较不符合""不确定""比较符合""完全符合"的李克特 5 级评分方式,要求被试根据实际情况进行填写。得分越高代表被试的法律认知水平越高。

2.测试对象

初测:选取浙江省某市小学四年级和五年级的学生作为被试,第一次发放量表 120 份,有效回收的问卷 116 份,有效调查对象中男生 68 人,女生 48 人。

复测:选取浙江省某市两所小学的学生共 289 人作为被试。其中:四年级 112 人,包括男生 60 人、女生 52 人;五年级 95 人,包括男生 53 人、女生 42 人;六年级 82 人,包括男生 49 人、女生 33 人。

3.研究程序

首先,结合法律认知的相关理论并借鉴已有的相关量表,自编《小学生法律认知测评量表》，请相关领域学者对题目进行评定和修改，并进行预测。其次，对预测结果进行项目分析和探索性因子分析，根据回答情况修改题目，同时对题目进行访谈，确定法律认知的结构。最后，对修改后的量表正式施测，对收集到的数据进行探索性因子分析和验证性因子分析，检验量表的信度和效度，形成正式量表。

4.统计处理

探索性因子分析采用主成分分析，因子旋转采用正角旋转，统计工具为SPSS 21.0；验证性因子分析采用的统计工具是 AMOS 21.0。

(二)研究结果

1.项目分析

以正负一个标准差作为高分组与低分组的界限，求出两组被试在每题得分上的平均数差异，所有题目均达显著性水平($p < 0.01$)。计算每个题目与总分之间的相关性，除了第一个题目外($r = 0.223$，$p = 0.000$)，剩余题目与总分的相关性都可以被接受($r > 0.4$)。项目分析后保留所有题目。

2.探索性因子分析

采用方差极大旋转法对法律认知量表的 17 个测度项做第一次主成分因子分析。结果表明：KMO 值为 0.849，Bartlett 球形检验的结果达到了显著水平($p < 0.001$)，表明数据适合做因子分析。根据 $\lambda > 1$ 的原则，提取 5 个因子，总解释率为 59.247%。由于题目 A9 在因子 2 和因子 3 上的载荷接近(在因子 2 和因子 3 上的载荷分别为 0.417 和 0.426)，因此将该题目删除，对保留的 16 个测度项重新做主成分因子分析。

第二次主成分因子分析结果显示：KMO 值为 0.828，Bartlett 球形检验的结果达到了显著水平($p < 0.001$)，卡方值达到显著性水平(卡方值＝1040.143，自由度＝120，$p = 0.000$)，表明适合进行因子分析。根据 $\lambda > 1$ 的原则，结合碎石图，抽取 5 个公因子，可解释的方差累计贡献率为 59.759%。根据探索性因子分析结果可以将法律认知量表分为 5 个维度，根据每个维度所包含的项目可对其命名。维度 1:法律价值认知；维度 2:法律知识认知；维度 3:法律权利认知；维度 4:法律义务认知；维度 5:法律实践认知。法律认知量表的旋转成分矩阵见表 5-1。

表 5-1　法律认知量表的旋转成分矩阵

测度项	维度 1	维度 2	维度 3	维度 4	维度 5
A17	0.762				
A15	0.759				
A14	0.743				
A13	0.609				
A16	0.498				
A7		0.765			
A8		0.691			
A6		0.565			
A4			0.685		
A11			0.683		
A12			0.572		
A5				0.748	
A3				0.715	
A10				0.539	
A2					0.828
A1					0.824

3.信度与效度分析

（1）信度分析。本研究考察量表的内部一致性信度 Cronbach's α 系数为 0.763，分半信度采用奇偶分半法，计算量表的分半信度为 0.702。

（2）效度分析。最终保留 16 个测度项。以每个维度为潜变量、每个维度上的测度项为观测变量，进行验证性因子分析。5 个潜变量之间设定为两两相关。观测变量的残差之间设定为相互独立。结果表明，总量表的结构效度较好，具体结果见表 5-2。

表 5-2　总量表的效度分析

CMIN	DF	CMIN/DF	GFI	AGFI	IFI	TLI	CFI	RMSEA
147.606	93	1.587	0.941	0.913	0.947	0.930	0.945	0.045

（三）结果讨论

1. 效度

（1）内容效度。本研究基于文献回顾及访谈结果确定了法律价值、法律知识、法律权利、法律义务、法律实践认知 5 个维度及各维度所包含的条目。在对 5 个维度的条目进行筛选时，先采用主观评定法修订量表的表面效度和内容效度，确定可用于施测的初始量表条目。同时，在编制量表的过程中，结合了"道德与法治"这种可以反映小学生法律认知发展的课程材料以及与该课程教师的访谈结果、专家评审建议等，来确定量表的题目，确保题目内容简明扼要、措辞精准无歧义。

（2）结构效度。该量表具有较好的结构效度。通过探索性因子分析，对各个分量表进行了主成分分析，进一步确定了量表的结构，并在对个别题项调整的基础上，对最终确定的 16 个条目进行了验证性因子分析。验证性因子分析结果表明，卡方值与自由度比值为 1.587，GFI、AGFI、IFI、CFI 值均在 0.9 以上，RMSEA<0.05，这说明数据与理论模型拟合度较好，量表具有较好的结构效度。需要指出的是，虽然在探索性因子分析中，维度 5 只有 2 个条目，但是由于其每个因子负荷均超过 0.8，故予以保留。

2. 信度

本研究采用了 Cronbach's α 系数和分半信度考察了量表的信度情况，结果表明，量表的信度水平均达到可以接受的标准。这说明，小学生法律认知测评量表是一个信度较好的测评工具。在整个量表的编制过程中，探索流程比较规范，且每一步均经过仔细筛选。例如在半结构式访谈的过程中，结合了多种访谈对象的视角（小学生、小学教师、相关领域的专家等），尽可能保证了测题的科学性和客观性；在对量表进行探索性因子分析和验证性因子分析的过程中，研究者秉持科学严谨的态度。如在进行探索性因子分析的时候，每次只删除 1 个题目，如果需要删除 3 个以上题目，就重新施测 1 次。因此，量表的内部一致性信度、分半信度、结构效度均符合心理测量学的基本要求。

二、小学生法律情感测评工具的开发

（一）研究方法

1.量表初稿的形成和检验

法律情感作为情绪社会化过程中的一种重要的情绪,也是法律意识的重要组成部分,在个体的法律意识培育中具有重要的动机功能,且在法治社会中起到调节和控制的作用。法律情感是情感的下位概念,依据目前心理学关于情绪情感基本维度的研究与测量的大量成果,我们将法律情感从效价上划分为两种类型,即积极法律情感和消极法律情感。从情感的强度方面又将积极法律情感分为兴趣、信任与期待;消极法律情感分为失望、蔑视和厌恶。积极法律情感体现了个体对法律及其运行的正性的情感体验,具有建设性的心理意义;消极法律情感则反映出个体对法律及相关制度的一种负性的情感体验,大多数情况下是人们期望避免的一种情感状态,尤其是在法治建设当中。

积极法律情感包括兴趣、信任与期待,这三个维度从强度上表现出情感唤醒状态在逐步加强,从情绪的分类来看则是由基本情绪到复合情绪的发展过程,比如兴趣属于基本情绪,而信任与期待则属于复合情绪。同理,消极法律情绪所包括的三个类型也是依据唤醒强度和基本、复合情绪来划分的。

因此,本研究从法律情感的社会意义出发,把小学生法律情感界定为对现行国家法律及其运行的正向与负向的情感体验,并以此为理论依据编制小学生法律情感量表。

2.测试对象

选取浙江省某市小学四年级、五年级、六年级的学生作为被试,发放量表400份,有效回收的问卷388份,有效调查对象中男生192人,女生196人。数据收集回来后随机分为两部分,其中一部分用于探索性因子分析,另一部分用于验证性因子分析。

3.研究程序

首先,结合心理学情绪情感的相关理论和实证研究,并结合法理学的相关理论,同时借鉴已有的相关量表,自编《小学生法律情感量表》,请相关领域专家对题目进行评定和修改,并进行预测。其次,对预测结果进行项目分析和探索性因子分析,根据回答情况对题目进行修改,同时对题目进行访谈,确定法律情感的结构。最后,对修改后的量表正式施测,并进行探索性因子分析和验证性因子分析,检验量表的信度和效度,形成正式量表。

4.统计处理

采用项目分析、探索性因子分析、验证性因子分析对量表题目进行调整,统计工具为 SPSS 21.0 和 AMOS 21.0。

(二)研究结果

本次小学生法律情感量表的编制过程依据小学生"道德与法治"教程及相关理论,明确将量表分为两个分量表。在项目分析、探索性因子分析时,对各个分量表进行单独分析。

1.积极法律情感分量表的分析

(1)项目分析。以总分的 27% 为高分组与低分组界限,通过独立样本 t 检验,求出两组被试每题得分的平均数差异,所有题目均达显著性水平($p<0.001$),且临界比值 t 统计量值均大于 3,表示题项的鉴别度较好。计算每个题目与总分之间的相关性,所有题目与总分的相关系数范围为 $0.438<r<0.840$。通过信度检验,整体内部一致性系数为 0.929,但删除第 15 题后,信度系数变为 0.940,且该题目修正的项目总相关系数小于 0.4,表示该题目与其余题目为低度相关,可考虑删除该题目。通过共同性和因子载荷量的同质性检验后得知,除了第 15 题的共同性值均低于 0.2,其余题目的共同性值高于 0.20,因子载荷量均大于 0.45,表明除了第 15 题外,其余题目与共同特质(积极法律情感)的关系很密切。故通过极端组比较的决断值、题目与总分的相关性以及同质性检验三种项目分析方法,最终保留 14 个题目。

(2)探索性因子分析。采用直接斜交法对积极法律情感量表的 14 个题目做第一次主成分因子分析,结果表明:KMO 值为 0.929,Bartlett 球形检验的结果达到了显著水平($p<0.001$),表明代表总体的相关矩阵间有共同因素存在。同时,反映像相关矩阵的对角线数值 MSA>0.887,表明所有题目均适合进行因子分析。采取限定抽取共同因子法,提取 3 个因子,总解释率为 74.472%。题目 6 在两个维度上因子载荷值接近,故予以删除。

采用直接斜交转轴法对积极法律情感量表的 13 个题目做主成分因子分析,结果表明:KMO 值为 0.918,Bartlett 球形检验的结果达到了显著水平($p<0.001$),表明代表总体的相关矩阵间有共同因子存在。同时,反映像相关

矩阵的对角线数值 MSA>0.870,表明所有题目均适合进行因子分析。采取限定抽取共同因子法,提取 3 个因子,总解释率为 75.283%。最后保留 13 个题目。

积极法律情感量表的最后一次因子分析共萃取了三个维度,三个维度均可合理命名,将因子分析输出结果整理如表 5-3 所示。

表 5-3 积极法律情感量表的因子分析结果摘要

题目	直接斜交转轴法斜交转轴后的旋转成分矩阵			共同度
	维度 1	维度 2	维度 3	
8	0.920			0.854
9	0.889			0.806
7	0.865			0.771
4	0.860			0.772
10	0.835			0.705
3	0.811			0.722
12		0.916		0.847
11		0.856		0.753
14		0.831		0.722
13		0.800		0.747
1			0.881	0.813
5			0.778	0.615
2			0.776	0.660
累计解释变异量/%				75.283

(3)信度与效度分析。本研究考察三个维度及总量表的内部一致性信度 Cronbach's α 系数分别为 0.934、0.874、0.773、0.933,分半信度采用 Spearman-Brown 折半信度,计算分量表及总量表的分半信度值分别为 0.922、0.871、0.759、0.846。详见表 5-4。

表 5-4　各个维度及总量表的信度分析

维度	维度 1	维度 2	维度 3	总量表
Cronbach's α	0.934	0.874	0.773	0.933
分半信度	0.922	0.871	0.759	0.846

　　对分量表结构效度进行分析,结果显示:卡方值比自由度的值为 2.358,小于 3,适配理想;RMSEA 为 0.085,接近 0.08,适配度基本达标;IFI 为 0.955,大于 0.9,结果适配良好;TLI 为 0.938,大于 0.9,结果适配良好;CFI 为 0.954,接近 0.9,结果适配良好。综合来看,量表整体的模型适配良好。具体结果见表 5-5。

表 5-5　整体拟合系数

CMIN	DF	CMIN/DF	NFI	IFI	TLI	CFI	RMSEA
136.759	58	2.358	0.924	0.955	0.938	0.954	0.085

　　2.消极法律情感分量表的分析

　　(1)项目分析。以总分的 27% 为高分组与低分组界限,通过独立样本 t 检验,求出两组被试每题得分的平均数差异,所有题目均达显著性水平($p <$ 0.001),且临界比值 t 统计量值均大于 3,表示题项的鉴别度较好。计算每个题目与总分之间的相关性,所有题目与总分的相关系数范围为 $0.58 < r <$ 0.83。通过共同性和因子载荷量的同质性检验后得知,所有题目的共同性值均高于 0.20,因子载荷量均大于 0.45,表明所有题目与共同特质(消极法律情感)的关系很密切。故通过极端组比较的决断值、题目与总分的相关性以及同质性检验三种项目分析方法,最终保留所有题目。

　　(2)探索性因子分析。采用直接斜交法对消极法律情感量表的 15 个题目做第一次主成分因子分析,结果表明:KMO 值为 0.919,Bartlett 球形检验的结果达到了显著水平($p < 0.001$),表明代表总体的相关矩阵间有共同因素存在。同时,反映像相关矩阵的对角线数值 MSA>0.86,表明所有题目均适合进行因子分析。采取限定抽取共同因子法,提取 3 个因子,总解释率为 75.795%。题目 22、24、23、25 在两个维度上的载荷接近,故逐步删除。

　　采用最优转轴法对剩余的消极法律情感量表的 11 个题目做主成分因子分析,结果表明:KMO 值为 0.888,Bartlett 球形检验的结果达到了显著水平

（$p<0.001$），表明代表总体的相关矩阵间有共同因子存在。同时，反映像相关矩阵的对角线数值 MSA>0.84，表明所有题目均适合进行因子分析。采取限定抽取共同因子法，提取 3 个因子，总解释率为 79.084%。萃取的三个因子均可合理命名，将因子分析输出结果整理如表 5-6 所示。

表 5-6　消极法律情感量表的因子分析结果摘要

题目	最优转轴法斜交转轴后的旋转成分矩阵			共同性
	维度 1	维度 2	维度 3	
28	0.958			0.917
27	0.944			0.893
29	0.914			0.842
26	0.910			0.837
30	0.798			0.657
17		0.888		0.791
16		0.844		0.724
18		0.836		0.701
20			0.921	0.852
19			0.838	0.719
21			0.864	0.747
累计解释变异量/%				79.084

（3）信度与效度分析。本研究考察三个维度及总量表的内部一致性信度 Cronbach's α 系数分别为 0.944、0.816、0.849、0.916，分半信度采用 Spearman-Brown 折半信度，计算分量表及总量表的分半信度值分别为 0.903、0.788、0.822、0.750。详见表 5-7。

表 5-7　各个分量表及总量表的信度分析

维度	维度 1	维度 2	维度 3	总量表
Cronbach's α	0.944	0.816	0.849	0.916
分半信度	0.903	0.788	0.822	0.750

对量表的结构效度进行分析，结果显示：卡方值比自由度的值为 1.809，

小于 3,适配理想;RMSEA 为 0.066,小于 0.08,适配度理想;IFI 为 0.982,大于 0.9,结果适配良好;TLI 为 0.975,大于 0.9,结果适配良好;CFI 为 0.982,大于 0.9,结果适配良好。综合来看,量表整体的模型适配良好。具体结果见表 5-8。

表 5-8　整体拟合系数

CMIN	DF	CMIN/DF	NFI	IFI	TLI	CFI	RMSEA
72.354	40	1.809	0.961	0.982	0.975	0.982	0.066

（三）结果讨论

1. 效度

（1）内容效度。本研究基于心理学、法理学等相关文献及访谈结果确定了小学生法律情感分为积极法律情感和消极法律情感,每种法律情感又包括三个维度。在对每个维度的条目进行筛选时,先采用主观评定法修订量表的表面效度和内容效度,确定可用于施测的初始量表条目。同时,在编制量表的过程中,结合了对小学生的认知特点、《道德与法治》这种可以反映小学生法律情感发展的教材以及与该课程教师的访谈结果、专家评审建议等,确定量表的题目,确保题目内容简明扼要、措辞精准无歧义。

（2）结构效度。该量表具有较好的结构效度。通过探索性因子分析,对分量表进行了主成分分析,进一步确定了量表的结构,并在对个别题项调整的基础上,对最终确定的条目进行了验证性因子分析。验证性因子分析结果表明,卡方值与自由度的比值、GFI、AGFI、IFI、CFI、RMSEA 的值均理想,这说明数据与理论模型拟合度较好,量表具有较好的结构效度。

2. 信度

本研究采用了 Cronbach's α 系数和分半信度考察了量表的信度情况,结果表明,量表的信度水平均达到可以接受的标准。这说明,小学生法律情感测评量表是一个信度较好的测评工具。

在整个量表的编制过程中,探索流程比较规范,且每一步均经过仔细筛选,例如在半结构式访谈的过程中,结合了多种访谈对象的视角（小学生、小学教师、相关领域的专家等）,尽可能保证了测题的科学性和客观性;对量表进行探索性因子分析和验证性因子分析的过程中,研究者秉持科学严谨的态度,如在进行探索性因素分析的时候,每次只删除1个题目,在需要删除3个以上题目的时候,就重新施测1次。量表的内部一致性信度、分半信度、结构效度均符合心理测量学的基本要求。

第二节　中学生法律意识测评工具的开发

一、中学生法律认知测评量表的编制

"了解和掌握神圣法典的人越多,犯罪就越少。因为对刑罚的无知和刑罚的捉摸不定,无疑会帮助欲望强词夺理。"[171]实证研究亦表明,未成年犯罪者的法律意识水平显著低于同龄普通未成年人。[172]这均说明法律认知对预防犯罪起到至关重要的作用。

法律认知实则属于法律意识的组成部分。国内学者对法律意识结构进行了大量的论证。比如早期的学者李放认为法律意识的结构分为个体法律意识和社会法律意识。[173]法律意识分为法律心理、法律观点和法律理论。[174]以上这些学者阐明了法律意识的内涵、结构和功能,据此我们可以发现,法律认知居于其内,比如法律观点、对法律理论的看法即法律认知。也有学者从文化的角度对法律意识进行解读,认为法律意识是一个民族或国家的社会成员对其法律体系的认知、内化、价值认可及态度和各种心理的总称,历史传统和民族文化是其基础。[175]还有学者从个体对法律现象的主观认知视角,认为法律意识包括法律知识、法律理想、法律情感、法律意志、法律评价和法律信仰。这也是法律意识的横向结构。从法律意识的纵深结构,可将其分为法律心理、法律观念和法律意识形态。[176]还有从心理学角度对法律意识进行解释的。[177]

根据以上学者的理论研究,我们认为法律认知的客体一方面包括对法律价值的认知。何谓法律价值?"法律价值是指法律本身的属性及其存在、运行与实施对满足一定主体有利、有益、有用的需要,符合真、善、美、自由、平等、人权、公平、正义、道德、真理或客观规律的要求,产生良好的影响和效果,对一定事物的发展有重要意义,起积极作用,以及一定的主体对法律的对错、好坏、优劣、利弊、正反、质量高低、作用大小等方面的评价等等。"[178]其内涵

"包括了秩序、平等、公平、自由、安全和效率"[179]。另一方面,法律认知的客体还包括对国家现行法律的认知,即对主要部门法的基本知识以及对这些法律知识实践的认知。[180]对法价值的认知是为了更好地"知法"与"守法",从而知道行为的法律界限,这也是预防犯罪的最佳途径。

目前国内对法律意识的研究多采用理论思辨的形式,即便是实证研究也局限于问卷调查的方式,且主体多为大学生,如对当代大学生法律意识现状的问卷调查分析[181][182]、大学生网络行为中法律意识问卷调查报告[183]、网络游戏对青少年法律意识的影响问卷调查[184],这些研究仅对法律意识的现状做出描述性分析,缺乏标准化的测量工具以及严格的实验设计,对法治教育所提供的策略亦缺乏实证验证[185][186]。而实验研究或者对法律意识培育策略效果的检验,均需要标准化的测评量表,故本研究尝试编制适用于中学生法律认知的测评工具,以期为量化评估中学生法律认知水平和预防青少年犯罪提供科学有效的测评工具。

(一)研究方法

1.量表的编制

初测量表测度项的来源主要包括:一是根据对国内外关于法律认知文献的梳理,将法律认知分为四个维度:法律价值认知、法律知识认知、法律权利义务认知、法律实践认知。依据相关研究者对这几种维度内涵的解释,以及结合中学生"道德与法治"课程的相关内容,编制了相应的测度项。二是研究者对18名中学生进行了有关法律认知的质性访谈,与"道德与法治"课程的授课老师进行访谈,根据访谈结果编写具体的测度项。三是对目前相关测评量表题项的借鉴与修订,如公正世界信念量表中的部分题项可为法律价值认知题项做参考。最初共形成30个测度项。同时,在编制好量表以后,通过焦点小组讨论法,与初中三个年级各7名学生就每个测度项进行讨论分析,确定措辞的准确性和可被理解性。并且,进一步通过测度项分类法,对量表的结构和内容进行修订,最终初始问卷确定了17个条目。量表采用李克特5级评分法,按照"完全不符合""比较不符合""不确定""比较符合""完全符合"依次计分为1分、2分、3分、4分、5分,要求被试根据实际情况进行填写。得分越高,表明个体的法律认知水平越高。

2.施测对象

选取浙江省某市初中生,以班级为单位进行团体施测。主试为接受过心理测量培训的心理学专业大学生。测试时间约为 10 分钟,被试的年级与性别分布详见表 5-9。

表 5-9　测试对象年级与性别情况

年级	男	女	合计
1	46	36	82
2	62	63	125
3	17	25	42
合计	125	124	249

3.研究程序

第一步,根据确立的中学生法律认知量表的理论构想,编制 30 个测度项,通过专家评定法、测度项分类法对题目进行删减调整,初步形成 17 个测度项。第二步,对初中生进行施测,用收集到的数据做探索性因子分析,最终确定 15 个测度项。第三步,用收集到的数据对量表理论构想进行验证性因子分析,考察量表的信效度指标。

4.统计处理

探索性因子分析采用主成分分析,因子旋转采用正交旋转,统计工具为SPSS 21.0;验证性因子分析采用的统计工具是 AMOS 22.0。

(二)结果与分析

1.项目分析

以量表总分最高的 27% 和最低的 27% 为高分组与低分组界限,求出两组被试每题得分的平均数差异,所有题目均达显著性水平($p < 0.001$),表明各测度项的鉴别力良好。计算每个题目与总分之间的相关性,所有题目与总分的相关性都可以接受($r > 0.3$),故经项目分析后保留所有题目。

2.探索性因子分析

采用方差极大旋转法对法律认知量表的 17 个测度项做第一次主成分因子分析,结果表明:KMO 值为 0.878,Bartlett 球形检验的结果达到了显著水平($p < 0.001$),表明数据适合做因子分析。根据 $\lambda > 1$ 的原则,提取 4 个因子,总解释率为 63.375%。由于题目 A14 和 A5 在两个因子上的载荷接近(A14 在因子 1 和因子 2 上的载荷分别为 0.421 和 0.443;A5 在因子 1 和因子 3 上的载荷为 0.404 和 0.480),因此将这两个因子删除,对保留的 15 个测度项重新做主成分分析。

第二次主成分因子分析结果显示:KMO 值为 0.862,Bartlett 球形检验的卡方值达到显著性水平(卡方值 = 1004.229,自由度 = 136,$p = 0.000$),表明适合进行因子分析。根据 $\lambda > 1$ 的原则,结合碎石图,抽取 4 个公因子,可解释的方差累计贡献率为 66.178%。根据探索性因子分析结果可以将法律认知量表分为 4 个维度,根据每个维度所包含的项目可对其命名。维度 1:法律价值认知;维度 2:法律权利义务认知;维度 3:法律知识认知;维度 4:法律实践认知。该量表的因子结构及各项目的因子载荷见表 5-10。

表 5-10　法律认知量表的因子结构及各项目的因子载荷

题目	维度 1	维度 2	维度 3	维度 4
1	0.800			
2	0.783			
4	0.740			
3	0.656			
13	0.602			
9		0.860		
10		0.846		
12		0.665		
11		0.456		
7			0.848	
6			0.820	
8			0.805	
17				0.808
16				0.644
15				0.580

3.信度与效度分析

本研究考察量表各维度的内部一致性信度和分半信度。4 个维度的 Cronbach's α 一致性系数如表 5-11 所示。

表 5-11 各个维度及总量表的信度分析

维度	维度 1	维度 2	维度 3	维度 4	总量表
Cronbach's α	0.832	0.757	0.837	0.578	0.872

最终保留 15 个测度项。以每个维度为潜变量、每个维度上的测度项为观测变量,进行验证性因子分析。4 个潜变量之间设定为两两相关。观测变量的残差之间设定为相互独立。拟合度是检验假设模型与原始数据是否吻合的重要指标。卡方值与自由度的比值小于 2 时,表示假设模型的适配度较佳,本研究的此值均小于 2,说明拟合度较好。其他拟合度指数越接近 1,表示理论假设的拟合度越好。本研究的大多数拟合度指数都在 0.9 以上,说明总体上拟合度较好。结果表明,总量表的结构效度较好,具体结果见表 5-12。

表 5-12 总量表的效度分析

CMIN	DF	CMIN/DF	GFI	NFI	IFI	TLI	CFI	RMSEA
156.943	80	1.962	0.924	0.904	0.950	0.934	0.950	0.062

(三)结果讨论分析

法律认知是法律意识结构的重要内容之一,研究中学生法律认知发展状况首先应客观评价其法律认知发展水平,而中学生法律认知测评工具是开展中学生法律认知研究的前提与基础,编制科学有效的适用于中国中学生的法律认知测评工具具有重要价值。遗憾的是,从目前的文献来看,对法律认知测评工具的开发几乎没有。造成这种现状的主要原因是学科之间的壁垒。法律意识理论是法理学主要研究的主题,而对认知或意识等工具的开发主要是心理学专业人员在做。基于此,本研究者尝试对这一现状进行"破冰",并编制了适用于测评中学生法律认知的工具,最终编制的量表包括 15 个测度项,量表的编制符合心理测量学和统计学的要求。

首先,从量表编制的理论基础来看,关于法律认知的概念、结构和相关理论已然很成熟,这部分理论知识主要是法学专家在研究。那么,本研究依据法理学相关理论,结合心理测量与统计学的分析结果,将中学生法律认知划分为四个维度,分别为法律价值认知、法律知识认知、法律权利义务认知以及法律实践认知。法律价值虽然具有高度的凝练性、抽象性与模糊性,但却可以通过语词被感知到。[187]主流观点认为,公平、自由、秩序乃为法律价值包含的基本要素。其中公平的语义有公正或正义等,那么,法律维护的就是某种公认的道德,这种道德所造就的是共同的善。故公正也是法律得以存在的正当性依据。法律的秩序价值表明法律存在的目的是维护社会的和平与稳定,法律是一种治理社会的手段与方式。[188]法律知识认知维度的内涵主要是指个体对目前国家运行中的基本法律知识的贮存量,即该维度测评的是个体"知法"的程度。法律权利义务是对法律价值的具体体现,也是个体法律知识认知的进一步细化。权利主要是借助法律之力保障的个体可选择性的法益,以此彰显对人性的尊重;义务就是依照法律规定应当承担的或者依照约定自愿承担的责任[189],经常与权利相伴相随。履行义务是确保他人权利实现的重要方式。法律实践认知主要指对"活着的法律"的基本观点,即对运行着的法律的认知。了解中学生对法律这四个维度的认知,可以使法治教育更有针对性,也可以为预防青少年犯罪的教育提供参考。

其次,从中学生法律认知量表编制的过程来看,根据文献梳理构建法律认知维度,并依据核心概念的内涵及相关理论编制量表,初步形成各个维度的 30 个测题;然后将每个测度项与中学生、相关教师进行访谈,并请相关领域专家进行评定,对题项进行修改、调整与删减,最后形成 17 个测度项,通过测度项分类法,进一步确保量表各个维度测度项的内容效度;接着将量表投入施测环节,对收集到的数据进行检验,包括项目分析、探索性因子分析、验证性因子分析以及信度和效度检验。同时,在量表的编制过程中,为避免正反向题混合导致的项目表述方法效应[190],所有题目均为正向表达。整个量表的编制过程、访谈、测度项分类、焦点小组讨论以及实证分析过程均严格按照相关规定进行,故过程科学严谨,结论可靠有效。

最后,从量表编制的结果来看,本次法律认知测评量表最终保留 15 个题项,均为 5 级正向计分。经过探索性因子分析后获取 4 个因子,4 个因子的方差累计贡献率为 66.178%,15 个题项的因子载荷值均大于 0.45;从信效度检验结果来看,量表内部一致性信度和分半信度良好,验证性因子分析结果显示,绝对适配度指数与增值适配度指数均达到模型的可接受统计学评价标准,这说明数据拟合度较好,量表有较好的结构效度。综上所述,此次量表编制基本上达到了预期效果,中学生法律认知测评量表可作为测量中学生法律认知水平的工具。

尽管如此,本次编制的中学生法律认知量表也存在一些不足之处。比如,较全国大样本来看,本研究的样本量较小,未来研究有待扩大被试的取样范围。另外,对中学生法律意识的测评不能只停留于认知层面的考核上。法律意识包括法律认知、法律情感、法律意志、法律动机、法律理想等。今后的研究应将法律意识各个结构的测评工具开发出来,形成全面一体的法律意识测评工具。另外,随着人工智能的普及,各种算法的不断更新发展,在开发量表的时候对这些技术加以利用,比如通过 Python 对论坛文本进行分析,代替一个个地实地访谈与调研;同时,也能以线上发放量表的方式,获取更大的数据,通过深度学习算法,构建青少年的法律意识预测模型。基于此,设置科学、有针对性、个性化的青少年预防犯罪法治教育课程及相关活动,有效提高青少年法律意识,将犯罪行为扼杀在摇篮之中。

二、中学生法律情感测评量表的开发

在对未成年人进行法律情感的调查中发现,75％的人不喜欢法律或是对法律没有感觉,其中的原因可能是敬畏情感培养模式的失衡以及"法即刑"的思维定式所导致的缺乏积极的法律情绪情感体验。[191]情感教育研究认为,情感是个体全面发展的基础性、内质性材料,是个人存在及诠释人生意义的核心要素。[192]法律情感是个体情感体验的重要组成部分。积极的法律情感对个体情感能力的形成、对法治建设及社会秩序的维系均具有重要意义。本研究在借鉴大学生的法律情感量表开发的基础上探讨中学生法律情感量表的开发问题,以期开发适合测评中学生法律情感的研究工具。

(一)研究方法

1.量表初稿的形成和检验

根据前期构建的法律情感的理论框架,将个体的法律情感分为积极法律情感和消极法律情感,并结合中学生《道德与法治》教材,参照情绪情感的相关量表,初步编制了 50 个测题。然后,将初步编制的测题用于访谈。访谈的内容主要为:量表题项表述的内容是否能够被理解,如果不理解怎样修改会更合适;量表中的题项表述是否存在歧义,如果有歧义如何表述会更好;量表中题项的措辞是否通俗,如果过于学术化,是否有好的建议等。通过对中学生的访谈,对测题进行了删减与修改。在请相关领域的专家进行评价并给予修改建议后,再一次以中学生为被试做了测度项分类,其目的是验证量表的各个维度划分是否合适。测度项分类分为两步,第一步由主试将测题顺序打乱并分别写在卡片上,要求被试进行分类,并命名每一类的主题;第二步换一批被试,由主试根据前一轮的反馈意见对测题进行调整修改后,再根据已有的理论将测题划分好维度并对该维度进行命名与解释,由被试对测题进行归类。通过访谈法、专家咨询建议以及测度项分类后,最终确定初始问卷的46个测题。量表采用"完全不符合""比较不符合""不确定""比较符合""完全符合"的李克特5级评分方式,要求被试根据实际情况进行填写。得分越高代表被试的积极或消极的法律情感水平越高。

2.测试对象

选取浙江省某市某中学的学生共 343 人作为被试,初一 66 人,初二 78 人,初三 20 人,高一 115 人,高二 52 人,高三 12 人。其中男生 135 人,女生 208 人。

3.研究程序

首先,结合法律情感的理论框架并借鉴已有的相关量表,自编《中学生法律情感量表》,请相关领域专家对题目进行评定和修改,并进行预测。其次,对预测结果进行项目分析和探索性因子分析,根据回答情况修改题目,同时对题目进行访谈,确定法律认知的结构。最后,对修改后的量表正式施测,并进行探索性因子分析和验证性因子分析,检验量表的信度和效度,形成正式量表。

4.统计处理

探索性因子分析采用主成分分析,因子旋转采用直接斜交法,统计工具为 SPSS 21.0;验证性因子分析采用的统计工具是 AMOS 21.0。

本次中学生法律情感量表分为积极法律情感和消极法律情感两个分量表。在项目分析、探索性因子分析及信效度检验时,对各个分量表进行单独分析。

（二）积极法律情感分量表的研究结果

1. 项目分析

以总分的 27% 为高分组与低分组界限，通过独立样本 t 检验，求出两组被试每题得分的平均数差异，所有题目均达显著性水平（$p < 0.001$），且临界比值 t 统计量值均大于 3，表示题项的鉴别度较好。计算每个题目与总分之间的相关性，所有题目与总分的相关系数范围为 $0.57 < r < 0.85$。通过共同性和因子载荷量的同质性检验后得知，所有题目的共同性值高于 0.20，因子载荷量均大于 0.45，表明所有题目与共同特质（积极法律情感）的关系很密切。通过极端组比较的决断值、题目与总分的相关性以及同质性检验三种项目分析方法，最终保留所有题目。

2. 探索性因子分析

采用直接斜交法对积极法律情感量表的 23 个题目做第一次主成分因子分析，结果表明：KMO 值为 0.95，Bartlett 球形检验的结果达到了显著水平（$p < 0.001$），表明代表总体的相关矩阵间有共同因素存在。同时，反映像相关矩阵的对角线数值 MSA > 0.9，表明所有题目均适合进行因子分析。根据 $\lambda > 1$ 的原则，提取 3 个因素，总解释率为 71.448%。题目 19、18 和题目 5 在两个维度上因子载荷值接近，故依次删除。

采用直接斜交转轴法对积极法律情感量表的 20 个题目做第二次主成分因子分析，结果表明：KMO 值为 0.95，Bartlett 球形检验的结果达到了显著水平（$p < 0.001$），表明代表总体的相关矩阵间有共同因子存在，同时，反映像相关矩阵的对角线数值 MSA > 0.9，表明所有题目均适合进行因子分析。根据 $\lambda > 1$ 的原则，提取 3 个因子，总解释率为 73.0488%。最后保留 20 个题目。

积极法律情感量表的最后一次因子分析共萃取了三个维度，三个维度均可合理命名，即法律兴趣、法律期待和法律信任，并将因子分析输出结果整理如表 5-13 所示。

表 5-13　积极法律情感量表的因子分析结果摘要

题目	直接斜交转轴法斜交转轴后的旋转成分矩阵			共同度
	维度 1	维度 2	维度 3	
11	0.913			0.834
9	0.894			0.819
12	0.885			0.798
13	0.884			0.797
10	0.845			0.733
8	0.805			0.720
15	0.787			0.623
17	0.759			0.706
14	0.755			0.571
7	0.699			0.531
22		0.905		0.819
23		0.841		0.724
21		0.836		0.788
20		0.769		0.656
16		0.733		0.723
4			0.890	0.797
3			0.878	0.778
2			0.852	0.742
1			0.851	0.742
6			0.835	0.709
累计解释变异量/%				73.048

3.信度与效度分析

（1）信度分析。本研究考察三个维度及总量表的内部一致性信度 Cronbach's α 系数在 0.89～0.95，分半信度采用 Spearman-Brown 折半信度，分半信度值为 0.86～0.90，详见表 5-14。

表 5-14　各个维度及总量表的信度分析

维度	维度 1	维度 2	维度 3	总量表
Cronbach's α	0.948	0.895	0.919	0.957
分半信度	0.935	0.903	0.910	0.863

（2）结构效度分析。卡方值比自由度的值为 2.766，小于 3，适配理想；RMSEA 为 0.08，适配度达标；IFI 为 0.943，大于 0.9，结果适配良好；TLI 为 0.933，大于 0.9，结果适配良好；CFI 为 0.943，大于 0.9，结果适配良好。综合来看，量表整体的模型适配良好。具体结果见表 5-15。

表 5-15　整体拟合系数

CMIN	DF	CMIN/DF	GFI	IFI	TLI	CFI	RMSEA
445.293	161	2.766	0.863	0.943	0.933	0.943	0.08

（三）消极法律情感分量表的研究结果

1.项目分析

以总分的 27％为高分组与低分组界限，通过独立样本 t 检验，求出两组被试每题得分的平均数差异，所有题目均达显著性水平（$p < 0.001$），且临界比值 t 统计量值均大于 3，表示题项的鉴别度较好。计算每个题目与总分之间的相关性，所有题目与总分的相关系数范围为 $0.59 < r < 0.77$。通过共同性和因子载荷量的同质性检验后得知，所有题目的共同性值高于 0.20，因子载荷量均大于 0.45，表明所有题目与共同特质（消极法律情感）的关系很密切。通过极端组比较的决断值、题目与总分的相关性以及同质性检验三种项目分析方法，最终保留所有题目。

2.探索性因子分析

采用直接斜交法对消极法律情感量表的 23 个题目做第一次主成分因子分析，结果表明：KMO 值为 0.91，Bartlett 球形检验的结果达到了显著水平（$p < 0.001$），表明代表总体的相关矩阵间有共同因素存在。同时，反映像相关矩阵的对角线数值 MSA > 0.85，表明所有题目均适合进行因子分析。根据 $\lambda > 1$ 的原则，提取 3 个维度，总解释率为 65.810％。萃取的 3 个维度均可合理命名，即分别为法律蔑视、法律厌恶与法律失望，将因子分析输出结果整理如表 5-16 所示。

表 5-16　消极法律情感量表的因素分析结果摘要

题目	直接斜交转轴法斜交转轴后的旋转成分矩阵			共同度
	维度 1	维度 2	维度 3	
45	0.850			0.726
44	0.822			0.683
42	0.809			0.656
46	0.802			0.655
43	0.790			0.636
41	0.789			0.623
39	0.773			0.608
40	0.736			0.563
33	0.707			0.623
27		0.867		0.753
28		0.865		0.753
30		0.805		0.649
29		0.796		0.677
26		0.790		0.634
24		0.766		0.596
25		0.750		0.570
32			−0.848	0.723
35			−0.837	0.721
34			−0.830	0.693
38			−0.816	0.705
31			−0.810	0.665
37			−0.769	0.599
36			−0.766	0.626
累计解释变异量/%				65.810

3. 信度与效度分析

(1)信度分析。本研究考察 3 个维度及总量表的内部一致性信度

Cronbach's α 系数分别为 0.921、0.908、0.915、0.935，分半信度采用 Spearman-Brown 折半信度，计算各维度及总量表的分半信度值分别为 0.917、0.887、0.876、0.888。详见表 5-17。

表 5-17　各个分量表及总量表的信度分析

维度	维度 1	维度 2	维度 3	总量表
Cronbach's α	0.921	0.908	0.915	0.935
分半信度	0.917	0.887	0.876	0.888

（2）效度分析。卡方值比自由度的值为 2.745，小于 3，适配理想；RMSEA 为 0.079，小于 0.08，适配度理想；IFI 为 0.926，大于 0.9，结果适配良好；TLI 为 0.909，大于 0.9，结果适配良好；CFI 为 0.925，大于 0.9，结果适配良好。综合来看，量表整体的模型适配良好。具体结果见表 5-18。

表 5-18　整体拟合系数

CMIN	DF	CMIN/DF	IFI	TLI	CFI	RMSEA
568.266	207	2.745	0.926	0.909	0.925	0.079

（四）结果讨论

1. 效度

（1）内容效度。本研究基于文献回顾将法律情感分为积极法律情感和消极法律情感，每个分量表包含若干维度。在对量表的具体条目进行筛选时，先采用主观评定法修订量表的表面效度和内容效度，确定可用于施测的初始量表条目。同时，在编制量表的过程中，结合了对中学生《道德与法治》教材的研究以及与该课程教师的访谈结果、专家咨询建议等，来确定量表的题目，确保题目内容简明扼要、措辞精准无歧义。

（2）结构效度。该量表具有较好的结构效度。通过探索性因子分析，对各个分量表进行了主成分分析，进一步确定了量表的结构，并在对个别题项进行调整的基础上，对最终确定的每个分量表的题目进行了验证性因子分析。验证性因子分析结果表明，数据与理论模型拟合度较好，量表具有较好的结构效度。

2.信度

本研究采用了 Cronbach's α 系数和分半信度考察了量表的信度情况,结果表明,量表的信度水平均达到可以接受的标准。这说明,中学生法律情感测评量表是一个信度较好的测评工具。

在整个量表的编制过程中,探索流程比较规范,且每一步均经过仔细筛选。例如在半结构式访谈的过程中,结合了多种访谈对象的视角,尽可能保证了测题的科学性和客观性;在对量表进行探索性因子分析和验证性因子分析的过程中,研究者秉持科学严谨的态度,如在进行探索性因子分析的时候,每次只删除 1 个题目,在需要删除 3 个以上题目的时候,就重新施测 1 次。量表的内部一致性信度、分半信度、结构效度均符合心理测量学的基本要求。

本研究对于中学生法治教育课程评价具有重要的应用价值,一定程度上也可以作为预防青少年犯罪的重要测评工具之一。当然,本研究依然存在一定的局限性,比如抽样范围仅为浙江省某市的中学生,样本的代表性受限,且考虑到地域差异,后续研究可扩展样本。另外,本量表缺乏效标关联效度以及重测信度,未来研究可从这些方面进一步完善该量表。

三、中学生法律动机测评量表的开发

动机作为个体行为的内驱力,虽隐藏于个体的内心深处,却是个体行为发生的原动力。动机和行为之间不一定是一种确定的、单向的关系,不同的动机会导致相同的行为,不同的行为可能存在同样的动机。心理学界对动机已经有了大量的富有成效的研究,形成了各种动机理论,如自我效能感理论、成就动机理论和归因理论等,并针对这些动机理论开发出了相对成熟的测评工具。但是,基于心理学视角探索法律动机的相关理论基本没有,这也成为对于法律动机缺乏信效度较高的测评工具的部分缘由。因此,本研究基于前期构建的关于法律动机的理论,开发出一份适合测评中学生法律动机的量表。

(一)研究方法

1.量表初稿的形成和检验

根据法理学、心理学中相关理论构建法律动机的理论框架,结合中学生心理发展特点从理论上将个体的法律动机分为三个维度,即知法动机、守法动机和用法动机,同时参照课题组前期开发的大学生法律动机量表,初步编制 28 个测题。然后,将初步编制的测题用于访谈。访谈的内容主要为:量表题项表述的内容是否能够被理解,如果不理解怎么样修改会更合适;量表中的题项表述是否存在歧义,如果有歧义如何表述会更好;量表中题项的措辞是否通俗,如果过于学术化,是否有好的建议等。通过对中学生的访谈调查并咨询相关领域的专家,对测题进行删减与修改。通过访谈法、专家咨询法以及小组讨论,最终确定初始问卷 27 个测题。量表采用"完全不符合""比较不符合""不确定""比较符合""完全符合"的李克特 5 级评分方式,要求被试根据实际情况进行填写。得分越高代表被试的法律动机水平越高。

2.测试对象

选取浙江省某几所高中的学生共 400 人作为被试并发放量表,回收有效数据 387 份。其中男生 162 人,女生 225 人;高一 298 人,高二 89 人。

3.研究程序

首先,结合心理学和法理学的相关理论并借鉴已有的相关动机量表,自编《中学生法律动机量表》,请相关领域专家对题目进行评定和修改,并进行预测。其次,对预测结果进行项目分析和探索性因子分析,根据回答情况对题目进行修改,同时对题目进行访谈,确定法律动机的结构。最后,对修改后的量表正式施测,并进行探索性因子分析和验证性因子分析,检验量表的信度和效度,形成正式量表。

4.统计处理

探索性因子分析采用主成分分析,因子旋转采用直接斜交转轴法,统计工具为 SPSS 21.0;验证性因子分析采用的统计工具是 AMOS 21.0。

(二)研究结果

1.项目分析

以量表总分前后 27% 为高分组与低分组界限,通过独立样本 t 检验,求出两组被试每题得分的平均数差异,所有题目均达显著性水平($p < 0.001$),且临界比值 t 统计量值均大于 3,表示题项的鉴别度较好。计算每个题目与总分之间的相关性,除了第 13、14 和 18 题外($r < 0.40$,表明此题与量表构念只是一种低相关度关系,题项与量表构念间的关系不是十分密切),其他题目与总分的相关系数范围在 $0.40 < r < 0.71$。通过同质性和因子载荷量的同质性检验后得知,第 15 题校正的项目总相关系数低于 0.4,第 4、5、8、11 题的共

同性值低于 0.20,因子载荷量小于 0.45,表明这几个题目与共同特质(法律动机)的关系不是很密切。通过极端组比较的决断值、题目与总分的相关性以及同质性检验三种项目分析方法,删掉 8 个题目,保留 19 个题目。

2. 探索性因子分析

采用直接斜交转轴法对法律动机量表的 19 个测度项做第一次主成分因子分析,结果表明:KMO 值为 0.864,Bartlett 球形检验的结果达到了显著水平($p < 0.001$),表明代表总体的相关矩阵间有共同因素存在,同时,反映像相关矩阵的对角线数值 MSA $>$ 0.7,表明所有题目均适合进行因子分析。根据之前的理论构建,已将题目归类为 3 个明确的维度,故采取限定抽取共同因素法,提取 3 个维度,总解释率为 57.332%。由于题目 9 在维度 1 和维度 2 上的因子载荷量接近(在维度 1 和维度 2 上的载荷分别为 0.547 和 0.530),因此将该题目删除,对保留的 18 个测度项重新做因子分析。

第二次做主成分因子萃取法,结果显示:KMO 值为 0.864,Bartlett 球形检验的结果达到了显著水平($p < 0.001$),表明代表总体的相关矩阵间有共同因素存在,同时,反映像相关矩阵的对角线数值 MSA $>$ 0.7,表明所有题目均适合进行因子分析。采取限定抽取共同因子法,提取 3 个维度,总解释率为 58.347%。

法律动机量表第二次因素分析共萃取了 3 个维度,3 个维度均可合理命名,即知法动机、守法动机和用法动机,具体因素分析输出结果整理如表 5-19。

表 5-19　法律动机量表的因素分析结果摘要

题目	直接斜交转轴法斜交转轴后的旋转成分矩阵			共同度
	维度 1	维度 2	维度 3	
26	0.875			0.765
27	0.821			0.679
22	0.799			0.645
21	0.782			0.617
24	0.766			0.587
20	0.712			0.563

题目	直接斜交转轴法斜交转轴后的旋转成分矩阵			共同度
	维度 1	维度 2	维度 3	
28	0.657			0.436
25	0.633			0.512
23	0.554			0.477
7		0.828		0.691
2		0.812		0.666
1		0.770		0.604
6		0.687		0.481
16			0.806	0.657
17			0.782	0.640
12			0.699	0.539
10			0.642	0.521
19			0.569	0.422
累计解释变异量/%				58.347

3.信度与效度分析

(1)信度分析。本研究考察 3 个维度及总量表的内部一致性信度 Cronbach's α 系数分别为 0.887、0.793、0.765、0.886,分半信度采用 Spearman-Brown 折半信度,计算各维度及总量表的分半信度值分别为 0.896、0.744、0.753、0.689。详见表 5-20。

表 5-20　各个分量表及总量表的信度分析

维度	维度 1	维度 2	维度 3	总量表
Cronbach's α	0.887	0.793	0.765	0.886
分半信度	0.896	0.744	0.753	0.689

(2)结构效度分析。验证性因子分析结果显示,卡方值与自由度的比值为 2.169,小于 3,适配理想;RMSEA 为 0.068,小于 0.08,适配度理想;IFI 为 0.915,大于 0.9,结果适配良好;TLI 为 0.898,基本接近 0.9,结果适配良好;CFI 为 0.914,大于 0.9,结果适配良好。综合来看,量表整体的模型适配良

好。具体结果见表5-21。

表 5-21　整体拟合系数

CMIN	DF	CMIN/DF	IFI	TLI	CFI	RMSEA
279.808	129	2.169	0.915	0.898	0.914	0.068

（三）结果讨论

1.效度

（1）内容效度。本研究基于文献回顾及访谈结果确定了中学生法律动机包括知法动机、守法动机和用法动机3个维度及各维度所包含的条目。在对3个维度的条目进行筛选时，先采用主观评定法修订量表的表面效度和内容效度，确定可用于施测的初始量表条目。同时，在编制量表的过程中，结合了"道德与法治"这种可以反映中学生法律动机发展的课程的材料以及与该课程教师的访谈结果、专家评审建议等，确定量表的题目，确保题目内容简明扼要、措辞精准无歧义。

（2）结构效度。该量表具有较好的结构效度。通过探索性因子分析的主成分分析法，进一步确定了量表的结构，并在对个别题项调整的基础上，对最终确定的条目进行了验证性因子分析。验证性因子分析结果表明，卡方值与自由度的比值，AGFI、IFI、CFI、RMSEA统计指标都在可接受范围内，这说明数据与理论模型拟合度较好，量表具有较好的结构效度。

2.信度

本研究采用了 Cronbach's α 系数和分半信度考察了量表的信度情况，结果表明，量表的信度水平均达到可以接受的标准。这说明，中学生法律动机测评量表是一个信度较好的测评工具。

在整个量表的编制过程中，探索流程比较规范，且每一步均经过仔细筛选，例如在半结构式访谈的过程中，结合了多种访谈对象的视角（中学生、中学教师、相关领域的专家等），尽可能保证了测题的科学性和客观性；对量表进行探索性因子分析和验证性因子分析的过程中，研究者秉持科学严谨的态度，如在探索性因子分析的时候，每次只删除1个题目，在需要删除3个以上题目的时候，就重新施测1次。量表的内部一致性信度、分半信度、结构效度均符合心理测量学的基本要求。

综上所述,本研究开发的中学生法律动机测评量表在高中生群体中具有较好的信效度,可以用于评估该群体的法律动机发展状况。但本研究还存在一定的局限性:第一,研究的样本为浙江省的高中生,由于地域及经济发展的差异性,故而样本具有一定的特殊性,未来可在全国范围内对中学生进行调查,并建立全国常模;第二,本研究缺乏重测信度的检验,同时,由于没有其他法律动机的量表,故而也未做效标关联效度的测量。在未来研究中除了要扩大样本人群,还要增加法治教育课程中的定期随访研究,确保法律动机量表能更好地用于教育实践的课程评估中。

四、中学生法律意识测评量表(简版)的开发

认知是指人获得知识或应用知识的过程,或信息加工的过程,这是人的最基本的心理过程。[193]法律认知是个体在以往经验上形成的对国家现行法律的认识和了解,以及在情感、效率、公平三进程上对法律观点和法律理论的看法。[194]情绪情感则是个体对外界事物的态度,以及基于对某事物的认知所产生的主观体验。法律情感是人们根据现实的法律制度是否能够满足其自身发展需要而产生的积极或消极的态度。意志是个体有意识地支配、调节行为,通过克服困难,以实现预定目的的心理过程。[195]法律意志主要是个体对法律执行的倾向性,反映了个体在遇到挫折的时候能否拥有继续执行法律的毅力。将法律意识分为知、情、意是参照了个体心理过程的"知、情、意"现象,这一方面有助于将法学理论研究与心理学理论更好地融合,另一方面,在有关法律意识的前期理论综述中,知、情、意也是大多数学者认为应包含的内容。同时,虽然研究者在前期已经开发了法律认知、法律情感的相关测评工具,但缺乏将法律意识各子结构合并开发的量表,且前期开发的量表涉及的题目较多,这导致量表在实际应用中会有一定的不便捷性。故而,本研究期望从这个角度出发,开发简版的中学生法律意识测评量表。

(一)研究方法

1.量表初稿的形成和检验

参照前期法律认知、法律情感等已经开发的量表,结合法律意识的理论构建框架编制测题,并通过预施测的方式对题目进行修改和删除,最终确定初始问卷29个测题。量表采用"完全不符合""比较不符合""不确定""比较符

合""完全符合"的李克特5级评分方式,要求被试根据实际情况进行填写。得分越高代表被试的法律意识水平越高。

2.测试对象

探索性因子分析选取浙江省某市某中学的学生共209人作为被试,其中:初二127人,包括男生68人,女生59人;初三82人,包括男生38人,女生44人。验证性因子分析的被试选择浙江省某市中学的学生230人,其中:初一88人,包括男生30人,女生58人;初二142人,包括男生66人,女生76人。

3.研究程序

首先,根据有关法律意识结构的相关理论,将之分为法律认知、法律情感和法律意志,并参照课题组之前开发的有关中学生法律认知、法律情感等量表,自编《中学生法律意识量表》,请相关领域专家对题目进行评定和修改,并进行预测。其次,对预测结果进行项目分析和探索性因子分析,根据回答情况进行题目修改,同时对题目进行访谈,确定中学生法律意识的结构。最后,对修改后的量表正式施测,并进行探索性因子分析和验证性因子分析,检验量表的信度和效度,形成正式量表。

4.统计处理

探索性因子分析采用主成分分析,因子旋转采用正交旋转,统计工具为SPSS 21.0;验证性因子分析采用的统计工具是 AMOS 21.0。

(二)研究结果

1.项目分析

以正负一个标准差为高分组与低分组的界限,通过独立样本 t 检验,求出两组被试每题得分的平均数差异,除了第6题和第15题外,其他题目均达显著性水平($p < 0.001$),且临界比值 t 统计量值均大于3,表示题项的鉴别度较好。计算每个题目与总分之间的相关性,除了题目2、7、16、18、19、20、21、25、29相关系数小于0.4,其他题目与总分的相关系数值大于0.4。通过共同性和因子载荷量的同质性检验后得知,第3、4、11、24、27题的共同性值低于0.20,因子载荷量小于0.45,表明该题目与共同特质(法律意识)的关系不是很密切。通过极端组比较的决断值、题目与总分的相关性以及同质性检验三种项目分析方法,删掉16个题目,最终保留13个题目。

2.探索性因素分析

采用最大变异法对抽象法律意识量表的 13 个测度项做第一次主成分因子分析,结果表明:KMO 值为 0.80,Bartlett 球形检验的结果达到了显著水平($p<0.001$),表明代表总体的相关矩阵间有共同因素存在,同时,反映像相关矩阵的对角线数值 MSA>0.76,表明所有题目均适合进行因子分析。在编制量表时,将中学生法律意识分为 3 个维度,故采取限定抽取共同因素法萃取 3 个共同因素,总解释率为 49.59%。

由于题目 28 在维度 1 和维度 3 上的因子载荷量接近(在维度 1 和维度 3 上的因子载荷分别为 0.576 和 0.513);题目 1 在维度 2 和维度 3 上的因子载荷量接近(在维度 2 和维度 3 上的因子载荷分别为 0.320 和 0.345),因此依次删掉这两个题目,对保留的 11 个测度项重新做因子分析。

第二次做主成分因子萃取法,结果显示:KMO 值为 0.794,Bartlett 球形检验的结果达到了显著水平($p<0.001$),表明代表总体的相关矩阵间有共同因素存在,同时,反映像相关矩阵的对角线数值 MSA>0.72,表明所有题目均适合进行因素分析。采取限定抽取共同因素法萃取 3 个因子,总解释率为 53.104%。

法律意识探索性因子分析共萃取了 3 个维度,3 个维度均可合理命名,将因子分析输出结果整理如表 5-22。

表 5-22　中学生法律意识量表的因素分析结果摘要

题目	最大变异法主成分分析的旋转成分矩阵			共同度
	维度 1	维度 2	维度 3	
13	0.833			0.633
12	0.642			0.534
14	0.633			0.631
9	0.535			0.607
22		0.809		0.584
26		0.713		0.604
23		0.711		0.494
8			0.728	0.665

续表

题目	最大变异法主成分分析的旋转成分矩阵			共同度
	维度 1	维度 2	维度 3	
10			0.690	0.693
5			0.615	0.589
17			0.423	0.553
累计解释变异量/%	19.582	36.640	53.104	53.104

3. 信度与效度分析

(1) 信度分析。本研究考察 3 个维度及总量表的内部一致性信度 Cronbach's α 系数分别为 0.652、0.644、0.601、0.760。

(2) 结构效度分析。验证性因子分析结果显示,卡方值与自由度的比值为 4.696,小于 5,适配理想;RMSEA 为 0.077,小于 0.08,适配度理想;IFI 为 0.977,大于 0.9,结果适配良好;TLI 为 0.963,大于 0.9,结果适配良好;CFI 为 0.976,大于 0.9,结果适配良好。综合来看,量表整体的模型适配良好。具体结果见表 5-23。

表 5-23　整体拟合系数

CMIN	DF	CMIN/DF	NFI	IFI	TLI	CFI	RMSEA
164.372	35	4.696	0.970	0.977	0.963	0.976	0.077

(三) 讨论分析

1. 关于青少年法律意识的心理结构及量表的构成因素

关于法律意识的内部结构存在不同的观点,比如有的从横向结构进行探究,有的从纵向结构进行论证。这些理论为我们确定法律意识的结构提供了重要的参考价值和启示。我们将法律意识的结构分为认知、情感和意志,是借鉴心理学中的用词惯例来表明法律意识的存在状态。在现实生活中,个体的法律意识是各种认知、情感及意志状态以有组织的、系统的结构形式呈现出来的。心理过程一般由认知过程、情感过程和意志过程组成,那么将法律意识的结构分为认知、情感和意志 3 个维度,就可以从动态化的视角理解个体的法律意识的发展变化,且有利于后续利用心理学相关研究范式探究其深层次的机制。

2.信度和效度分析

通过信度分析得知,中学生法律意识量表的总的内部一致性信度为0.76,各个维度的内部一致性系数值大于0.6。可见,作为一个简版的自陈量表,该量表的内部一致性系数基本达到了心理测量统计学标准。

本量表的结构是通过严密的理论逻辑推理,并经过多次因素分析加以验证的,且理论建构与因素分析之间基本一致。

3.不足与有待改进之处

本量表内部一致性系数没有达到0.8,这可能与项目的数量少有关,且本量表也没有重测信度和效标效度的检验,在未来研究中将对这一问题进行继续研究与验证。其次,本研究的样本量不是很大,取样范围比较狭窄,学校分布也不够广,故而在今后的修订工作中,需要进行全国范围的大样本测试和效标验证,以期达到对中学生法律意识心理结构更深入的理解。

第三节　大学生法律意识测评工具的开发

一、大学生法律认知测评量表的开发

法律认知作为个体法律意识活动重要的子结构,其不仅可以影响到个体的法律情绪情感活动,也是个体做出相关法律决策的关键影响变量。要从实证角度探究大学生法律认知的发展特点、内外部影响因素及心理机制问题,以及对未来法律认知的神经机制的探究,比如遵法行为的认知—脑神经回路,均需要对法律认知进行量化与测评。本研究基于前期法律认知的理论构建,结合心理测量统计学技术,开发大学生法律认知的研究工具,以期为测量大学生法律认知水平提供工具支持。

(一)研究方法

1.量表初稿的形成和检验

根据法理学中关于法律认知的相关理论,将个体对法律的认知划分为抽象法律认知和具体法律认知,两个分量表分别包含3个维度,并初步编制42个测题。然后,将初步编制的测题用于访谈。访谈的对象为大学生,访谈的内容主要为:量表题项表述的内容是否能够被理解,如果不理解怎么样修改会更合适;量表中的题项表述是否存在歧义,如果有歧义如何表述会更好;量表中题项的措辞是否通俗,如果过于学术化,是否有好的建议等。通过访谈,对测题进行了删减与修改,在请相关领域的专家进行评价并给予修改建议后加以调整,将调整后的题目再次以大学生为被试进行测度项分类。测度项分类分为两步,第一步由主试将测题顺序打乱并分别写在卡片上,要求被试进行分类,并命名每一类的主题;第二步换一批被试,由主试根据前一轮的反馈意见对测题进行调整修改后,将测题根据已有的理论划分好维度并对该维度进行命名与解释,由被试将测题进行归类。通过访谈法、专家咨询法以及测度项分类,最终确定初始问卷的 31 个测题。量表采用"完全不符合""比较不符合""不确定""比较符合""完全符合"的李克特 5 级评分方式,要求被试根据实际情况进行填写。得分越高代表被试的法律认知水平越高。

2.测试对象

预施测:选取浙江省高校的学生 88 人作为被试,其中男生 36 人,女生52 人。

正式施测:选取浙江省高校的学生共 454 人作为被试。其中:大一 110人,大二 129 人,大三 109 人,大四 106 人;男生 211 人,女生 243 人。

3.研究程序

首先,结合前期构建的法律认知的相关理论并借鉴已有的相关量表,自编《大学生法律认知量表》,咨询相关领域专家对题目进行评定和修改。其次,对预测结果进行项目分析和探索性因子分析,根据回答情况修改题目,同时对题目进行访谈,确定法律认知的结构。最后,对修改后的量表正式施测,并进行探索性因子分析和验证性因子分析,检验量表的信度和效度,形成正式量表。

4.统计处理

探索性因子分析采用主成分分析,因子旋转采用最大变异主成分分析、直接斜交旋转法,统计工具为 SPSS 21.0;验证性因子分析采用的统计工具是AMOS 21.0。

（二）研究结果

1. 项目分析

以正负一个标准差为高分组与低分组的界限，通过独立样本 t 检验，求出两组被试每题得分的平均数差异，所有题目均达显著性水平（$p<0.001$），且临界比值 t 统计量值均大于 3，表示题项的鉴别度较好。计算每个题目与总分之间的相关性，所有题目与总分的相关系数范围为 $0.40<r<0.71$。通过共同性和因子载荷量的同质性检验后得知，第 16 题的共同性值低于 0.20，因子载荷量小于 0.45，表明该题目与共同特质（法律认知）的关系不是很密切。通过极端组比较的决断值、题目与总分的相关性以及同质性检验三种项目的分析，删掉 1 个题目，最终保留 30 个题目。

2. 抽象法律认知分量表的因素分析及信效度检验

本次大学生法律认知量表的编制过程依据大学生《思想道德修养与法律基础》教材及相关理论，明确将量表分为两个分量表。在探索性因子分析时，对各个分量表进行单独分析。

（1）抽象法律认知分量表探索性因子分析。采用最大变异法对抽象法律认知量表的 16 个测度项做第一次主成分因子分析，结果表明：KMO 值为 0.91，Bartlett 球形检验的结果达到了显著水平（$p<0.001$），表明代表总体的相关矩阵间有共同因素存在，同时，反映像相关矩阵的对角线数值 MSA＞0.8，表明所有题目均适合进行因子分析。根据 $\lambda>1$ 的原则，提取 3 个因子，总解释率为 60.446%。

抽象法律认知分量表第一次因子分析共萃取了 3 个维度，3 个维度均可合理命名，分别为法律本质的认知、法律价值的认知、法律功能的认知，并将因素分析输出结果整理如表 5-24。

表 5-24　抽象法律认知分量表的因子分析结果摘要

题目	最大变异法主成分分析的旋转成分矩阵			共同度
	维度 1	维度 2	维度 3	
13	0.763			0.633
8	0.724			0.534
9	0.723			0.631

续表

题目	最大变异法主成分分析的旋转成分矩阵			共同度
	维度 1	维度 2	维度 3	
11	0.717			0.607
19	0.642			0.584
14	0.636			0.604
17	0.547			0.494
31		0.792		0.665
30		0.781		0.693
18		0.643		0.589
10		0.641		0.553
15		0.622		0.435
25		0.610		0.507
1			0.865	0.787
2			0.769	0.765
3			0.588	0.593
特征值	3.841	3.722	2.109	
解释变异量/%	24.005	23.215	12.735	60.446
累计解释变异量/%	24.005	47.265	60.446	60.446

（2）抽象法律认知分量表的信度与效度分析。本研究考察三个维度及总量表的内部一致性信度 Cronbach's α 系数和分半信度，具体信度系数值详见表 5-25。

表 5-25　各个维度及总量表的信度分析

维度	维度 1	维度 2	维度 3	总量表
Cronbach's α	0.867	0.835	0.766	0.904
分半信度	0.861	0.773	0.735	0.833

对量表的结构效度进行分析，结果显示，卡方值与自由度的比值为 3.644，小于 5，适配理想；RMSEA 为 0.076，小于 0.08，适配度理想；GFI 为 0.910，大于 0.9，结果适配良好；IFI 为 0.927，大于 0.9，结果适配良好；TLI

为 0.909，大于 0.9，结果适配良好；CFI 为 0.927，大于 0.9，结果适配良好。综合来看，量表整体的模型适配良好。具体结果见表 5-26。

表 5-26　整体拟合系数

CMIN	DF	CMIN/DF	GFI	IFI	TLI	CFI	RMSEA
353.453	97	3.644	0.910	0.927	0.909	0.927	0.076

3. 具体法律认知分量表的因子分析及信效度检验

（1）具体法律认知分量表探索性因子分析。采用直接斜交转轴法对具体法律认知量表的 14 个测度项做第一次主成分因子分析，结果表明：KMO 值为 0.907，Bartlett 球形检验的结果达到了显著水平（$p < 0.001$），表明代表总体的相关矩阵间有共同因素存在，同时，反映像相关矩阵的对角线数值 MSA > 0.85，表明所有题目均适合进行因子分析。根据 $\lambda > 1$ 的原则，提取 3 个因素，总解释率为 65.408%。由于题目 24 与原先编制的理论架构极不符合，因此予以删除。

第二次做主成分因子萃取法，结果显示：KMO 值为 0.902，Bartlett 球形检验的结果达到了显著水平（$p < 0.001$），表明代表总体的相关矩阵间有共同因素存在，同时，反映像相关矩阵的对角线数值 MSA > 0.9，表明所有题目均适合进行因子分析。根据 $\lambda > 1$ 的原则，提取 3 个因子，总解释率为 67.521%。

具体法律认知分量表第二次因子分析共萃取了 3 个维度，3 个维度均可合理命名，即宪法认知、权利认知和义务认知，并将因子分析输出结果整理如表 5-27。

表 5-27　具体法律认知分量表的因素分析结果摘要

题目	直接斜交转轴法斜交转轴后的结构成分矩阵			共同度
	维度 1	维度 2	维度 3	
4	0.768			0.616
5	0.859			0.739
6	0.811			0.664
7	0.856			0.759

续表

题目	直接斜交转轴法斜交转轴后的结构成分矩阵			共同度
	维度 1	维度 2	维度 3	
12	0.724			0.616
20		0.843		0.711
21		0.821		0.678
22		0.824		0.679
23		0.778		0.613
26			0.856	0.737
27			0.869	0.762
28			0.726	0.608
29			0.752	0.597
特征值	4.991	4.532	4.153	13.676
累计解释变异量/%	48.247	58.976	67.521	67.521

（2）具体法律认知分量表的信度与效度分析。本研究考察 3 个维度及总量表的内部一致性信度 Cronbach's α 系数分别为 0.867、0.839、0.827、0.908，分半信度采用 Spearman-Brown 折半信度，计算分量表及总量表的分半信度值分别为 0.840、0.813、0.759、0.852。详见表 5-28。

表 5-28　各个分量表及总量表的信度分析

维度	维度 1	维度 2	维度 3	总量表
Cronbach's α	0.867	0.839	0.827	0.908
分半信度	0.840	0.813	0.759	0.852

分量表的结构效度分析结果显示，卡方值与自由度的比值为 3.613，小于 5，适配理想；RMSEA 为 0.076，小于 0.08，适配度理想；GFI 为 0.935，大于 0.9，适配理想；IFI 为 0.951，大于 0.9，结果适配良好；TLI 为 0.934，大于 0.9，结果适配良好；CFI 为 0.951，大于 0.9，结果适配良好。综合来看，量表整体的模型适配良好。具体结果见表 5-29。

表 5-29　整体拟合系数

CMIN	DF	CMIN/DF	GFI	IFI	TLI	CFI	RMSEA
209.581	58	3.613	0.935	0.951	0.934	0.951	0.076

（三）结果讨论

1. 效度

（1）内容效度。本研究基于文献回顾及访谈结果确定了大学生法律认知分为抽象法律认知和具体法律认知，并采取分量表的方式对题目进行因子分析。其中抽象法律认知包括对法律本质的认知、法律价值的认知、法律功能的认知。具体法律认知包括宪法认知、权利认知和义务认知。在对每个分量表的各个维度的条目进行筛选时，先采用主观评定法修订量表的表面效度和内容效度，确定可用于施测的初始量表条目。同时，在编制量表的过程中，结合了大学生的相关法律基础公选课这种可以反映当代大学生法律认知发展的材料以及与该课程教师的访谈结果、专家咨询建议等，确定量表的题目，确保题目内容简明扼要、措辞精准无歧义。

（2）结构效度。该量表具有较好的结构效度。通过探索性因子分析，对各个分量表进行了主成分分析，进一步确定了量表的结构，并在对个别题项调整的基础上，对最终确定的条目进行了验证性因子分析。验证性因子分析结果表明，卡方值与自由度的比值，GFI、AGFI、IFI、CFI、RMSEA 值均达标，这说明数据与理论模型拟合度较好，量表具有较好的结构效度。

2. 信度

本研究采用了 Cronbach's α 系数和分半信度考察了量表的信度情况，结果表明，量表的信度水平均达到可以接受的标准。这说明，大学生法律认知测评量表是一个信度较好的测评工具。

在整个量表的编制过程中，探索流程比较规范，且每一步均经过仔细筛选，例如在半结构式访谈的过程中，结合了多种访谈对象的视角（大学生、大学法律基础公选课的教师、相关领域的专家等），尽可能保证了测题的科学性和客观性；对量表进行探索性因子分析和验证性因子分析的过程中，研究者秉持科学严谨的态度，如探索性因子分析的时候，每次只删除 1 个题目，在需要删除 3 个以上题目的时候，就重新施测 1 次。量表的内部一致性信度、分半信度、结构效度均符合心理测量学的基本要求。

本研究的局限性体现在:第一,样本主要选取的是浙江省高校的大学生,后续研究可以在全国范围内进一步收集数据,并构建全国大学生法律认知量表的常模;第二,本研究缺乏效标关联效度,在之后的研究中可以考虑用其他相关量表进行效标效度验证。

综上所述,本次开发的大学生法律认知量表的心理测量学特征较为理想,在我国大学生中具有较好的信效度,可作为大学生法律认知水平的测评工具。

二、大学生法律情感测评量表的开发

法律情感是个体对现行法律体系及其运行的态度体验和反应。法律情感不仅影响到个体对法律的认知,还会影响到群体社会成员对司法的态度,进而与法治社会的建设亦有密切关系。大学生作为法治社会建设的重要人才储备资源,在校阶段既是其对国家法律制度的重要学习阶段,也是其法律情感发展的重要时期。研究大学生法律情感的发展特点及影响因素,不仅对如何更好地培育大学生积极的法律情感具有重要意义,更是为法治社会培育高法律素养公民的重要举措。

所以,编制信效度较高的大学生法律情感量表的要求十分迫切。在我国进入"共同治理"社会的时期,需要能够有高效科学地测评当代大学生法律情感的工具,为科学评价高校的法治教育成效和法律情感的实证研究奠定基础。

(一)研究方法

1. 量表初稿的形成和检验

根据法理学、心理学乃至教育学中关于法律情感的相关理论,对法律情感的内涵特征、分类进行整理分析,将法律情感分为两大类,即积极的法律情感和消极的法律情感,并根据心理学中情绪情感的相关研究,将积极的法律情感和消极的法律情感进一步划分为若干个因素,并将这些因子转变为可测量的要素。在此基础上,初步建立测评工具的题库,建立题库时要确保每个因子的题目不少于 8 个。然后,就初步编制的测题进行访谈。访谈的内容主要为:量表题项表述的内容是否能够被理解,如果不理解怎样修改会更合适;量表中的题项表述是否存在歧义,如果有歧义如何表述会更好;量表中题项的措辞是否通俗,如果过于学术化,是否有更好的建议;以及每个因子包含的题目彼此之间是否能够相互印证,不同因子的题目是否可以互换等。对大学生进行深入访谈后,对测题进行删减与修改,然后请相关领域的专家进行评价并给予修改建议,之后再一次以大学生为被试做测度项分类,其目的是验证分量表的各个因子划分是否合适。测度项分类分为两步,第一步由主试将测题顺序打乱并分别写在卡片上,要求被试进行分类,并命名每一类的主题;第二步换一批被试,由主试根据前一轮的反馈意见对测题进行调整修改后,将测题根据已有的理论划分好维度并对该维度进行命名与解释,由被试将测题进行归类。通过访谈法、专家评定法以及测度项分类,最终确定初始问卷57 个测题。量表采用"完全不符合""比较不符合""不确定""比较符合""完全符合"的李克特 5 级评分方式,要求被试根据实际情况进行填写。得分越高代表被试的法律情感水平越高。

2.测试对象

初测:选取浙江省某高校的大学生作为被试,第一次发放量表 100 份,有效回收的问卷 88 份,有效调查对象中男生 34 人,女生 54 人。

复测:选取浙江省某高校的学生共 246 人作为被试。其中:大一 18 人,大二 162 人,大三 28 人,大四 38 人;男生 65 人,女生 181 人;文科专业的学生225 人,理科专业的学生 21 人。

3.研究程序

首先,结合法律情感的相关理论并借鉴已有的情绪情感等量表,自编《大学生法律情感量表》,请相关领域专家对题目进行评定和修改,并进行预测。其次,对预测结果进行项目分析和探索性因子分析,根据回答情况修改题目,同时就题目进行访谈,确定法律情感量表的结构。最后,对修改后的量表正式施测,并进行项目分析和因子分析,检验量表的信度和效度,形成正式量表。

4.统计处理

探索性因子分析采用主成分分析,因子旋转采用正交旋转,统计工具为SPSS 21.0。验证性因子分析采用的统计工具是 AMOS 21.0。

(二)研究结果

1. 项目分析

以量表加总后各被试总分的27%为高低分组的界限,采用独立样本 t 检验求出高低两组被试各试题平均数的差异显著性,结果显示各个题项均达显著性水平($p<0.001$),决断值 t 统计量的标准值 CR>3,表示题目的鉴别度较好。计算每个题目与总分之间的相关性,除了第6题和第8题外($r_6=0.328,r_8=0.260,p=0.000$),剩余题目与总分的相关性都可以被接受($r>0.4$)。项目分析后删除第6和第8两个题目,其他题目予以保留。对55个题目进行内部一致性检验,α 系数值为0.944,表示其信度高,测量误差值小。一般而言,共同性值低于0.20,表示题目与共同因素间的关系不密切,此题可考虑删除。数据分析发现,第1、2、3、4、5、7、9、14、15、17、18、21、22、23、24、26、27、28、32、33、38题共同性低于0.2,表明该题目与共同因素"法律情感"程度关系微弱,依此标准可考虑删除。再看成分矩阵表,若是题目因子载荷量小于0.45,可考虑将之删除。从成分矩阵中可以发现:第1、2、3、4、5、7、9、14、15、17、18、21、22、23、24、26、27、28、32、33、38题因子载荷量小于0.45,其余题目的因子载荷量均大于0.45。

2. 探索性因子分析

经项目分析程序后,为检验法律情感量表的结构效度,对保留的34个题目进行探索性因子分析。根据法律情感的理论构想,将法律情感分为积极法律情感和消极法律情感两个分量表,然后分别进行探索性因子分析。

(1)积极法律情感量表探索性因子分析。采用方差极大旋转法对积极法律情感分量表的11个测度项做主成分因子分析,结果表明:KMO值为0.906,Bartlett球形检验的卡方值为1228.334,自由度为55,结果达到了显著水平($p<0.001$),表明变量间有共同因素存在,数据适合做因子分析。反映像矩阵数据表中,对角线数值MSA值均大于0.8,表示所有题目适合进行因子分析。

在编制量表时,将积极法律情感归类为3个明确的因子,故采取限定抽取共同因素法萃取3个因子,总解释率为68.802%。3个因子包含的题目与开发量表时的理论构想基本吻合,故积极法律情感3个维度分别命名为:法律信任感、法律期待感和法律兴趣(见表5-30)。

表 5-30　积极法律情感量表的旋转成分矩阵

题目	法律信任感	法律期待感	法律兴趣
13	0.827		
11	0.789		
10	0.707		
12	0.668		
20		0.774	
19		0.743	
16		0.676	
25		0.614	
30			0.817
29			0.798
31			0.724
因子载荷量平方	2.808	2.411	2.349
累计解释变异量/%	68.802		

（2）消极法律情感量表探索性因子分析。采取最大变异法对消极法律情感的 23 个题目进行探索性因子分析，KMO 值为 0.943，Bartlett 球形检验的卡方值为 4608.429，自由度为 253，结果达显著水平（$p < 0.001$），表明变量适合进行因子分析。每个题目的反映像相关矩阵的 MSA 值均大于 0.85，表示每个题目都适合进行因子分析，且每个题目的共同性均大于 0.2。根据 $\lambda > 1$ 的原则，结合碎石图，抽取 3 个公因子，可解释的方差累计贡献率为 68.245%。由于第 47 题在因子 1 和因子 2 上的载荷接近（在因子 1 和因子 2 上的载荷分别为 0.594 和 0.560），因此将该题目删除，对保留的 22 个题目重新做主成分分析。

第二次主成分因子分析结果显示：KMO 值为 0.942，Bartlett 球形检验的结果达到了显著水平（$p < 0.001$），卡方值为 1040.143，自由度为 120，每个题目的反映像矩阵的 MSA 值均大于 0.85，表明适合进行因子分析。根据 $\lambda > 1$ 的原则，结合碎石图，抽取 3 个公因子，可解释的方差累计贡献率为 68.357%。根据探索性因子分析结果可将消极法律情感量表分为 3 个维度，根据每个维度所包含的题目可对其命名。维度 1：法律厌恶感；维度 2：法律蔑视感;维度 3:法律失望感。详见表 5-31。

表 5-31　消极法律情感量表的旋转成分矩阵

题目	法律厌恶感	法律蔑视感	法律失望感	共同度
54	0.775			0.652
55	0.759			0.717
50	0.757			0.663
52	0.697			0.602
53	0.688			0.727
56	0.684			0.712
48	0.679			0.544
49	0.674			0.772
42	0.597			0.510
45		0.812		0.759
43		0.808		0.798
40		0.766		0.817
41		0.668		0.697
44		0.642		0.708
51		0.631		0.756
57		0.603		0.649
46		0.559		0.463
35			0.876	0.797
36			0.821	0.739
39			0.770	0.685
34			0.754	0.701
37			0.690	0.571
因子载荷量平方	6.029	5.190	3.820	
累计解释变异量/%	68.358			

3.信度与效度分析

(1)信度分析。本研究两个分量表各个维度的内部一致性信度

Cronbach's α 系数和分半信度系数详见表5-32。

表 5-32　两个分量表各个因子的信度系数

因子	法律信任感	法律期待感	法律兴趣	法律厌恶感	法律蔑视感	法律失望感
Cronbach's α	0.81	0.84	0.79	0.93	0.93	0.88
分半信度	0.80	0.85	0.78	0.92	0.93	0.85

（2）效度分析。对两个分量表的结构效度分析结果显示，卡方值与自由度的比值均小于5，适配理想；RMSEA 小于0.08，适配理想；GFI、IFI、TLI、CFI 的值均大于0.9，结果适配良好。综合来看，两个分量表整体的模型适配良好。具体结果见表5-29，数据结果详见表5-33。

表 5-33　两个分量表的效度分析

序号	CMIN	DF	CMIN/DF	GFI	AGFI	IFI	TLI	CFI	RMSEA
1	9.976	5	1.995	0.987	0.946	0.993	0.978	0.993	0.064
2	9.051	5	2.846	0.962	0.962	0.905	0.972	0.998	0.071

注：序号1代表积极法律情感分量表；序号2代表消极法律情感分量表。

（三）结果讨论

1.效度

本研究基于文献回顾及访谈结果将大学生法律情感分为两种，即积极法律情感和消极法律情感，每种法律情感下又包括3个维度。在阅读文献以及访谈、个案分析的基础上，先采用主观评定法修订量表的表面效度和内容效度，确定可用于施测的初始量表条目。同时，在编制量表的过程中，结合了大学生《思想道德修养与法律基础》教材这种可以反映大学生法律情感发展的材料以及与该课程教师的访谈结果、专家评审建议等，确定量表的题目，确保题目内容简明扼要、措辞精准无歧义。

2.信度

本研究采用了 Cronbach's α 系数和分半信度考察了量表的信度情况，结果表明，量表的信度水平均达到可以接受的标准。这说明，大学生法律情感测评量表是一个信度较好的测评工具。

在整个量表的编制过程中，探索流程比较规范，且每一步均经过仔细筛选，例如在半结构式访谈的过程中，结合了多种访谈对象的视角（大学生、大学教师、相关领域的专家等),尽可能保证了测题的科学性和客观性;在对量表进行因子分析的过程中,研究者秉持科学严谨的态度,如探索性因子分析的时候,每次只删除 1 个题目,在需要删除 3 个以上题目的时候,就重新施测 1 次。量表的内部一致性信度、分半信度、结构效度均符合心理测量学的基本要求。

三、大学生法律动机测评量表的开发

法律动机对引导青少年学习法律知识、遵守法律规范及践行法律精神具有积极意义。动机的相关研究表明,个体的学习动机会影响到其正在进行的学习活动。[196]动机与认知、行为间存在密切关系。那么,我们认为法律动机对个体的法律认知及法律活动也存在各种联系。故而,一个可以量化个体法律动机的测评工具是探究个体法律认知、法律情绪等各子结构内部交互作用的前提,也是探究法律动机对行为影响程度的基础。故而,本研究试图开发一个适用于测评大学生法律动机的工具,为大学生法律动机的研究提供工具基础。

(一)研究方法

1.量表初稿的形成和检验

依据法理学中关于法律意识相关理论、心理学中动机的相关理论,以及结合大学生法律意识的发展现状,从知法、守法、用法 3 个维度构建大学生法律动机量表的理论框架。通过文献综述以及个案访谈梳理出大学生法律动机各个维度的内涵,基于此参考相关的动机量表,初步拟定量表题库。再通过课题组讨论与焦点小组讨论后,对量表的项目进行修改、删除和完善,形成初稿,共包含 3 个维度 29 个项目。同时邀请了法理学、教育学、心理学领域的学者对题目的适切性给出修改意见,并遵从修改意见进一步完善量表。

通过访谈、专家评定以及测度项分类后,最终确定初始问卷的 29 个测题。量表采用"完全不符合""比较不符合""不确定""比较符合""完全符合"的李克特 5 级评分方式,要求被试根据实际情况进行填写。得分越高代表被试的法律动机水平越高。

2.测试对象

预调查:采用方便取样法选取浙江省某市大学生 98 人作为被试进行调

查,其中男生 38 人,女生 60 人。每份量表的调查时间为 5～8 分钟,预调查的内部一致性系数值为 0.82,提示量表信度较好。

正式调查:选取浙江省某高校大学生共 453 人作为被试。其中:大一 53 人,大二 106 人,大三 159 人,大四 135 人;男生 190 人,女生 263 人。

3.研究程序

首先,结合动机理论及在前期建构的法律动机的相关理论并借鉴已有的相关量表,自编《大学生法律动机测评量表》,请相关领域专家对题目进行评定和修改,并进行预测。其次,对预测结果进行项目分析和探索性因子分析,根据回答情况进行题目修改,同时就题目进行访谈,确定法律动机的结构。最后,对修改后的量表正式施测,并进行探索性因子分析和验证性因子分析,检验量表的信度和效度,形成正式量表。

4.统计处理

探索性因子分析采用主成分分析,因子旋转采用直接斜交转轴法斜交转轴,统计工具为 SPSS 21.0;验证性因子分析采用的统计工具是 AMOS 21.0。

(二)研究结果

1.项目分析

以正负一个标准差为高分组与低分组的界限,通过独立样本 t 检验,求出两组被试在每个题目上得分的平均数差异,所有题目均达显著性水平($p<0.001$),且临界比值 t 统计量值均大于 3,表示题项的鉴别度较好。计算每个题目与总分之间的相关性,除了第 24 题外($r=0.30$,表明此题与量表构念只是一种低相关度关系,题项与量表构念间的关系不是十分密切),其他题目与总分的相关系数范围($0.4<r<0.7$)符合统计学要求。通过同质性和因子载荷量的同质性检验后得知,题目 7、18、22、23、24、25 的共同性值低于 0.20,因子载荷量小于 0.45,表明这几个题目与共同特质(法律动机)的关系不是很密切。通过极端组比较的决断值、题目与总分的相关性以及同质性检验三种项目分析,删掉 6 个题目,最终保留 23 个题目。

2.探索性因子分析

采用直接斜交转轴法对法律动机量表的 23 个测度项做第一次主成分因子分析,结果表明:KMO 值为 0.94,Bartlett 球形检验的结果达到了显著水平($p<0.001$),表明代表总体的相关矩阵间有共同因素存在,同时,反映像相关

矩阵的对角线数值 MSA＞0.9,表明所有题目均适合进行因子分析。根据λ＞1 的原则,提取 3 个维度,总解释率为 56.098％。由于题目 26 在维度 1 和维度 2 上的因子载荷量接近(在维度 1 和维度 2 上的载荷分别为 0.552 和 0.493),因此将该题目删除,对保留的 22 个测度项重新做因子分析。

第二次做主成分因子萃取法,结果显示:KMO 值为 0.938,Bartlett 球形检验的结果达到了显著水平(p＜0.001),表明代表总体的相关矩阵间有共同因素存在,同时,反映像相关矩阵的对角线数值 MSA＞0.9,表明所有题目均适合进行因子分析。根据 λ ＞ 1 的原则,提取 3 个维度,总解释率为 57.121％。

法律动机量表第二次因子分析共萃取了 3 个维度,3 个维度均可合理命名,且和前期的理论构建基本符合,即命名为知法动机、守法动机和用法动机,将因子分析输出结果整理如表 5-34。

表 5-34 法律动机量表的因子分析结果摘要

题目	直接斜交转轴法斜交转轴后的旋转成分矩阵			共同度
	维度 1	维度 2	维度 3	
20	0.771			0.595
29	0.767			0.603
27	0.735			0.573
19	0.711			0.506
17	0.690			0.555
11	0.677			0.533
13	0.668			0.553
9	0.613			0.421
15		0.782		0.658
14		0.776		0.622
21		0.766		0.641
28		0.756		0.576
8		0.754		0.592
12		0.752		0.569

题目	直接斜交转轴法斜交转轴后的旋转成分矩阵			共同度
	维度 1	维度 2	维度 3	
16		0.723		0.530
10		0.650		0.516
4			0.777	0.631
5			0.772	0.621
2			0.756	0.652
3			0.732	0.599
1			0.673	0.558
6			0.664	0.464
累计解释变异量/%				57.121

3. 信度与效度分析

(1)信度分析。本研究考察三个分量表及总量表的内部一致性信度 Cronbach's α 系数分别为 0.873、0.890、0.841、0.929,分半信度采用 Spearman-Brown 折半信度,计算分量表及总量表的分半信度值分别为 0.865、0.898、0.807、0.819。详见表 5-35。

表 5-35　各个分量表及总量表的信度分析

维度	维度 1	维度 2	维度 3	总量表
Cronbach's α	0.873	0.890	0.841	0.929
分半信度	0.865	0.898	0.807	0.819

(2)结构效度分析。验证性因子分析结果显示,卡方值与自由度的比值为 3.109,小于 5,适配理想;RMSEA 为 0.068,小于 0.08,适配度理想;IFI 为 0.914,大于 0.9,结果适配良好;TLI 为 0.902,大于 0.9,结果适配良好;CFI 为 0.914,大于 0.9,结果适配良好。综合来看,量表整体的模型适配良好。具体结果见表 5-36。

表 5-36　整体拟合系数

CMIN	DF	CMIN/DF	IFI	TLI	CFI	RMSEA
631.214	203	3.109	0.914	0.902	0.914	0.068

（三）结果讨论

1.量表的编制过程

本研究以相关理论为基础,严格按照心理量表编制原则,经过文献分析、小组讨论、专家咨询、预调查等过程设计和修改完善量表,最后形成了知法、守法、用法 3 个维度 22 个项目的大学生法律动机测量量表。专家咨询采用邮件、微信等方法咨询了 6 位专家,专家研究方向涉及心理学、教育学、法学等领域,通过合理吸收专家意见后对量表题目进行调整,使量表项目更规范和严谨。将经严格筛选的项目投入正式调查中,调查数据也按照统计学标准进行筛选,保证了调查过程和数据分析的可靠性。故本量表开发过程严谨,具有较高的科学性。

2.量表的信效度分析

本量表具有较好的结构效度。通过探索性因子分析,在对个别题项调整的基础上,对最终确定的 22 个项目以另外一批数据进行了验证性因子分析。验证性因子分析结果表明,卡方值与自由度的比值为 3.109,TLI、IFI、CFI 值均在 0.9 以上,RMSEA<0.08,这说明数据与理论模型拟合度较好,量表具有较好的结构效度。

本研究采用了 Cronbach's α 系数和分半信度考察了量表的信度情况,结果表明,各个维度及总量表的信度水平均在 0.8 以上。这说明,大学生法律动机测评量表是一个信度较好的测评工具。

综上所述,大学生法律动机测评量表经过了严格的量表编制过程,具有良好的信度和效度。应用本量表能够有效地获得大学生的知法、守法、用法动机,为进一步针对性地提高大学生法律意识水平的法治教育提供有价值的参考数据,也为评估大学生法治教育效果提供了科学的工具。

第六章　小学生法律意识的实证研究

第一节　小学生法律认知的发展特点、影响因素及机制探究

一、引言及理论假设

同伴依恋是青少年与同龄人之间发展起来的一种亲密的、互助互利的关系。随着儿童步入小学,他们与同伴相处的时间逐步超过与父母的相处时间。相关研究表明,个体与同伴建立起来的依恋关系对他们的人际关系和心理资本的发展具有重要影响作用[197],同伴依恋对个体的知—信—行具有显著影响作用[198],同伴关系的好坏直接影响儿童的情绪、行为及学业成绩。[199]法治教育是小学生的重要课程内容之一,小学生法律认知水平是该课程教学效果衡量的重要指标之一。同时,本书前期关于法律认知发展的影响因素中提及的关系是个体法律认知发展水平的重要影响要素。据此,本研究假设同伴依恋可显著预测小学生的法律认知发展水平。自尊是指个体在自我价值评价的基础上形成的情感体验,它对个体的社会性发展具有重要意义。[200]依恋理论提出个体早期的人际互动会形成内部工作模式,即个体对自己能力及自尊的整体觉知。自尊会影响个体的认知动机情感及行为。[201]相关研究亦证实,自尊是青少年与社会适应的中介变量。[202]法律是主流文化价值观的重要组成部分,法律认知水平一定程度上反映了个体对社会的适应性。故此,本研究假设自尊在小学生同伴依恋对法律认知的影响过程中起到了中介作用。校园欺凌指力量较强一方对力量较弱一方进行持续的、蓄意的攻击,从

121

而使被欺凌者造成严重的心理问题。目前法学界提出通过提高学生的法律认知水平来达到对校园欺凌的控制,故而,本研究也预期揭示校园欺凌对法律认知的影响机制。

综上所述,本研究在调查小学生法律认知发展特点的基础上,揭示同伴依恋、自尊、校园欺凌对法律认知的影响,以及同伴依恋、自尊和法律认知之间的内部机制。

二、研究方法

(一)被试与施测程序

被试选取的是浙江省温州市的小学生,由接受过专业训练的主试利用自习课时间进行纸笔团体施测。在剔除无效数据后,保留有效数据 474 份。其中:四年级学生 68 人,五年级学生 134 人,六年级学生 121 人,七年级学生 151 人;男生 251 人,女生 223 人。

(二)研究工具

小学生法律认知测评量表由徐淑慧在 2019 年编制,量表共有 16 个题目,包含 5 个维度,分别是法律价值认知、概括性知识认知、具体权利认知、义务认知以及法律实践认知。该量表采用的是李克特 5 级评分法,1—5 分代表从"完全不符合"到"完全符合"。得分越高代表被试的法律认知水平越高,代表被试对现行国家法律的价值、具体的法律知识以及特定权利义务等有着较高水平的认同。量表的内部一致性信度 Cronbach's α 系数为 0.763,分半信度采用奇偶分半法,计算量表的分半信度为 0.702。本次研究中量表的 Cronbach's α 系数为 0.849。

同伴依恋量表采用张迎黎等在 2011 年修订的中文版青少年父母与同伴依恋问卷(inventory of parent and peer attachment,IPPA)量表中的同伴依恋分量表,分量表共计 25 个题目,包含信任、沟通、疏离 3 个维度,采用 5 点计分,1="从不",5="总是",其中同伴依恋总分是将疏离感维度的题目全部反向计分,再与信任和沟通两个维度的得分相加后的得分。总分得分越高说明依恋水平越高。该研究中量表的内部一致性系数为 0.909。

自尊量表(Rosenberg self-esteem scale,RSES)由 Rosenberg 在 1965 年编制,共 10 道题,采用李克特 4 点评分,从"很不符合"到"很符合",得分越高说明个体的自尊水平越高,对自我的评价越积极。本研究中该量表的 Cronbach's α 系数为 0.85。

校园欺凌量表由徐淑慧在 2018 年编制。问卷分为三个维度,分别是关系欺凌、语言行为欺凌和综合欺凌。量表共 17 个题目,采用的是李克特 5 级评分法,1—5 分代表从"完全不符合"到"完全符合"。得分越高代表被试卷入校园欺凌的可能性越高。校园欺凌量表及三个维度的内部一致性信度 Cronbach's α 系数分别为 0.885、0.792、0.729、0.742,总量表的结构效度值 CMIN/DF 为 1.389,GFI 为 0.923,IFI 为 0.951,TLI 为 0.941,CFI 为 0.950,RMSEA 为 0.044。该研究中量表的内部一致性系数为 0.931。

（三）统计方法

采用 SPSS 23.0、AMOS 23.0 以及 Hayes（2013）开发的 SPSS 宏程序 Process 进行数据处理与分析。统计分析方法主要有 t 检验、单因素方差分析、回归分析、中介效应和调节效应检验等。

三、研究结果

（一）共同方法偏差检验

采用 Harman 单因子检验法对调查数据进行共同方法偏差分析。对收集的数据共 68 个条目进行因子分析,结果发现特征根大于 1 的公因子有 12 个,解释 60.23％的变异,第一个因子的方差变异解释率为 26％,小于 40％的临界值,说明数据不存在显著的共同方法偏差。

（二）小学生法律认知的发展特征

1. 小学生法律认知的总体发展状况

被试法律认知总分在中等水平（67 分）以上的分数占到总人数的 55％,说明小学生整体法律认知发展处在中等偏上水平;在法律认知各维度中法律价值认知得分最高,最低的是法律实践认知得分。量表总分及各维度的平均值和标准差见表 6-1。

表 6-1　小学生法律认知的总体特征

认知维度	法律价值认知	概括性知识认知	具体权利认知	具体义务认知	法律实践认知	总法律认知
均值	4.340	4.267	4.225	4.056	4.029	66.930
标准差	0.741	0.828	0.776	0.830	0.757	9.529

2.小学生法律认知总分及各维度的性别和年级特征

(1)小学生法律认知的性别差异检验。对小学生法律认知及各维度得分做独立样本 t 检验,结果显示,法律认知总分及各维度在性别上均不存在显著差异。

(2)小学生法律认知的年级差异检验。方差分析结果显示,法律认知及各维度均不存在显著的年级差异。

(三)小学生法律认知的影响因素

1.法律认知与各个影响因素之间的相关分析

相关分析结果表明,法律认知与同伴依恋、自尊呈显著正相关,与校园欺凌呈显著负相关。具体结果见表 6-2。

表 6-2　法律认知与同伴依恋及校园欺凌、自尊的描述性统计及相关分析结果摘要

变量	均值±标准差	法律认知	同伴依恋	校园欺凌	自尊
法律认知	66.930±9.529	1			
同伴依恋	3.819±0.659	0.436***	1		
校园欺凌	1.635±0.685	−0.289***	−0.546***	1	
自尊	37.493±8.049	0.441***	0.568***	−0.473***	1

注:* $p<0.01$;** $p<0.05$;*** $p<0.001$。

2.各个影响因素对法律认知的回归分析

从复回归分析结果可以发现,三个自变量与法律认知的相关系数为0.495,多元相关系数的平方为0.245,表示三个自变量共可解释法律认知这一变量24.5%的变异量。自变量的标准化回归系数是正数的,表示对法律认知的影响为正向;标准化回归系数是负数的,表示对法律认知的影响为负向。在回归模型中,对法律认知有显著影响的预测变量有自尊和同伴依恋。这两

个预测变量的标准化回归系数 β 绝对值基本相同,表示两个预测变量对法律认知的解释力程度相似;校园欺凌变量的回归系数未达显著,表示它对法律认知这一效标变量的变异解释甚小(见表 6-3)。

表 6-3　自尊、校园欺凌、同伴依恋对法律认知的复回归分析摘要

预测变量	B	标准误	Beta(β)	t 值
(常数)	39.505	3.610		10.942***
自尊	0.335	0.059	0.283	5.652***
校园欺凌	−0.005	0.040	−0.006	−0.130
同伴依恋	3.928	0.761	0.272	5.163***
	$R=0.495$　$R^2=0.245$　调整后 $R^2=0.241$　$F=50.929^{***}$			

注:* $p<0.01$;** $p<0.05$;*** $p<0.001$。

（四）小学生同伴依恋与法律认知的关系:自尊的中介效应

使用 Hayes 编制的 Process 宏程序,分析自尊的中介作用。同伴依恋作为自变量,法律认知作为因变量,自尊作为中介变量,对性别年级变量进行控制,根据 Process 程序中的模型 4 进行多元层次回归分析,检验的结果(见表 6-4)表明:同伴依恋显著预测法律认知,同伴依恋显著预测自尊,同伴依恋和自尊显著预测法律认知。加入自尊后,同伴依恋对法律认知的影响依然显著,所以自尊在同伴依恋与法律认知之间起部分中介作用。

表 6-4　同伴依恋与法律认知关系的中介模型

变量	法律认知		自尊		法律认知	
	β	t	β	t	β	t
(常数)	36.615	12.489***	14.451	6.459***	41.622	14.294***
同伴依恋	4.008	5.705***	6.807	14.701***	6.367	10.565***
自尊	0.347	5.982***				
年级	0.557	1.526	−0.512	−1.767	0.379	1.007
性别	0.331	0.432	−1.052	−1.730	−0.033	−0.042
R^2	0.249		0.332		0.192	
F	38.957***		77.686***		37.260***	

注:* $p<0.01$;** $p<0.05$;*** $p<0.001$。

采用 Bootstrap 法重复抽样 5000 次,分别计算 95％的置信区间,结果显示,检验的各条路径所对应的置信区间均未包含 0,说明中介效应显著,其中直接效应占比为 63％,间接效应占比为 37％。结果详见表 6-5。

表 6-5　总效应、直接效应及中介效应分解

维度	Effect	BootSE	BootLLCI	BootULCI	效应占比/％
间接效应	2.359	0.380	1.649	3.134	37
直接效应	4.008	0.885	2.347	5.756	63
总效应	6.367	0.795	4.827	7.951	—

四、分析讨论

本研究发现,小学高年级学生法律认知的总体水平发展良好。这说明,在我国依法治国的大背景下以及小学生《道德与法治》课程的熏陶与教育下,小学生法律认知水平发展良好。但小学生法律认知在性别和年级上均不存在显著差异。这一点值得引起学校重视,因为一般情况下,随着年级的升高,小学生吸收的知识量也是递增的,如果法律认知不存在年级差异,那么就质疑法治教育的效果。当然,存在这一现象还有另外一种可能性,就是小学生在六年级才开始正式接受有关法律的基础知识,在接受调研研究的时候,法治教育效果还未体现出来,故而没有年级差异。

在自尊、校园欺凌、同伴依恋对法律认知的回归模型中,自尊和同伴依恋可显著预测法律认知。自尊在同伴依恋与法律认知之间起部分中介效应。这表明,同伴依恋不仅可以直接影响法律认知,也可以通过自尊间接影响法律认知。在小学生有着良好的同伴关系的时候,他们会觉得自己是有价值的,是重要的,这会促使他们对周围事物建立起更为积极的认知与预期,比如对法律的认知,这同样也会导致其较高水平的自尊。自尊是个体对自我的一种知觉并在此基础上的情感体验,这种知觉会影响到个体对他人和社会的认知加工,其中必然包括对法律的认知加工。

第二节　小学生法律情感的发展特点、影响因素及心理机制

一、引言及理论假设

个体所在的社会环境由宏观、中观和微观三个系统组成。亲子关系、同伴关系、师生关系属于微观系统,这一系统对个体的发展影响也是最为紧密的。法律情感作为个体对国家现行法律制度的情绪情感体验,是在个体的各种社会关系中形成和发展的,对此,本研究着重考察亲子关系、同伴关系、师生关系及自我意识对个体法律情感的影响。关系发展系统论强调个体所处的多样化环境之间的交互作用会对个体产生系统性影响。[203]亲子关系是影响个体时间最久的第一关系,师生关系一定程度上可作为亲子关系不足的"补偿"性关系,同伴关系则是儿童心理健康发展直接的影响变量,三者如何影响小学高年级学生的法律情感以及彼此之间的交互作用如何,是本研究预探究的问题。

亲子关系对儿童青少年的社会适应具有重要作用。[204]相关研究表明,父亲教养投入通过自尊影响儿童的孤独感,母亲教养投入同时通过同伴依恋与自尊影响儿童的孤独感。[205]自尊会受到亲子关系的影响,积极有效的亲子互动会促使青少年产生积极的自我评价,从而有利于个体自尊水平的提升。[206]良好的亲子关系作为家庭系统的保护性因素,能够促进个体自尊的发展,提升个体的社会适应能力和心理健康发展水平。[207]高知觉敏感性的儿童容易受父母婚姻冲突的紧张家庭氛围影响,并将父母消极的互动模式运用到自己的人际交往中,从而在同伴互动中表现出更多问题行为,最终导致同伴关系不良。[208]小学生的心理素质与同伴关系呈显著正相关,同伴关系在心理素质对孤独感的关系中起中介作用。[209]受到同伴侵害的儿童更倾向于使用回避应对策略,且同伴侵害负向预测自尊水平。[210]同伴关系和师生关系通过安全感对个体社交焦虑产生影响。[211]基于以上研究结果,本研究假设同伴关系可能是亲子关系与法律情感之间的中介变量。

师生关系是儿童社会化过程中重要的社会关系之一,良好的师生关系对

儿童的社会化发展具有积极的影响作用。[212]已有研究表明,师生关系、同伴关系、亲子关系对小学生心理资本水平均有影响,其中师生关系影响力最强。同时,师生关系通过同伴关系的中介作用对其心理资本产生影响,且师生关系对心理资本的直接效应以及同伴关系的中介效应受到亲子关系的调节。[213]因此,本研究推测,师生关系在小学生亲子关系与法律情感之间起到中介作用。

自我意识是个体关于自我及其与周围环境关系的认知和评价。[214]小学阶段是个体自我意识发展的重要时期,良好的自我意识是儿童心理和行为发展的一个重要保护因素,儿童自我意识总分与孤独感总分存在显著负相关。[215]有问题行为的儿童青少年的自我意识水平异常,儿童自我意识与行为问题呈负相关。[216]有焦虑障碍的儿童的自我意识水平得分均低于正常儿童。[217]对流浪儿童的调查亦发现,他们的自我意识通过人格的中介作用对其问题行为发挥作用,这里的问题行为包括情绪症状问题。[218]流动儿童的自尊、自我意识与社会支持存在显著相关。[219]社会认知理论认为,认知、环境和行为三个因素相互作用,认知因素作为刺激和反应的中介器,决定了个体在面对环境刺激时表现出来的行为状态。相关研究也证实了自我意识在同伴友谊质量和社会适应性之间起中介作用,师生关系调节了同伴友谊质量通过自我意识影响社会适应性的中介过程。[220]社会计量模型理论亦认为,自尊本质上是对社交关系的衡量,同时也对个体社交活动起到指示的作用。低自尊水平的个体与社会的联结较弱,相应地表现为他们对社会规范的适应性也较差。[221]自尊包括能力感和价值感两个维度。能力感主要指个体对自己应对生活中各种挑战的能力的主观评价,价值感则是个体基于在人际交往中的经验而对自我符合社会价值标准的主观评价。[222]故此,本研究假设作为自我意识的重要组成部分的自尊可能是亲子关系与法律情感之间的重要调节变量。

总之,本研究拟考察以下几个内容:第一,亲子关系、同伴关系、师生关系、自我意识、自尊对小学生法律情感的影响;第二,同伴关系和师生关系在其间的中介作用;第三,小学生自尊对此中介过程的调节作用。换言之,本研究将通过建立一个有调节的中介模型来揭示小学生法律情感的影响机制。在揭示法律情感影响机制的过程中,考虑到性别、年级等方面存在的差异,因此在构建有调节的中介模型时,会将这些人口学变量纳入模型中进行控制。

二、研究方法

(一)被试与施测程序

本研究以班级为单位从温州市某小学选取四年级、五年级、六年级的学生为研究对象。由接受过专业施测训练的主试利用自习课进行团体施测。共发放量表 550 份,最后回收有效量表 532 份,回收率 96.73%。被试中,男生 272 人(51.1%),女生 260 人(48.9%);四年级学生 188 人(35.3%),五年级学生 176 人(33.1%),六年级学生 168 人(31.6%)。被试年龄在 9 至 12 岁,平均年龄为 10.55±0.85 岁。

(二)研究工具

小学生法律情感量表由徐淑慧在 2021 年编制。该量表分为积极法律情感和消极法律情感两个分量表:积极法律情感包含兴趣、期待和信任三个维度;消极法律情感包含失望、蔑视和厌恶三个维度。量表共有 24 个条目,采用的是五级评分法,从"完全不符合"到"完全符合"。得分越高代表被试的积极法律情感或者消极法律情感水平越高。两个分量表的 Cronbach's α 系数分别为 0.846、0.916。本研究中该量表积极法律情感和消极法律情感分量表的 Cronbach's α 系数分别为 0.90、0.91。

自尊量表(Rosenberg self-esteem scale,RSES)由 Rosenberg 在 1965 年编制,共 10 道题,采用李克特 4 点评分,从"很不符合"到"很符合",得分越高说明个体的自尊水平越高,对自我的评价越积极。本研究中该量表的 Cronbach's α 系数为 0.85。

儿童少年生活质量量表(quality of life scale for children and adolescents,QLSCA)由华中科技大学同济医学院儿童少年卫生学教研室在 2000 年编制,并于 2002 年编制全国常模。本研究选取量表中的师生关系、同伴关系和亲子关系维度,共包含 14 个条目。量表采用四级评分,从"从不这样"到"总是这样",低分表示相应的维度发展不良,比如师生关系不佳,高分表示师生关系良好。本研究三个维度,即师生关系、同伴关系和亲子关系维度的 Cronbach's α 系数分别为 0.84、0.79、0.80。

Piers-Harris 儿童自我意识量表(PHCSS)由美国心理学家 E. Piers 和 D. Harris 在 1969 年编制,苏林雁等 2002 年制定了全国城市儿童常模。该量表主要用于评价儿童自我意识的发展状况,是一个自评量表,适用于 8～16 岁儿童、青少年。本研究选取的是智力与学校情况、幸福与满足两个分量,共 27 个题目。量表采取是否选择型测题方式,得分越高表示个体自我意识水平越高,反之,自我意识水平低。本研究两个分量表的得分高低表示被测者对自己智力和学习的满意度以及对自己生活的满意度,即得分高表示自己感到幸福。本研究智力和学校情况、幸福与满足分量表的 Cronbach's α 系数分别为 0.66、0.75。

（三）统计方法

采用 SPSS 23.0、AMOS 23.0 以及 Hayes 在 2013 年开发的 SPSS 宏程序 Process 进行数据处理与分析。统计分析方法主要有 t 检验、单因素方差分析、回归分析、中介效应和调节效应检验等。

三、研究结果

（一）共同方法偏差检验

采用 Harman 单因素检验法对学生的调查数据进行共同方法偏差分析。对 4 个量表共 74 个条目进行因素分析,结果发现特征根大于 1 的公因子有 19 个,解释 65.77% 的变异,第一个因子的方差变异解释率为 22%,小于 40% 的临界值,说明本研究不存在显著的共同方法偏差。

（二）小学生法律情感的发展特征

1. 总体特征

被试总体积极法律情感总分在中等水平(4.50 分)以上的占到总人数的 58%,说明小学生积极法律情感发展处在中等偏上水平;被试总体消极法律情感总分在中等水平(1.6 分)以下的占到总人数的 65%,说明小学生消极法律情感发展处在中等偏下水平。在积极法律情感中,得分最高的是法信任,最低的是法兴趣;在消极法律情感中,法厌恶得分最低,法失望得分最高。量表总分及各维度的平均值和标准差见表 6-6。

表 6-6　小学生法律情感的总体特征

维度	积极法律情感	消极法律情感	法信任	法期待	法兴趣	法厌恶	法失望	法蔑视
均值	4.52	1.60	4.68	4.41	4.35	1.36	1.97	1.54
标准差	0.56	0.78	0.51	0.74	0.78	0.79	1.13	0.83

　　2.小学生法律情感总分及各维度的年级和性别特征

　　(1)小学生法律情感的年级特征。方差分析结果显示,除了法兴趣维度,所有维度均存在显著的年级差异。事后比较发现,六年级学生的积极法律情感得分显著高于五年级学生,其他两个年级之间差异不显著;在消极法律情感方面,三个年级之间均存在显著差异,五年级学生得分高于四年级学生,四年级学生得分高于六年级学生。在法信任和法期待维度上,六年级学生得分显著高于四年级学生和五年级学生,四年级学生和五年级学生之间不存在显著差异。在法厌恶维度上,五年级学生得分显著高于四年级学生和六年级学生,四年级学生和六年级学生得分不存在显著差异;在法失望维度上,六年级学生得分显著低于四年级学生和五年级学生,五年级学生和四年级学生之间不存在显著差异;在法蔑视维度上,三个年级之间均存在显著差异,六年级学生得分低于四年级学生,四年级学生得分低于五年级学生。

　　总体来看,在小学高年级阶段,小学生法律信任感一直高于法律期待和法律兴趣,法律厌恶感一直低于法律蔑视和法律失望。积极法律情感三个维度和消极法律情感三个维度的发展水平与量表总分的发展曲线基本一致,且呈现出 V 字形曲线,即五年级积极法律情感发展水平最低,消极法律情感发展水平最高(见表 6-7 和表 6-8)。

表 6-7　法律情感在年级上的描述性统计分析

量表维度	四年级		五年级		六年级	
	均值	标准差	均值	标准差	均值	标准差
积极法律情感	4.516	0.514	4.403	0.647	4.516	0.558
消极法律情感	1.598	0.704	1.827	0.950	1.600	0.775
法信任	4.677	0.494	4.563	0.630	4.682	0.515
法期待	4.387	0.729	4.273	0.812	4.409	0.740
法兴趣	4.372	0.768	4.260	0.801	4.349	0.780
法厌恶	1.282	0.655	1.612	1.038	1.365	0.792
法失望	2.110	1.200	2.153	1.187	1.969	1.132
法蔑视	1.509	0.764	1.786	1.015	1.544	0.834

表 6-8 法律情感在年级上的单因素方差分析

因素		SS	df	MS	F	事后比较 Tamhane 法
积极 法律情感	组间	4.666	2	2.333	7.694**	C>B
	组内	160.405	529	0.303		
	总和	165.071	531			
消极 法律情感	组间	18.475	2	9.237	16.255***	B>A>C
	组内	300.625	529	0.568		
	总和	319.100	531			
法信任	组间	5.335	2	2.668	10.415***	C>A,C>B
	组内	135.489	529	0.256		
	总和	140.824	531			
法期待	组间	8.015	2	4.007	7.503**	C>A,C>B
	组内	282.533	529	0.534		
	总和	290.548	531			
法兴趣	组间	2.268	2	1.134	1.867	
	组内	321.190	529	0.607		
	总和	323.458	531			
法厌恶	组间	16.744	2	8.372	14.004***	B>A,B>C
	组内	316.262	529	0.598		
	总和	333.006	531			
法失望	组间	30.527	2	15.264	12.430***	B>C,A>C
	组内	649.617	529	1.228		
	总和	680.144	531			
法蔑视	组间	18.277	2	9.139	13.772***	B>A>C
	组内	351.032	529	0.664		
	总和	369.309	531			

注: *** $p<0.001$; ** $p<0.01$; * $p<0.05$。A 代表四年级水平;B 代表五年级水平;C 代表六年级水平。

(2)小学生法律情感的性别特征。对小学生法律情感得分做独立样本 t 检验,结果显示,除了在法律期待维度存在性别差异($t=2.97, F=4.01, p=$

0.003),但效果值为 0.016,即性别分组变量与检验变量间为一种低度关联强度。其他维度在性别上均不存在显著差异。

(三)小学生法律情感的影响因素

1.法律情感与各个影响因素之间的相关分析

相关分析结果表明,积极法律情感与自尊、师生关系、同伴关系、亲子关系、幸福与满足、智力与学校情况呈显著正相关;消极法律情感与自尊、师生关系、同伴关系、亲子关系、幸福与满足感、智力与学校情况呈显著负相关。结果见表 6-9。

表 6-9　各变量的描述性统计分析和相关分析结果

变量	均值±标准差	1	2	3	4	5	6	7	8
1	4.52±0.56	1							
2	1.6±0.78	−0.497***	1						
3	31.72±5.51	0.374***	−0.356***	1					
4	16.32±3.06	0.385***	−0.251***	0.487***	1				
5	16.9±3.14	0.333***	−0.289***	0.518***	0.490***	1			
6	13.22±2.72	0.441***	−0.352***	0.466***	0.540***	0.471***	1		
7	8.08±1.76	0.366***	−0.354***	0.533***	0.426***	0.593***	0.473***	1	
8	11.03±3.36	0.355***	−0.329***	0.566***	0.498***	0.455***	0.385***	0.551***	1

注:*** $p < 0.001$。数字 1 为 8 代表变量如下:1 为积极法律情感;2 为消极法律情感;3 为自尊;4 为师生关系;5 为同伴关系;6 为亲子关系;7 为幸福与满足;8 为智力与学校情况。

2.各个影响因素对积极法律情感的多元回归分析

从回归分析结果可知,6 个预测变量,即自尊、师生关系、同伴关系、亲子关系、幸福与满足、智力与学校情况与积极法律情感这一校标变量的相关系数为 0.51,多元相关系数的平方为 0.26,表示 6 个自变量共可解释积极法律情感 26%的变异量。6 个自变量的标准化回归系数均为正数,表示 6 个自变量对校标变量的影响均为正。在回归模型中,对积极法律情感这一校标变量有显著影响的预测变量是师生关系和亲子关系。从标准化回归系数来看,两个显著回归系数的自变量中,亲子关系的 β 系数绝对值大于师生关系系数的绝对值,表明亲子关系这一变量对因变量的解释力更高。自尊、同伴关系、幸福与满足、智力与学校情况这些自变量的回归系数未达显著,表示这些自变量对法律情感校标变量的变异解释甚小。但是它们与因变量的积差相关系数均达显著正相关,表示这些自变量与其他自变量间可能有某种程度的关系。在回归分析中,若是自变量间也有中高度的相关存在,则某些与因变量有关系的变量便会被排除于回归模型之外。

表 6-10　各个影响因素对积极法律情感的复回归分析摘要

预测变量	B	标准误	Beta(β)	t 值
(常数)	2.754	0.147	0.000	18.715***
自尊	0.009	0.005	0.094	1.841
师生关系	0.020	0.009	0.111	2.240*
同伴关系	0.003	0.009	0.017	0.335
亲子关系	0.052	0.010	0.251	5.224***
幸福与满足	0.028	0.017	0.089	1.691
智力与学校情况	0.015	0.008	0.093	1.846

$R=0.510$　$R^2=0.260$　调整后 $R^2=0.251$　$F=30.732$***

注:* $p<0.05$;** $p<0.01$;*** $p<0.001$。

从回归分析结果可知,6 个预测变量,即自尊、师生关系、同伴关系、亲子关系、幸福与满足、智力与学校情况与消极法律情感这一校标变量的相关系数为 0.445,多元相关系数的平方为 0.198,表示 6 个自变量共可解释消极法律情感 19.8％的变异量。如表 6-11 所示,6 个自变量的标准化回归系数 5 个为负数,表示 5 个自变量对校标变量的影响均为负。在回归模型中,对消极法律情感这一校标变量有显著影响的预测变量是自尊、亲子关系、幸福与满足、智力与学校情况 4 个。从标准化回归系数来看,4 个显著回归系数的自变量中,亲子关系的 β 系数绝对值较大,表明亲子关系这一变量对因变量的解释力最高。师生关系和同伴关系这些自变量的回归系数未达显著,表示这些自变量对消极法律情感校标变量的变异解释甚小。但是它们与因变量的积差相关系数均达显著负相关,表示这些自变量与其他自变量间可能有某种程度的关系。在回归分析中,若是自变量间也有中高度的相关存在,则某些与因变量有关系的变量便会被排除于回归模型之外。同时,师生关系标准化回归系数为正,和前面的相关系数相矛盾,也与理论假设相左,应是出现了自变量间线性重合或线性相依的问题,可采取删除预测变量或者逐步多元回归法解决此问题。调整后的结果见表 6-12。

表 6-11　各个影响因素对消极法律情感的复回归分析摘要

预测变量	B	标准误	Beta(β)	t 值
(常数)	3.615	0.213		16.970***
自尊	−0.020	0.007	−0.145	−2.725**
师生关系	0.012	0.013	0.046	0.897
同伴关系	−0.004	0.013	−0.014	−0.269
亲子关系	−0.056	0.014	−0.196	−3.911***
幸福与满足	−0.058	0.024	−0.131	−2.405*
智力与学校情况	−0.027	0.012	−0.116	−2.219*

$R=0.445$　$R^2=0.198$　调整后 $R^2=0.189$　$F=21.568$***

注: * $p<0.05$; ** $p<0.01$; *** $p<0.001$。

表 6-12　调整后各个影响因素对消极法律情感的复回归分析摘要

预测变量	B	标准误	Beta(β)	t 值
(常数)	3.666	0.205		17.864***
自尊	−0.020	0.007	−0.139	−2.635**
同伴关系	−0.001	0.013	−0.006	−0.107***
亲子关系	−0.052	0.014	−0.181	−3.829***
幸福与满足	−0.059	0.024	−0.133	−2.435*
智力与学校情况	−0.024	0.012	−0.105	−2.067*

$R=0.443$　$R^2=0.197$　调整后 $R^2=0.189$　$F=25.730$***

注: * $p<0.05$; ** $p<0.01$; *** $p<0.001$。

(四)小学生法律情感的影响因素作用机制

1.亲子关系与积极法律情感的关系:师生关系的中介效应检验

使用 Hayes 编制的 Process 宏程序,分析师生关系的中介作用。亲子关系作为自变量,积极法律情感作为因变量,师生关系作为中介变量,同时对性别、年级变量进行控制,根据 Process 程序中的模型 4 进行多元层次回归分析,检验的结果(见表 6-13)表明,亲子关系显著预测积极法律情感,亲子关系显著预测师生关系,亲子关系和师生关系显著预测积极法律情感。加入师生关系后,亲子关系对积极法律情感的影响依然显著,所以师生关系在亲子关系和积极法律情感之间起部分中介作用。

表 6-13　亲子关系与积极法律情感之间的中介模型

变量	积极法律情感		师生关系		积极法律情感	
	β	t	β	t	β	t
(常数)	2.948	9.959***	8.709	5.750***	3.300	11.250***
亲子关系	0.067	7.263***	0.604	14.670***	0.092	11.497***
师生关系	0.040	4.900***				
年龄	0.021	0.830	−0.106	−0.799	0.017	0.646
性别	−0.135	−3.170**	0.498	2.224*	−0.115	−2.653**
$R-sq$	0.240		0.299		0.205	
F	41.607***		74.974***		45.490***	

注:* $p<0.05$;** $p<0.01$;*** $p<0.001$。

采用 Bootstrap 法重复抽样 5000 次,分别计算 95% 的置信区间,结果显示,检验的各条路径所对应的置信区间均未包含 0,说明中介效应显著,其中直接效应占比为 73.4%,间接效应占比为 26.6%。详见表 6-14。

表 6-14　师生关系在亲子关系与积极法律情感之间的中介效应检验

维度	Effect	BootSE	BootLLCI	BootULCI	效应占比/%
间接效应	0.024	0.007	0.012	0.038	26.6
直接效应	0.067	0.012	0.045	0.091	73.4
总效应	0.092	0.010	0.071	0.112	

2.亲子关系与消极法律情感的关系:有调节的中介模型检验

首先,采用 Hayes 在 2012 年编制的 Process 宏程序中的模型 4(模型 4 为简单的中介模型),在控制性别、年龄、年级的情况下,对同伴关系在亲子关系与消极法律情感之间关系中的中介效应进行检验。结果(见表 6-15、表 6-16)表明,亲子关系对消极法律情感的预测作用显著,且放入中介变量后,亲子关系对消极法律情感的直接预测作用依然显著。亲子关系对同伴关系的预测作用显著。此外,亲子关系对消极法律情感的直接效应及同伴关系的中介效应 Bootstrap 95%置信区间的上、下限均不包含 0(见表 6-16),表明亲子关系不仅能够直接预测消极法律情感,而且能够通过同伴关系的中介作用预测消极法律情感。该直接效应和中介效应分别占总效应的 81.1%、18.9%。

表 6-15　亲子关系与消极法律情感的中介模型检验

变量	消极法律情感		同伴关系		消极法律情感	
	β	t	β	t	β	t
(常数)	3.497	13.454***	6.203	6.521***	3.276	12.999***
亲子关系	−0.082	−6.298***	0.536	12.319***	−0.101	−8.738***
同伴关系	−0.036	−3.104**				
年级	−0.083	−2.137*	0.670	4.631***	−0.107	−2.783**
性别	0.131	2.102*	0.191	0.809*	0.124	1.978*
F	24.535***	59.900	29.028***			
R^2	0.157	0.254	0.142			

注:* $p<0.05$;** $p<0.01$;*** $p<0.001$。

表 6-16　总效应、直接效应及中介效应分解

维度	Effect	BootSE	BootLLCI	BootULCI	效应占比/%
间接效应	−0.019	0.007	−0.032	−0.006	18.9
直接效应	−0.082	0.016	−0.112	−0.052	81.1
总效应	−0.101	0.013	−0.126	−0.074	

其次,采用 Hayes 在 2012 年编制的 Process 宏程序中的模型 14(模型 14 假设中介模型的后半段受到调节,与本研究的理论模型一致),在控制性别、年龄、年级的情况下对有调节的中介模型进行检验。结果(见表 6-17、表 6-18)表明,将自尊放入模型后,同伴关系和自尊的乘积项对消极法律情感的预测作用显著,说明自尊能够调节中介模型的后半路径。进一步的简单斜率分析(见图 6-1)表明:自尊水平较低(均值−标准差)的被试,同伴关系对消极法律情感的预测作用不显著;自尊水平较高(均值+标准差)的被试,同伴关系对消极法律情感的负向预测作用显著。表明随着个体自尊水平的提升,同伴关系对消极法律情感的预测作用呈逐步增强的趋势。

表 6-17　有调节的中介模型检验

变量	消极法律情感		同伴关系	
	β	t	β	t
（常数）	2.442	13.596***	−7.195	−12.039***
亲子关系	−0.062	−4.613***	0.544	12.290***
同伴关系	−0.027	−2.134*		
自尊	−0.032	−4.686***		
同伴关系×自尊		−2.078*		
R^2	0.182		0.222	
F	29.247***		151.045***	

注：* $p<0.05$；** $p<0.01$；*** $p<0.001$。

表 6-18　在自尊的不同水平上的中介效应

维度	指标	Effect	BootSE	BootLLCI	BootULCI
有调节的 中介效应	eff1(M−SD)	−0.005	0.008	−0.021	0.011
	eff1(M)	−0.015	0.008	−0.030	0.000
	eff3(M+SD)	−0.024	0.010	−0.045	−0.005
有调节的 中介效应对比	eff2−eff1	−0.010	0.005	−0.020	0.000
	eff3−eff1	−0.019	0.010	−0.040	0.001
	eff3−eff2	−0.010	0.005	−0.020	0.000

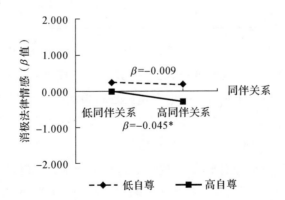

图 6-1　自尊对同伴关系与消极法律情感之间关系的调节作用

四、讨论分析

小学高年级学生积极法律情感发展处于中等偏上水平,消极法律情感水平处于中等偏下,说明小学高年级学生大多对当前法律制度及体系持有正向的评价,并产生积极的情感体验。这个阶段的小学生已经通过相关的道德与法治课程学习,对法律的基本价值、法治精神有了初步的了解,加上学校法治教育的正向积极引导,故而能够对当前的法律现象产生积极的情感体验。在年级差异检验中发现,六年级学生积极法律情感得分显著高于五年级学生,六年级学生消极法律情感得分显著低于四年级和五年级。这一研究结果可能的原因有:一方面,通过小学阶段的相关法治教育,学生已对国家法律及相关制度产生了积极的情感体验;另一方面,由于个体法律情感的发展亦会受到自我意识、师生关系、同伴关系的影响,故而六年级学生在即将完成小学阶段学业的状况下,师生关系、同伴关系、亲子关系及自我意识较前面几个阶段而言处于良性发展水平,故而其对法律的情感体验偏向为正向。

在探究小学高年级学生法律情感的影响因素中发现,只有亲子关系和师生关系对其积极法律情感具有显著预测作用。也就是说,在同时考虑自尊、同伴关系、自我意识中的幸福与满足、智力与学校情况的因素中,亲子关系对其积极法律情感的影响力是最高的,其次是师生关系。这一研究结果表明,在小学高年级学生的积极法律情感发展中,父母和老师的影响力还是很大的。这一研究结果也为小学高年级学生积极法律情感培育提供路径,即在法治教育当中,尤其是积极法律情感的培育过程中,要关注学生与父母、老师的关系。良好的亲子关系和师生关系有助于其积极法律情感的培育。

本研究发现,师生关系在亲子关系影响小学生积极法律情感的过程中发挥中介作用。这一结果说明,亲子关系既可以直接影响小学生对法律的积极情感体验水平,也可以通过师生关系来影响其对法律的积极情感体验。也就是说,良好的亲子关系有助于提高小学生对法律的积极情感体验水平,良好的亲子关系也有助于学生形成良好的师生关系,进一步可促进学生对法律的积极情感体验。同时,本研究也发现了小学高年级学生的同伴关系在亲子关系影响其消极法律情感体验过程中发挥了中介作用。这一研究结果也证实了依恋关系的内部心理表征说,即早期的依恋关系,比如亲子依恋的良性发展会内化成个体的内部心理表征,个体会依据此建立与他人的依恋关系,比如师生关系和同伴关系。法律的重要作用就是对人与人之间关系的调整,故个体的亲子关系、同伴关系、师生关系均可预测其对法律的情感体验。本研究亦发现小学高年级学生的自尊可以调节同伴关系与消极法律情感体验之间的关系,且随着自尊水平的提升,同伴关系更不容易诱发小学高年级学生的消极法律情感体验。换言之,高自尊水平可以增强同伴关系对消极法律情感的影响。这说明在同伴关系影响小学高年级学生消极法律情感体验的过程中,自尊水平的高低具有不同的影响作用。因此,在培育小学生的积极法律情感,消解其消极法律情感的教育实践活动中,要注重家校协同育人,比如良好的亲子关系与良好的师生关系对学生的保护性作用。以及注重对学生自尊的培育,尤其是自尊水平较低的学生,更要注重其良好同伴关系的建立。

第七章　中学生法律意识的实证研究

第一节　中学生法律认知的发展特点、
影响因素及机制探究

一、引言及理论假设

自我意识是个体人格的核心,青少年时期是个体自我意识成长的关键期,它是个体对自己及他人等诸多关系的认识、体验和调节的多层次心理系统,包括自我认知、自我体验和自我调节三方面的心理活动机能。[223]已有研究表明,中职学生自我意识对诚信态度具有预测作用。诚信包括认知、情感和行为三个方面。[224]诚信原则作为民法基本原则的"帝王条款",其本身也属于个体法律认知的范畴。故此,我们可以推断,中学生自我意识可预测其法律认知。

同伴关系作为个体成长的微观生态系统的构成要素,对个体自我意识的发展具有重要影响作用。中学生班级心理环境能够显著预测自我意识的多个因子及总体自我意识水平,且对自我意识具有促进作用。[225]青少年自我意识与共情存在显著相关,归属感需求在公我意识与共情之间起完全中介效应。[226]同伴关系显著正向预测个体的核心自我评价,且核心自我评价在同伴关系和网络成瘾之间起完全中介效应。在"失补偿"假说中,网络成瘾是个体发展受阻的一种补偿性行为。采取这种补偿性行为的根源在于个体的核心自我评价。[227]法律认知是在关系中形成的,其本质亦是个体对自己与他人及社会制度的一种认知。那么,同伴依恋对个体法律认知的影响过程中自我意识是否具有中介作用呢?

依恋理论指出,个体对自我、自我与他人及世界的认知均受到亲子关系质量的影响。[228]积极的亲子关系使个体对他人产生积极的期待,从而有利个体发展出良好的人际关系;消极的亲子关系导致个体负向加工外部世界,从而不利于个体与他人乃至社会的和谐相处。[229]据此,本研究可假设亲子关系对法律认知具有显著预测作用,且可通过同伴依恋对法律认知产生间接影响。相关研究表明,亲子关系良性发展,有利于个体自尊的发展。[230]自尊是自我意识的重要组成部分,对个体的认知和行为均有重要影响作用。在人际互动中,自尊反映了个体对社会文化环境的适应性,具有一定的防御或保护功能。[231]据此,本研究假设亲子关系也可通过自尊对法律认知产生影响。

综上所述,本研究主要讨论以下几个问题:第一,良好的同伴依恋对中学生法律认知是否具有促进作用? 第二,自我意识在同伴依恋与法律认知之间是否存在中介效应? 第三,同伴依恋与自尊是否在亲子关系对法律认知的影响过程中起到链式中介效应?

二、研究方法

(一)被试与施测程序

数据采集分为三次。第一次数据的被试选取的是浙江省杭州市、绍兴市、宁波市、温州市的中学生,由接受过专业训练的主试利用问卷星在线上收集数据。在剔除无效数据后,保留有效数据449份。其中:初一学生61人,初二学生68人,初三学生64人,高一学生161人,高二学生48人,高三学生47人;男生211人,女生238人。第二次数据的被试为浙江省某初级中学学生,采取纸笔团体施测法,在剔除无效数据后保留有效数据290份。其中:初一学生125人,初二学生165人;男生123人,女生176人。第三次数据的被试为浙江省某初级中学学生,采取纸笔团体施测法,在剔除无效数据后保留有效数据370份。其中:初一学生131人,初二学生122人,初三学生117人;男生191人,女生179人。

(二)研究工具

中学生法律认知量表由徐淑慧在2019年编制,量表共有15个题目,包含4个维度,分别是法律价值认知、具体权利义务认知、概括性知识认知以及法律实践认知。该量表采用的是李克特 5 级评分法,1—5 分代表从"完全不符合"到"完全符合"。得分越高代表被试的法律认知水平越高,代表被试对现行国家法律的价值、具体的法律知识以及特定权利义务等有着较高水平的认同。量表的内部一致性信度 Cronbach's α 系数为 0.872,分半信度采用奇偶分半法,计算量表的分半信度为 0.770。本次研究中量表的 Cronbach's α 系数为 0.807。

自我意识量表为聂衍刚编制的青少年自我意识量表。该量表分为 3 个分量表,分别是自我认知、自我体验和自我控制,共 67 个题目。量表采用的是李克特 5 级评分法,1—5 分代表从"完全不符合"到"完全符合"。得分越高代表被试的自我意识水平越高。本次研究中量表的 Cronbach's α 系数为 0.940。第三次数据采取的是本量表中的自我控制分量表,在本研究中该分量表的 Cronbach's α 系数为 0.874。

同伴依恋量表采用张迎黎等在 2011 年修订的中文版青少年父母与同伴依恋问卷(inventory of parent and peerattachment,IPPA)中的同伴依恋分量表。该分量表共计 25 个题目,包含信任、沟通、疏离 3 个维度,采用 5 级计分,1="从不",5="总是",其中同伴依恋总分是将疏离感题目反向计分,再加上信任和沟通两个维度的得分。总分得分越高说明依恋水平越高。该研究中量表的内部一致性系数为 0.906。第二次数据采用的是该量表中的同伴信任维度。本次研究中该维度的内部一致性系数为 0.774。

自尊量表(Rosenberg self-esteem scale,RSES)由 Rosenberg 在 1965 年编制,共 10 道题,采用李克特 4 点评分,从"很不符合"到"很符合",得分越高说明个体的自尊水平越高,对自我的评价越积极。本研究中该量表的 Cronbach's α 系数为 0.791。

中学生亲子关系问卷采用的是由吴继霞等人编制的问卷。[232]该问卷包含 4 个维度,分别是理解沟通、苛责干涉、喜爱尊重、成长宽容。共有 26 个题目,采用的是李克特 5 点评分,1—5 分表示从"很不符合"到"非常符合",总分得分越高说明个体的亲子关系越佳。本研究中该量表的 Cronbach's α 系数为 0.747。

人际侵犯动机量表采用 McCullough 等选取 WFS 的报复(REV)和回避(AVO)分量表组成的测量宽恕的简明量表"人际侵犯动机量表"(transgression-related interpersonal motivations scale-12-item form,TRIM-12)。TRIM-12

包括 5 个 REV 条目,7 个 AVO 条目。量表内部一致性系数分别为 0.90 和 0.86。[233]本研究中两个分量表的内部一致性系数为 0.829、0.850。

(三)统计方法

采用 SPSS 23.0、AMOS 23.0 以及 Hayes 在 2013 年开发的 SPSS 宏程序 Process 进行数据处理与分析。统计分析方法主要有 t 检验、单因素方差分析、回归分析、中介效应和调节效应检验等。

三、研究结果

(一)共同方法偏差检验

采用 Harman 单因素检验法对调查数据进行共同方法偏差分析。对第一次收集的数据,共 107 个条目进行因素分析,结果发现特征根大于 1 的公因子有 24 个,解释 65.76% 的变异,第一个因子的方差变异解释率为 20.85%,小于 40% 的临界值,说明第一次数据不存在显著的共同方法偏差。对第二次收集的数据,共 80 个条目进行因素分析,结果发现特征根大于 1 的公因子有 16 个,解释 66.368% 的变异,第一个因子的方差变异解释率为 20.455%,小于 40% 的临界值,说明第二次数据不存在显著的共同方法偏差。对第三次收集的数据,共 56 个条目进行因素分析,结果发现特征根大于 1 的公因子有 16 个,解释 64.386% 的变异,第一个因子的方差变异解释率为 15.642%,小于 40% 的临界值,说明第三次数据不存在显著的共同方法偏差。

(二)中学生法律认知的发展特征

1.中学生法律认知的总体发展状况

被试的法律认知总分在中等水平(61 分)以上的占到总人数的 55%,说明中学生整体法律认知发展处在中等偏上水平;在法律认知各维度中法律权利义务认知得分最高,最低的是概括性知识认知得分。量表总分及各维度的平均值和标准差见表 7-1。

表 7-1　中学生法律认知的总体特征

认知维度	法律价值认知	法律权利义务认知	法律实践认知	概括性知识认知	总法律认知
均值	4.186	4.348	3.737	3.646	61.296
标准差	0.699	0.755	0.582	0.933	8.018

2.中学生法律认知总分及各维度的性别和年级特征

(1)中学生法律认知的性别差异检验。对中学生法律认知及各维度得分做独立样本 t 检验,结果显示,法律认知总分及各维度在性别上均不存在显著差异。

(2)中学生法律认知的年级差异检验。方差分析结果显示,概括性知识认知和实践水平存在显著的年级差异,其他维度不存在显著差异。事后比较发现,在概括性知识认知维度上,高一和高二学生得分显著高于初一学生,其他年级之间差异不显著。法律实践认知维度上,初三学生得分显著高于高二和高三学生,其他年级之间差异不显著。

总体来看,法律认知发展水平从初一到高二持续上升,到高三断崖式下降,甚至低于初一。整个中学阶段,法律权利义务认知和法律价值认知得分一直高于其他两个维度,且法律权利义务认知得分最高。概括性知识认知和法律实践认知维度发展曲线在初三年级出现了交叉,在初三法律实践认知得分高于概括性知识认知得分,初三以后概括性知识认知得分持续上升并超过法律实践认知得分,法律实践认知得分开始持续下降,在高三稍有回升。

表 7-2　描述性统计分析摘要

认知维度		法律权利义务认知	法律价值认知	法律实践认知	概括性知识认知	总法律认知
初一	均值	4.120	4.083	3.833	3.442	59.877
	标准差	0.831	0.745	0.620	0.922	8.187
初二	均值	8.718	4.209	3.697	3.600	61.583
	标准差	0.827	0.722	0.578	0.852	4.274
初三	均值	4.522	4.154	3.766	3.705	61.271
	标准差	0.576	0.682	0.550	0.901	6.970
高一	均值	4.618	4.309	3.689	3.936	62.894
	标准差	0.545	0.611	0.569	1.067	7.486

续表

认知维度		法律权利义务认知	法律价值认知	法律实践认知	概括性知识认知	总法律认知
高二	均值	4.589	4.396	3.583	4.097	63.375
	标准差	0.430	0.578	0.539	0.766	6.538
高三	均值	4.590	4.187	3.610	3.681	61.170
	标准差	0.548	0.544	0.478	0.993	6.819

表 7-3 单因素方差分析结果摘要

因素		SS	df	MS	F	事后比较 Tamhane 法
总法律认知	组间	1285.589	5	257.118	4.055 **	E>D>B>C>F>A
	组内	69881.313	1102	63.413		
	总数	71166.903	1107			
法律权利义务认知	组间	127.202	5	8.215	15.362 ***	D>F>E>C>B>A
	组内	589.336	1102	0.535		
	总数	630.412	1107			
法律价值认知	组间	8.302	5	1.660	3.439 **	E>D>B>F>C>A
	组内	531.146	1100	0.483		
	总数	539.449	1105			
法律实践认知	组间	5.877	5	1.175	3.507 **	A>C>B>D>F>E
	组内	369.071	1101	0.335		
	总数	374.949	1106			
概括性知识认知	组间	37.894	5	7.579	9.022 ***	E>D>C>F>B>A
	组内	925.739	1102	0.840		
	总数	963.634	1107			

注：* $p<0.05$；** $p<0.01$；*** $p<0.001$。A、B、C、D、E、F 分别代表初一、初二、初三、高一、高二、高三的水平。

（三）中学生法律认知的影响因素

1.法律认知与各个影响因素之间的相关分析

（1）法律认知与同伴依恋、自我意识的相关分析。相关分析结果表明,法律认知与自我意识及各维度、同伴依恋呈显著正相关。具体结果见表 7-4。

表 7-4　法律认知与自我意识及各维度、同伴依恋相关分析结果摘要

维度	法律认知	自我意识	自我认知	自我体验	自我控制	同伴依恋
法律认知	1					
自我意识	0.407***	1				
自我认知	0.400***	0.771***	1			
自我体验	0.299***	0.902***	0.695***	1		
自我控制	0.328***	0.869***	0.485***	0.653***	1	
同伴依恋	0.398***	0.543***	0.606***	0.490***	0.371***	1

注：* $p<0.05$；** $p<0.01$；*** $p<0.001$。

（2）法律认知与同伴信任、自尊、亲子关系的相关分析。相关分析结果表明，法律认知与同伴信任、自尊、亲子理解沟通、亲子成长宽容、同伴依恋呈显著正相关，与亲子苛责干涉相关不显著。具体结果见表 7-5。

表 7-5　法律认知与同伴信任、自尊、亲子关系三个维度相关分析结果摘要

维度	法律认知	同伴信任	自尊	亲子理解沟通	亲子苛责干涉	亲子喜爱尊重	亲子成长宽容
法律认知	1						
同伴信任	0.336***	1					
自尊	0.341***	0.394***	1				
亲子理解沟通	0.193***	0.211***	0.232***	1			
亲子苛责干涉	−0.008	0.032	0.065	0.319***	1		
亲子喜爱尊重	0.255***	0.226***	0.289***	0.647***	0.143**	1	
亲子成长宽容	0.215***	0.167***	0.203***	0.666***	0.450***	0.632***	1

注：* $p<0.05$；** $p<0.01$；*** $p<0.001$。

（3）法律认知与自我控制、人际侵犯动机的相关分析。相关分析结果表明，法律认知与自我控制、人际侵犯动机的回避维度呈显著正相关，与人际侵犯动机的报复动机相关不显著。具体结果见表 7-6。

表7-6　法律认知与自我控制、人际侵犯动机相关分析

维度	法律认知	自我控制	回避	报复
法律认知	1			
自我控制	0.445***	1		
回避	0.170**	−0.004	1	
报复	−0.081	−0.212***	0.445***	1

注：* $p < 0.05$；** $p < 0.01$；*** $p < 0.001$。

2.各个影响因素对法律认知的回归分析

(1)自我认知、自我体验、自我控制、同伴依恋对法律认知的回归分析。逐步多元回归结果显示,自我认知、自我体验、自我控制、同伴依恋4个预测变量有显著预测力的有3个,分别是自我认知、同伴依恋和自我控制。3个预测变量与法律认知的多元相关系数为0.464、决定系数 R^2 为0.216,最后回归模型整体性检验的 F 值为40.760($p = 0.000 < 0.05$),因而3个预测变量共可有效解释法律认知21.6%的变异量。其中自我认知解释的变异量为16%,同伴依恋解释的变异量为3.8%,自我控制解释的变异量是1.8%。从标准化的回归系数来看,回归模型中的3个预测变量的 β 值为正,表示3个预测变量对法律认知的影响为正向。

表7-7　自我认知、自我体验、自我控制、同伴依恋对法律认知的逐步多元回归分析摘要

投入变量顺序	R	R^2	增加量（ΔR^2）	F	ΔF	B	β
(常数)						35.212	
自我认知	0.400	0.160	0.160	85.043***	85.043***	0.221	0.188
同伴依恋	0.445	0.198	0.038	55.054***	21.218***	0.0117	0.227
自我控制	0.464	0.216	0.018	40.760***	9.960**	0.098	0.152

注：* $p < 0.05$；** $p < 0.01$；*** $p < 0.001$。

(2)同伴信任、自尊、亲子理解沟通、亲子苛责干涉、亲子喜爱尊重、亲子成长宽容对法律认知的回归分析。逐步多元回归结果显示,同伴信任、自尊、亲子理解沟通、亲子苛责干涉、亲子喜爱尊重、亲子成长宽容6个预测变量有显著预测力的有3个,分别是同伴信任、自尊和亲子喜爱尊重。3个预测变量与法律认知的多元相关系数为0.464、决定系数 R^2 为0.212,最后回归模型

整体性检验的 F 值为 $42.468(p=0.000<0.05)$，因而，3 个预测变量共可有效解释法律认知 21.2% 的变异量。其中同伴信任解释的变异量为 12.7%，自尊解释的变异量为 5.3%，亲子喜爱尊重解释的变异量是 3.2%。从标准化的回归系数来看，回归模型中的三个预测变量的 β 值为正，表示 3 个预测变量对法律认知的影响为正向。

表 7-8　同伴信任、自尊、亲子理解沟通、亲子苛责干涉、亲子喜爱尊重、亲子成长宽容对法律认知的逐步多元回归分析摘要

投入变量顺序	R	R^2	增加量 (ΔR^2)	F	ΔF	B	β
（常数）						2.313	
同伴信任	0.356	0.127	0.127	69.180***	69.180***	0.201	0.232
自尊	0.424	0.180	0.053	52.081***	30.670***	0.198	0.201
亲子喜爱尊重	0.464	0.212	0.032	42.468***	19.242***	0.121	0.190

注：* $p<0.05$；** $p<0.01$；*** $p<0.001$。

（3）自我控制、人际侵犯动机的回避和报复维度对法律认知的回归分析。逐步多元回归结果显示，自我控制、人际侵犯动机的回避和报复维度 3 个预测变量有显著预测力的有 2 个，分别是自我控制和回避。2 个预测变量与法律认知的多元相关系数为 0.475、决定系数 R^2 为 0.226，最后回归模型整体性检验的 F 值为 $53.125(p=0.000<0.05)$，因而 2 个预测变量共可有效解释法律认知 22.6% 的变异量。其中自我控制解释的变异量为 19.6%，回避维度的变异量为 3%。从标准化的回归系数来看，回归模型中的 2 个预测变量的 β 值为正，表示 2 个预测变量对法律认知的影响为正向。

表 7-9　自我控制、人际侵犯动机的回避和报复维度对法律认知的逐步多元回归分析摘要

投入变量顺序	R	R^2	增加量 (ΔR^2)	F	ΔF	B	β
（常数）						31.336	
自我控制	0.442	0.196	0.196	88.816***	88.816***	0.222	0.443
回避	0.475	0.226	0.030	53.125***	14.218***	1.507	0.174

注：*** $p<0.001$。

（四）中学生法律认知各影响因素机制探究

1. 中学生同伴依恋与法律认知的关系：链式中介效应分析

链式中介效应分析使用 Hayes 编制的 Process 宏程序，分析自我控制、自我认知的中介作用。依次检验的结果（见表 7-10）表明：同伴依恋能显著预测自我认知和法律认知；同伴依恋和自我认知同时显著预测自我控制；同伴依恋、自我认知、自我控制同时显著预测法律认知。这表明在同伴依恋对法律认知的影响中，自我控制和自我认知的中介作用显著。

表 7-10　中学生同伴依恋与法律认知的关系：
自我控制、自我认知的链式中介效应模型检验

变量	法律认知		自我控制		自我认知		法律认知	
	β	t	β	t	β	t	β	t
（常数）	32.102	11.053***	24.409	5.713***	23.009	12.495***	41.644	16.656***
同伴依恋	0.115	4.186***	0.103	2.470*	0.268	16.116***	0.208	9.205***
自我认知	0.229	3.458***	0.729	7.706***				
自我控制	0.104	3.338***						
性别	0.893	1.458	−1.705	−1.833	−0.979	−2.112*	0.418	0.663
年级	0.346	1.688	−0.338	−1.083	−0.158	−1.012	0.263	1.240
R^2	0.223	0.252	0.375	0.162				
F	25.474***	37.355***	88.940***	28.596***				

注：* $p<0.05$；** $p<0.01$；*** $p<0.001$。

中介效应直接检验的结果如表 7-11 所示，结果表明：在自我认知和自我控制的总间接效应中，Bootstrap 上限与下限之间不包含 0 值，说明两个中介变量在同伴依恋和法律认知之间存在显著的中介效应。进一步分析可以看出，此中介效应包含 3 个间接效应：间接效应 1，同伴依恋—自我认知—法律认知，这条路径的间接效应显著；间接效应 2，同伴依恋—自我控制—法律认知，该路径的间接效应也显著；间接效应 3，同伴依恋—自我认知—自我控制—法律认知，这条路径的间接效应也达到显著水平。

表 7-11 总效应、直接效应及中介效应分解

维度	Effect	BootSE	BootLLCI	BootULCI	效应占比/%
总间接效应	0.092	0.019	0.055	0.130	44.4
Ind1	0.061	0.020	0.024	0.102	29.5
Ind2	0.011	0.006	0.001	0.023	5.2
Ind3	0.020	0.006	0.009	0.033	9.7
直接效应	0.115	0.029	0.060	0.175	55.6
总效应	0.208	0.026	0.156	0.260	

注：Ind1：同伴依恋—自我认知—法律认知；Ind2：同伴依恋—自我控制—法律认知；Ind3：同伴依恋—自我认知—自我控制—法律认知。

2.中学生亲子喜爱尊重与法律认知的关系：同伴依恋和自尊的链式中介效应

链式中介效应分析使用 Hayes 编制的 Process 宏程序，分析同伴信任和自尊的中介作用。依次检验的结果（见表 7-12）表明：亲子喜爱尊重能显著预测同伴信任和法律认知；亲子喜爱尊重和同伴信任能同时显著预测自尊；亲子喜爱尊重、同伴信任和自尊同时显著预测法律认知，这表明在亲子喜爱尊重对法律认知的影响中，同伴信任和自尊的中介作用显著。

表 7-12 中学生亲子喜爱尊重与法律认知的关系：
同伴依恋和自尊的链式中介效应模型检验

变量	法律认知		法律认知		自尊		同伴信任	
	β	t	β	t	β	t	β	t
（常数）	43.501	10.645***	58.672	18.955***	2.301	9.934***	2.708	10.798***
亲子喜爱尊重	1.209	2.580*	2.006	4.309***	0.125	4.161***	0.138	3.664***
同伴信任	2.168	2.931**			0.255	5.514***		
自尊	3.107	3.428***						
年级	0.357	0.374	0.719	0.722	−0.032	−0.504	0.155	1.926
性别	−2.524	−2.602**	−2.635	−2.610**	−0.107	−1.684	0.075	0.915
R^2	0.169		0.081		0.182		0.054	
F	11.366***		8.292***		15.539***		5.321***	

注：* $p<0.05$；** $p<0.01$；*** $p<0.001$。

对中介效应直接检验的结果如表 7-13 所示,结果表明:在同伴信任和自尊的总间接效应中,Bootstrap 上限与下限之间不包含 0 值,说明两个中介变量在亲子喜爱尊重和法律认知之间存在显著的中介效应。进一步分析可以看出,此中介效应包含 3 个间接效应:间接效应 1,亲子喜爱尊重—同伴信任—法律认知,这条路径的间接效应显著;间接效应 2,亲子喜爱尊重—自尊—法律认知,该路径的间接效应也显著;间接效应 3,亲子喜爱尊重—同伴信任—自尊—法律认知,这条路径的间接效应也达到显著水平。

表 7-13 总效应、直接效应及中介效应分解

维度	Effect	BootSE	BootLLCI	BootULCI	效应占比/%
总间接效应	0.797	0.286	0.357	1.471	39.7
Ind1	0.300	0.151	0.082	0.669	14.9
Ind2	0.388	0.209	0.064	0.872	19.3
Ind3	0.110	0.066	0.018	0.272	5.5
直接效应	1.209	0.823	−0.050	3.126	60.3
总效应	2.006	0.826	0.740	3.932	

注:Ind1:亲子喜爱尊重—同伴信任—法律认知;Ind2:亲子喜爱尊重—自尊—法律认知;Ind3:亲子喜爱尊重—同伴信任—自尊—法律认知。

四、讨论分析

本研究发现,中学生整体法律认知发展水平处于中等偏上,同时对权利义务的认知得分高于对法律价值的认知。这一方面表明学校的法治教育是富有成效的,另一方面也反映出了中学生法律认知的发展特点,即具体法律认知水平高于抽象法律认知水平。这一法律认知发展特点与中学生认知发展、社会性发展相一致,即在中学阶段,大多数学生对社会现象的认知还不能透过现象看本质,因为法律权利义务比较具体、直观、易懂,而法律价值的认知则需要更深入地思考方可理解,故而呈现出抽象法律认知与具体法律认知的发展不平衡性。这一研究结果对法治教育提出了新的挑战,即需要通过多样的教学方式促进中学生理解法律权利义务背后的法理,理解法律的价值以及法律的社会功能,这样才能够使中学生更好地遵法守法。本研究也发现,中学生法律认知不存在性别差异,但存在显著的年级差异,即高一、高二学生

的法律知识得分显著高于初一学生,但法律实践维度上反而是初三学生得分高于高二和高三学生。对于前一研究结果比较好理解,通常个体获得的知识与学习时间成正相关,故高中生获得的法律知识多于初中生。但出现法律实践维度的研究结果,其原因可能是初三学生刚接受了法治教育相关知识而出现了近因效应,故而其对法律实践运用的信念比较强。

本研究发现,在自我意识三个维度及同伴依恋对中学生法律认知的回归模型中,自我认知、自我控制和同伴依恋具有显著预测力,其中自我认知的解释力最高。这表明,只有在个体具有较高的自我认知发展水平的时候,他的法律认知水平才会相应地提升。同时,自我控制是个体自我意识的意志成分。自我意识的能动性体现在自我控制上。法律认知不仅涉及对法律及其相关现象的静态认知,也包含对法律运行、功能等的动态认知,故而,自我控制对个体法律认知亦有着显著预测力。同伴关系的良性发展会促进个体法律认知水平的提升,这是因为法律是调整人与人、人与社会乃至人与自然之间关系的根本法则,法治的目的是希望人与人、人与社会、人与自然能够和谐共处,而良好的同伴关系反映了这一目的。同理,对于同伴信任能够显著预测法律认知也可基于此分析来理解。在亲子关系中,亲子喜爱尊重较亲子理解沟通、亲子苛责干涉、亲子成长宽容对法律认知的影响作用更大。这一研究结果对提升个体法律认知具有一定的启发作用,即父母表达对孩子的喜爱与尊重能够促进孩子的法律认知发展。在这个回归模型当中,自尊对个体法律认知具有显著预测作用。自尊体现了个体对自我价值的认同,是个体对自我的一种积极评价后产生的积极情感体验。换言之,只有对自我认同的个体,才会更好地认同外界事物,包括文化。故而,要提升学生的法律认知水平,首先要让学生觉得自己是重要的、有价值的、被喜欢和被尊重的。

本研究发现中学生自我控制和自我认知在同伴依恋对法律认知的影响过程中起到链式中介效应。也就是说,同伴依恋不仅直接影响法律认知,还可以通过自我控制和自我认知间接对法律认知产生影响。相关研究表明,同伴关系良好的个体,其学业成绩也较好。[234]法律认知部分反映了学生在法治课程中的学业表现,故而可以认为同伴依恋可以直接影响到个体的法律认知。自我控制是个体调整自身行为符合社会规范的能力。[235]自我控制作为自我意识的重要组成部分,能够对本能情绪冲动进行抑制,从而表现为强大的"超我"。"超我"则是良心的最初形式。[236]法律也是通过对个体进行约束,从而达到"定分止争"的作用。故此,高自我控制的个体预示着高的法律认知水平。自我认知是对自我的认知与理解,包括身体认知、情绪认知、学业认知及社会认知。研究表明,自我认知和同伴关系呈显著正相关。[237] 所以,自我控制和自我认知在同伴依恋与法律认知之间具有中介作用。这一研究结果提示我们,要提高中学生的法律认知水平,建立良好的同伴关系具有重要意义。同时,自我控制和自我认知对法律认知的显著影响作用也为中学生法治教育提供了新的视角和方法。具体在本研究中,同伴依恋水平高的个体,其法律认知水平也高,同时,也有着高自我控制能力与清晰的自我认知能力,故此,对他人和法律文化更为尊重和认可。

本研究结果显示,亲子喜爱尊重不仅对法律认知产生直接影响,还通过同伴依恋和自尊间接影响中学生的法律认知。根据社会学习理论,个体在家庭生活中建立起来的人际交往行为模式会迁移到同伴关系中去。因此,亲子喜爱尊重会促进中学生与同伴之间的良性交往,这将成为中学生法律认知发展的关键近端环境因素。本研究还揭示了中学生自尊在亲子喜爱尊重与法律认知间的中介作用。自尊是个体对自己是否有价值的积极情感体验。与父母的亲密关系会使个体觉得自己是有价值的,是值得被爱的,从而形成了高自尊者,而高自尊者对他人和社会的认知更加积极,较低自尊者而言会更少出现身体、学业、心理及行为问题。[238]Becka 的认知易感模型认为,不良的家庭环境会使个体对自我及环境产生消极认知,进而降低其自尊水平。[239]因此高自尊的个体对当前的法律也会有着更为积极的认知。本研究的研究结果表明,要提升学生的法律认知水平,家庭教育中父母应懂得欣赏并表达自己对孩子的喜爱。

第二节 初中生法律情感的发展特点、影响因素及心理机制

一、引言及理论假设

依恋理论认为,父母的教养方式对个体青春期的认知和情感发展有重要影响作用。[240]初中生积极父母教养方式与焦虑呈负相关,消极父母教养方式

与焦虑呈正相关。[241]亲子冲突直接影响青少年的情绪管理,即高水平的亲子冲突会导致青少年情绪管理能力较差。[242]情绪安全感理论认为,个体发起行为的重要目标之一就是保持和增加自我情绪的安全感。情绪安全感会受到父母的教养方式、依恋关系或者其他家庭环境的影响。[243]父母情感温暖通过生活满意度的单独中介作用、通过自尊与生活满意度的链式中介作用负向预测嫉妒,而父母拒绝正向预测嫉妒,并间接通过自尊的单独中介作用、自尊与生活满意度的链式中介作用正向预测嫉妒。[244]婴儿的消极情绪可以调节父母的教养方式与适应行为之间的关系。[245]法律情感是情感的下位概念。依据情绪情感的相关理论及前期研究,本研究假设中学生的父母教养方式可预测其法律情感。

情绪弹性是个体面对负性情绪刺激时产生积极情绪以及从负性情绪体验中恢复的能力。面对同样的负性情绪刺激,高情绪弹性的个体即便产生了消极情绪,也能够迅速从消极情绪体验中恢复,反之,低情绪弹性的个体则很难从中恢复。[246]已有研究表明,情绪弹性在初中生亲子关系与抑郁之间起中介作用。在亲子关系良好的家庭环境中,青少年与父母之间的互动更为良性,这有助于提高其情绪弹性;反之,消极的亲子关系则导致较低的情绪弹性,从而使青少年较难从负性情绪中恢复,进而出现抑郁。[247]中学生情绪弹性在心理素质和正性情绪之间起部分中介作用。[248]据此,本研究推测情绪弹性在中学生父母的教养方式对法律情感的影响中起中介作用。

依恋是个体在发展过程中与重要他人建立的一种稳定而强烈的情感联结。相关研究表明,同伴依恋通过一般自我效能感影响抑郁[249],亲子依恋通过人际适应影响个体的消极情感[250],中学生的同伴依恋既可以直接预测抑郁,也可以通过自我认同感的中介作用预测其抑郁。[251]在依恋对青少年孤独感的作用机制中,间接效应与交互效应模型均得到了验证。[252]在依恋对消极情感的作用机制中,间接效应与交互效应模型同时成立,是有调节的中介效应。[253]据此,本研究假设同伴依恋可预测中学生的法律情感。

自尊被认为是个体的一种人格特质,是个体对自己是否有价值的判断所引发的积极或消极的情感体验。[254]Rosenberg 认为自尊是个体对自我的评价和情感体验。[255]他从社会心理学角度出发,认为自尊对特定事物的消极或者积极体验源于对既定社会标准的认可与接纳。社会计量理论则认为社会关系对自尊有影响。[256]自尊水平作为人际关系的监视器,其水平的降低会导致较高的社交焦虑。[257]自尊的恐惧管理理论认为,自尊是应对焦虑的天然缓冲器。社交焦虑的认知模型认为,低自尊者由于在记忆中储存了消极信念,这种信念在社交情境中被激活,进而导致社交焦虑;高自尊者由于对自我有着清晰的认知,在社交活动中对他人的负面评价可以进行正确归因,不易生成焦虑情绪。故此,自尊水平与社交焦虑关系密切。[258]研究表明,自尊水平高的个体负性情绪体验较少,自尊水平低的个体,通常以消极的态度应对生活中的困境,消极情绪较多。[259]安全型高自尊个体对情绪管理拥有更高的自我效能感。[260]自尊在大学生情绪智力对安全感以及安全感对生活满意度的促进作用中具有增强效应,也就是自尊增强了情绪智力对大学生安全感和生活满意度的影响。[261]自尊水平会显著影响个体的情感状况。自尊水平高的个体会产生更多的积极情绪和更少的消极情绪。较低的自尊水平与抑郁情绪之间存在共变关系。[262]自尊是情绪弹性的保护因素,能够提升个体的情绪弹性水平。[263]基于以上自尊与情绪的相关研究,本研究假设自尊可显著正向预测积极的法律情感,负向预测消极的法律情感。

自我概念的不同维度在同伴依恋与孤独感关系中存在中介效应,表明同伴关系对青少年学生孤独感的重要作用。[264]自我概念在农村青少年同伴依恋对社交焦虑的影响中起部分中介作用。[265]良好的同伴关系有利于自尊的良性发展,不好的同伴关系不利于自尊的发展,因为友爱互助会使中学生得到更多的认同感,从而有利于自尊的发展。[266]初中生同伴依恋水平越高,集体自尊和个体自尊水平越高,且同伴依恋通过集体自尊和个体自尊影响其主观幸福感。[267]自尊在听障青少年同伴依恋与生活满意度中起部分中介作用。[268]据此,本研究提出自尊在初中生同伴依恋对法律情感的影响过程中起中介作用。

信任是个体在人际交往过程中对另一方行为积极期待从而愿意冒一定风险的心理过程。[269]人际信任是人际交往的基础,是人与人合作和良好互动的前提。高水平的信任能够提升人际交往的满意度,进而促进社会和谐;反之,则导致人际疏离及社会关系的破裂。[270]信任在人类社会的互动过程中影响重大,又被称为"社会的润滑剂"。关于人际信任与情绪之间的研究颇为丰富。情感信息模型认为,积极的情绪反应会使个体做出世界是安全的、可预料的判断,从而增强人际信任;消极情绪则反映了环境中存在的危险,从而降低人际信任。联结语义网络模型认为,积极的情绪体验使得个体以积极的方式知觉他人与社会事件，从而增强了对他人的信任；消极的情绪体验由于使个体以消极的方式知觉他人与社会事件，从而导致对他人知觉产生负偏向，降低对他人的信任。相关研究亦表明，积极情绪对人际信任的影响存在受信者信息与情境线索的依赖性。[271]消极情绪，如社会孤独感，通过负向预测人际信任，进而影响个体的幸福感。[272]法律情感作为情绪情感的下位概念，其与人际信任之间的关系如何？本研究通过考察人际信任与法律情感之间的关系，为培育青少年积极法律情感提供理论和实证依据。

山岸将信任分为制度信任和关系信任。制度信任是以人与人交往中所受的规范准则、法律制度的管束为基础的，体现的是一种合同的角色关系。关系信任则基于血缘共同体以及后天交往中的人际关系所提供的熟悉度、角色中内隐的责任和义务所衍生的信任。有学者认为制度信任和关系信任是可以共存的，因为两种信任都必须在社会关系网中才可以进行解释，彼此间是相互加强的关系。[273]本研究对中学生人际信任、法律情感以及亲社会行为之间关系的探究，一定程度上认可人际信任中的信任既是制度信任，也是一种关系信任。制度信任可通过其对现行法律的情感进行判断，关系信任可在社会关系网中体现，比如从个体亲社会行为中窥见。

社会认知学派强调认知对亲社会行为的影响，同时也认为个体与社会环境的交互作用，比如儿童与同伴的交往方式亦会影响到个体的亲社会行为。认知发展学派则认为，认知结构通过认知和情感过程对亲社会行为产生中介作用。[274]良好的同伴关系和较高的人际信任度对儿童的亲社会行为具有显著影响。[275]相关研究表明，初中生最认同的亲社会行为是帮助行为，其次是交往行为，且初中生更为关心发生在他们之间的亲社会行为。[276]

霍夫曼和巴特森均认为移情对亲社会行为具有动机和信息功能。[277]移情被认为是亲社会行为重要的中介因素。[278]作为一种情感反应的移情，情感是它重要的组成部分。个体的情绪会作为中介变量影响其亲社会行为。[279]这表明情绪情感作为动机系统的基本成分，对亲社会行为起到助推作用。霍夫曼通过研究婴儿的情绪情感，表明个体的亲社会行为产生的基础便是个体能够意识到他人的感觉并对他人产生替代性的情感反应。[280]基于青少年阶段的个体激素水平和大脑的发育，比如其腹侧情感系统的成熟和过度激活，青少年的道德情绪与亲社会行为的关系更为密切。[281]但就目前掌握的资料来看，国内尚未有相关研究表明青少年的法律情感与亲社会行为之间的关系。亲社会行为的重要方面在于它的社交性,故此,亲社会行为是发生于人际互动过程中的一种社会行为。法律情感是基于对法律的认知而产生的一种情绪情感体验,法律的本质是对人际关系的调节。那么,探究它们之间的关系可为促进初中生健康发展,有的放矢地对他们进行法治教育提供可靠的心理学研究依据。

综上所述,本研究综合了父母教养方式、情绪弹性、同伴关系、人际信任、亲社会行为以及法律情感的相关理论与实证研究,探讨的第一个主题便是父母教养方式对中学生法律情感的影响作用,以及情绪弹性在中学生父母教养方式与法律情感间的中介作用。同时,依恋作为影响情绪的重要因素已经得到了不少研究者的关注,但基本没有同伴依恋对法律情感的研究,且对同伴依恋与法律情感之间的作用机制的探究更是缺乏。因此,本研究探讨的第二个主题便是依恋领域中的同伴依恋与法律情感之间的关系,并试图揭示自尊在这两个变量之间的作用机制。此外,法律情感和人际信任乃至亲社会行为是否具有共同的哲学基础与人格基础? 也就是说,不管是积极的法律情感,还是人际信任或者亲社会行为,实际上反映的是同一事物,即人与人之间的良性互动,而这种良性互动所追求的是人类的发展与共存。探究三者之间的关系,可帮助我们从某一层面为个体的健康发展提供新思路。这便是本研究探讨的第三个主题。

二、研究方法

(一)被试与施测程序

本研究在收集数据过程中涉及的变量较多,题量较大。考虑到收集到的数据质量问题以及被试的疲劳等因素,故分为三次来收集数据,三次数据彼此独立。整个过程均由接受过专业施测训练的主试利用自习课时间进行团体施测。三次收集数据的被试为浙江省温州市的三所中学的学生。在剔除无效数据后,第一次保留有效数据 422 份。其中:初一 281 人,初二 141 人;男生 244 人,女生 178 人。第二次保留有效数据 256 份。其中:初一 61 人,初二 112 人,初三 83 人;男生 125 人,女生 131 人。第三次保留有效数据 289 份。其中:初一 118 人,初二 171 人;男生 118 人,女生 171 人。

(二)研究工具

中学生法律情感量表由徐淑慧课题组在 2021 年编制。该量表分为积极法律情感和消极法律情感两个分量表。积极法律情感包含兴趣、期待和信任3个维度；消极法律情感包含失望、蔑视和厌恶3个维度。量表共有43个条目，积极法律情感分量表20个条目，消极法律情感分量表23个条目。量表采用的是李克特5级评分法，从"完全不同意"到"完全同意"。得分越高代表被试的积极法律情感或者消极法律情感水平越高。两个分量表的Cronbach's α系数分别为0.957、0.935。本研究中该量表积极法律情感和消极法律情感分量表的Cronbach's α系数分别为0.90、0.94。

父母教养方式量表由龚艺华在2005年编制。该量表共有21道题目，量表将父母教养方式划分为专制型、信任鼓励型、情感温暖型、溺爱型和忽视型5种。采用李克特5级计分法，从1分到5分代表"非常不符合"到"非常符合"。被试在某个因子上得分越高表示其父母教养方式越符合该种教养方式。量表的总体及在专制型、信任鼓励型、情感温暖型、溺爱型、忽视型各维度的Cronbach's α系数分别为0.784、0.717、0.657、0.736、0.457、0.880。本研究中除了溺爱型维度的信度系数不达标外，其他维度的Cronbach's α系数在0.65～0.75。

情绪弹性问卷由张敏和卢家楣在2010年编制，包括积极情绪能力和情绪恢复能力2个维度，共11个题目，其中第2、5、7、10、11题是反向计分题。量表采用李克特6级计分法，1分到6分表示从"完全不符合"到"完全符合"。得分越高表示被试的情绪弹性越好。其中积极情绪维度得分越高表示个体的积极情绪能力越强，情绪恢复维度得分越高表明情绪恢复能力越好。量表Cronbach's α系数为0.80。本研究中总量表及积极情绪维度和情绪恢复维度的Cronbach's α分别为0.861、0.857、0.762。

同伴依恋问卷采用张迎黎等在2011年修订的中文版青少年父母与同伴依恋问卷(inventory of parent and peerattachment, IPPA)中的同伴依恋分量表。该分量表共计25个题目，包含信任、沟通、疏离3个维度，采用5点计分，1＝"从不"，5＝"总是"。总分得分越高说明依恋水平越高。该研究中量表的内部一致性系数为0.902。

自尊量表(rosenberg self-esteem scale, RSES)由Rosenberg在1965年编制，共10道题，采用李克特4级评分，从"很不符合"到"很符合"。得分越高说明个体的自尊水平越高，对自我的评价越积极。本研究中该量表的Cronbach's α系数为0.890。

人际信任量表(ITS)[282]共有 25 个题目,内容涉及各种处境下的人际信任,大多数题目与社会角色的可信赖有关。该量表采用李克特 5 级计分法,1—5 分代表"非常不同意"到"非常同意",量表第 6、8、12、14、16、17、18、20、21、22、23、25 题是正向计分,其余题目反向计分。所有题目得分加总即总分。总分越高代表个体人际信任度越高。量表的分半信度为 0.76,3 个月的重测信度为 0.68。本次研究量表的内部一致性系数为 0.68。

青少年亲社会倾向测量量表(PTM)采用 Carlo 在 2001 年编制、寇彧在 2007 年修订的量表。该量表包含 6 个分量表,公开的、匿名的、利他的、依从的、情绪性的、紧急的,共 26 个题目。修订后 6 个分量表的内部一致性信度分别为 0.708、0.778、0.755、0.738、0.726、0.561。本次研究中该量表的 α 系数为 0.941,各个分量表的内部一致性系数 α 分别为 0.815、0.790、0.821、0.813、0.774、0.665。

(三)统计方法

采用 SPSS 23.0、AMOS 23.0 以及 Hayes 在 2013 年开发的 SPSS 宏程序 Process 进行数据处理与分析。统计分析方法主要有 t 检验、单因素方差分析、回归分析、中介效应和调节效应检验等。

三、研究结果

(一)共同方法偏差检验

采用 Harman 单因素检验法对调查数据进行共同方法偏差分析。对第一次收集的数据,共 75 个条目进行因素分析,结果发现特征根大于 1 的公因子有 14 个,解释 62.34% 的变异,第一个因子的方差变异解释率为 22%,小于 40% 的临界值,说明第一次数据不存在显著的共同方法偏差。

对第二次收集的数据,共 78 个条目进行因素分析,结果发现特征根大于 1 的公因子有 14 个,解释 70.14% 的变异,第一个因子的方差变异解释率为 29%,小于 40% 的临界值,说明第二次数据不存在显著的共同方法偏差。

对第三次收集的数据,共 74 个条目进行因素分析,结果发现特征根大于 1 的公因子有 19 个,解释 65.837% 的变异,第一个因子的方差变异解释率为 19.843%,小于 40% 的临界值,说明第三次数据亦不存在显著的共同方法偏差。

（二）初中生法律情感的发展特征

1.初中生法律情感总体特征表现

被试总体积极法律情感总分在中等水平（84 分）以上的占到总人数的 55％，说明中学生积极法律情感发展处在中等偏上水平；被试总体消极法律情感总分在中等水平（38.46 分）以下的占到总人数的 61％，说明中学生消极法律情感发展处在中等偏下水平。在积极法律情感中，得分最高的是法期待，最低的是法兴趣；在消极法律情感中，法蔑视得分最低，法失望得分最高。量表总分及各维度的平均值和标准差见表 7-14。

表 7-14　初中生法律情感的总体特征（$n=678$）

变量	积极法律情感	消极法律情感	法期待	法兴趣	法信任	法厌恶	法失望	法蔑视
均值	84.00	38.46	4.34	3.91	4.21	1.72	1.88	1.40
标准差	13.30	16.73	0.66	0.97	0.84	0.85	0.90	0.71

2.初中生法律情感总分及各维度的年级和性别特征

（1）初中生法律情感的年级特征。方差分析结果（表 7-15、表 7-16）显示，积极法律情感以及法期待和法信任维度存在显著的年级差异，消极法律情感及其维度不存在显著的年级差异。事后比较发现，初二学生的积极法律情感得分显著高于初一学生，初一和初三两个年级之间差异不显著；在法期待和法信任维度上，初二学生的得分显著高于初一学生，初一和初三两个年级之间差异不显著。

总体来看，在整个初中阶段，初中生法律期待感一直高于法律信任和法律兴趣，法律蔑视感一直低于法律厌恶和法律失望。积极法律情感三个维度和消极法律情感三个维度的发展水平与量表总分的发展曲线基本一致，同时在积极法律情感总分和法期待、法信任维度出现了倒 V 形，即初二年级学生得分高于初一和初三年级学生。

表 7-15　初中生法律情感年级特征的描述统计

量表维度	初一		初二		初三	
	均值	标准差	均值	标准差	均值	标准差
积极法律情感	82.082	13.350	86.245	12.212	85.060	15.098

续表

量表维度	初一		初二		初三	
	均值	标准差	均值	标准差	均值	标准差
消极法律情感	38.152	15.229	38.352	17.838	40.060	19.121
法期待	4.214	0.667	4.494	0.601	4.364	0.726
法兴趣	3.879	0.953	3.921	0.996	4.036	0.982
法信任	4.110	0.848	4.339	0.792	4.248	0.863
法厌恶	1.712	0.846	1.716	0.823	1.797	0.912
法失望	1.903	0.836	1.850	0.966	1.897	0.931
法蔑视	1.346	0.580	1.422	0.814	1.516	0.815

表 7-16 初中生法律情感单因素方差分析

变量		SS	df	MS	F	事后比较 LSD 法
积极法律情感	组间	2626.787	2	1313.394	7.574 **	B>A
	组内	117047.213	675	173.403		
	总数	119674	677			
消极法律情感	组间	247.941	2	123.97	0.442	
	组内	189242.484	675	280.359		
	总数	189490.425	677			
法期待	组间	11.529	2	5.764	13.604 ***	B>A
	组内	286.029	675	0.424		
	总数	297.558	677			
法兴趣	组间	1.671	2	0.835	0.882	
	组内	638.979	675	0.947		
	总数	640.65	677			
法信任	组间	7.76	2	3.88	5.637 **	B>A
	组内	464.616	675	0.688		
	总数	472.376	677			

续表

变量		SS	df	MS	F	事后比较 LSD 法
法厌恶	组间	0.497	2	0.248	0.347	
	组内	483.297	675	0.716		
	总数	483.794	677			
法失望	组间	0.426	2	0.213	0.264	
	组内	544.678	675	0.807		
	总数	545.104	677			
法蔑视	组间	2.237	2	1.119	2.245	
	组内	336.358	675	0.498		
	总数	338.595	677			

注：$^*\,p<0.05$；$^{**}\,p<0.01$；$^{***}\,p<0.001$。A 代表初一水平；B 代表初二水平；C 代表初三水平。

（2）初中生法律情感的性别特征。对初中生法律情感得分做独立样本 t 检验，结果显示，在法厌恶和法蔑视维度存在性别差异（$F=6.245$，$t=2.600$，$p=0.01$；$F=15.374$，$t=2.634$，$p=0.009$），效果值分别为 0.059、0.034，即性别变量可解释法律厌恶感和法律蔑视感总方差中的 5.9% 和 3.4% 的变异量。其他维度在性别上均不存在显著差异。

（三）初中生法律情感的影响因素

1. 法律情感与各个影响因素之间的相关分析

（1）法律情感与父母的教养方式、情绪弹性之间的相关分析。相关分析结果表明，积极法律情感与信任鼓励型、情感温暖型父母教养方式，情绪弹性及其两个维度均呈显著正相关，与专制型、忽视型父母教养方式呈显著负相关。消极法律情感与信任鼓励型、情感温暖型父母教养方式，情绪弹性及其两个维度均呈显著负相关，与专制型、忽视型父母教养方式呈显著正相关。具体结果见表 7-17。

表 7-17　法律情感与父母教养方式及法律弹性的描述性统计及相关分析结果摘要

序号	均值±标准差	1	2	3	4	5	6	7	8	9
1	82.735±12.60	1								

续表

序号	均值±标准差	1	2	3	4	5	6	7	8	9
2	38.787±15.72	-0.613***	1							
3	16.751±4.85	-0.153***	0.220***	1						
4	16.358±3.36	0.303***	-0.302***	-0.490***	1					
5	12.633±2.55	0.283***	-0.322***	-0.466***	0.702***	1				
6	8.536±3.37	-0.217***	0.327***	0.563***	-0.429***	-0.437***	1			
7	39.393±11.44	0.247***	-0.215***	-0.319***	0.385***	0.356***	-0.329***	1		
8	19.014±6.31	0.286***	-0.223***	-0.232***	0.387***	0.389***	-0.266***	0.881***	1	
9	20.379±6.60	0.154***	-0.160***	-0.332***	0.297***	0.245***	-0.316***	0.891***	0.570***	1

注：* $p < 0.05$；** $p < 0.01$；*** $p < 0.001$。1 为积极法律情感；2 为消极法律情感；3 为专制型；4 为信任鼓励型；5 为情感温暖型；6 为忽视型；7 为情绪弹性；8 为积极情绪能力；9 为情绪恢复能力。

（2）法律情感与同伴依恋、自尊之间的相关分析。相关分析结果表明，积极的法律情感与同伴信任、沟通以及自尊均呈显著正相关，与同伴疏离相关不显著。消极的法律情感与同伴信任、沟通以及自尊均呈显著负相关，与同伴疏离呈显著正相关。具体结果见表 7-18。

表 7-18　法律情感与同伴依恋及自尊的描述性统计及相关分析结果摘要

序号	均值±标准差	1	2	3	4	5	6	7
1	86.086±14.146	1						
2	37.922±18.294	-0.667***	1					
3	36.484±7.486	0.279***	-0.252***	1				
4	27.441±6.801	0.310***	-0.242***	0.795***	1			
5	18.453±4.389	-0.121	0.180**	-0.461***	-0.301***	1		
6	87.473±15.836	0.299***	-0.273***	0.942***	0.889***	-0.624***	1	
7	28.266±6.850	0.321***	-0.299***	0.390***	0.336***	-0.369***	0.431***	1

注：* $p < 0.05$；** $p < 0.01$；*** $p < 0.001$。1 为积极法律情感；2 为消极法律情感；3 为同伴信任；4 为同伴沟通；5 为同伴疏离；6 为同伴依恋；7 为自尊。

（3）法律情感与亲社会行为、人际信任之间的相关分析。相关分析结果表明,消极法律情感与人际信任、亲社会行为均呈显著负相关。具体结果见表 7-19。

表 7-19　法律情感与亲社会行为、人际信任之间的描述性统计及相关结果摘要

维度	均值±标准差	消极法律情感	亲社会行为	人际信任
消极法律情感	33.68±12.22	1		
亲社会行为	96.26±16.94	−0.336***	1	
人际信任	75.22±9.78	−0.415***	0.283***	1

注:*** $p < 0.001$。

2.各个影响因素对积极法律情感的回归分析

(1)父母的教养方式和情绪弹性对积极法律情感的回归分析。从复回归分析结果(见表 7-20)可以发现,5 个自变量与积极法律情感的相关系数为 0.354,多元相关系数的平方为 0.125,表示 5 个自变量共可解释积极法律情感这一变量 12.5%的变异量。自变量的标准化回归系数是正数,表示对积极法律情感的影响为正向;标准化回归系数是负数,表示对积极法律情感的影响为负向。在回归模型中,对积极法律情感有显著影响的预测变量有信任鼓励型父母教养方式和情绪弹性。这两个预测变量的标准化回归系数 β 的绝对值基本相同,表示两个预测变量对积极法律情感的解释力程度相似,其他预测变量的回归系数均未达显著,表示它们对积极法律情感这一校标变量的变异解释甚小。预测变量专制型的标准化回归系数是正数,和相关分析结果相矛盾,且与理论假设相左,应是变量之间出现了线性重合或线性相依问题,又考虑到其对积极法律情感的影响未达显著,可直接删除。调整后的结果见表 7-21。

表 7-20　情绪弹性、父母教养方式对积极法律情感的复回归分析摘要

预测变量	B	标准误	Beta(β)	t 值
(常数)	59.087	5.744		10.286***
专制型	0.205	0.154	0.079	1.329
信任鼓励型	0.643	0.254	0.172	2.535*
情感温暖型	0.544	0.330	0.110	1.650

续表

预测变量	B	标准误	Beta(β)	t 值
忽视型	-0.357	0.216	-0.095	-1.651
情绪弹性	0.149	0.056	0.135	2.647^{**}

$R=0.354$　$R^2=0.125$　调整后 $R^2=0.115$　$F=11.903^{***}$

注：$^* p<0.05;^{**} p<0.01;^{***} p<0.001$。

表7-21　调整后情绪弹性、父母教养方式对积极法律情感的复回归分析摘要

预测变量	B	标准误	Beta(β)	t 值
（常数）	63.351	4.769		13.284^{***}
信任鼓励型	0.582	0.250	0.155	2.330^{*}
情感温暖型	0.495	0.328	0.100	1.511
忽视型	-0.239	0.198	-0.064	-1.212
情绪弹性	0.143	0.056	0.130	2.553^{*}

$R=0.348$　$R^2=0.121$　调整后 $R^2=0.113$　$F=14.411^{***}$

注：$^* p<0.05;^{**} p<0.01;^{***} p<0.001$。

（2）同伴依恋和自尊对积极法律情感的回归分析。逐步多元回归分析结果显示，同伴信任、同伴沟通、同伴疏离、自尊这4个预测变量中有显著预测力的有2个，分别是自尊和同伴沟通。2个预测变量与积极法律情感的多元相关系数为0.386、决定系数 R^2 为0.149，最后回归模型整体性检验的 F 值为22.212（$p=0.000<0.05$），因而2个预测变量共可有效解释消极法律情感14.9%的变异量。其中自尊解释的变异量为10.3%，同伴沟通解释变异量为4.6%。如表7-22所示，从标准化的回归系数来看，回归模型中的2个预测变量的 β 值均为正，表示其对积极法律情感的影响为正。

表7-22　同伴依恋、自尊对积极法律情感的逐步多元回归分析摘要

投入变量顺序	R	R^2	增加量（ΔR^2）	F	ΔF	B	β
（常数）						58.788	
自尊	0.321	0.103	0.103	29.204^{***}	29.204^{***}	0.505	0.244
同伴沟通	0.386	0.149	0.046	22.212^{***}	13.754^{***}	0.475	0.228

注：$^* p<0.05;^{**} p<0.01;^{***} p<0.001$。

3.各个影响因素对消极法律情感的回归分析

(1)父母的教养方式、情绪弹性对消极法律情感的逐步多元回归分析。逐步多元回归分析结果显示,专制型、信任鼓励型、情感温暖型、忽视型父母教养方式和情绪弹性这5个预测变量中有显著预测力的有2个,分别是忽视型和情感温暖型。如表7-23所示,2个预测变量与消极法律情感的多元相关系数为0.383、决定系数 R^2 为0.147,最后回归模型整体性检验的 F 值为36.034($p=0.000<0.05$),因而2个预测变量共可有效解释消极法律情感14.7%的变异量。其中忽视型父母教养方式解释的变异量为10.7%,情感温暖型解释变异量为4%,从标准化的回归系数来看,回归模型中的2个预测变量的 β 值为一正一负,表示其对消极法律情感的影响为一正一负。

表7-23　父母教养方式、情绪弹性对消极法律情感的逐步多元回归分析摘要

投入变量顺序	R	R^2	增加量(ΔR^2)	F	ΔF	B	β
忽视型	0.327	0.107	0.107	50.415***	50.415***	1.077	0.231
情感温暖型	0.383	0.147	0.040	36.034***	19.441***	−1.366	−0.221

注:* $p<0.05$;** $p<0.01$;*** $p<0.001$。

(2)同伴依恋、自尊对消极法律情感的多元回归分析。从复回归分析结果可以发现,同伴依恋的3个维度、自尊与消极法律情感的相关系数为0.339,多元相关系数的平方为0.115,表示4个自变量共可解释消极法律情感这一变量11.5%的变异量。自变量的标准化回归系数是正数,表示对消极法律情感的影响为正向;标准化回归系数是负数,表示对消极法律情感的影响为负向。如表7-24所示,在回归模型中,对消极法律情感有显著影响的预测变量只有自尊,且为负向影响。其他预测变量的回归系数均未达显著,表示它们对消极法律情感这一校标变量的变异解释甚小。

表7-24　同伴依恋、自尊对消极法律情感的多元回归分析结果摘要

预测变量	B	标准误	β	t 值
(常数)	65.689	10.655		6.165***
同伴信任	−0.159	0.261	−0.065	−0.609
同伴沟通	−0.280	0.266	−0.104	−1.052

续表

预测变量	B	标准误	β	t 值
同伴疏离	0.147	0.289	0.035	0.509
自尊	−0.602	0.178	−0.225	−3.390***

$R=0.339$　$R^2=0.115$　调整后 $R^2=0.101$　$F=8.173^{***}$

注：* $p<0.05$；** $p<0.01$；*** $p<0.001$。

（3）亲社会行为、人际信任对消极法律情感的回归分析。从回归分析结果（见表 7-25）可以发现，2 个自变量与消极法律情感的相关系数为 0.473，多元相关系数的平方为 0.224，表示 2 个自变量共可解释消极法律情感这一变量 22.4% 的变异量。自变量的标准化回归系数是负数，表示对消极法律情感的影响为负向，在回归模型中，2 个预测变量对消极法律情感均有显著影响。

表 7-25　亲社会倾向、人际信任对消极法律情感的多元回归分析结果摘要

预测变量	B	标准误	β	t 值
（常数）	82.816	5.453		15.186***
亲社会倾向	−0.172	0.039	−0.238	−4.377***
人际信任	−0.434	0.068	−0.348	−6.400***

$R=0.473$　$R^2=0.224$　调整后 $R^2=0.219$　$F=41.292^{***}$

注：* $p<0.05$；** $p<0.01$；*** $p<0.001$。

（四）初中生法律情感各影响因素机制探究

1. 父母教养方式与法律情感的关系：情绪弹性的中介效应

（1）父母信任鼓励教养方式与积极法律情感的关系：情绪弹性的中介作用。使用 Hayes 编制的 Process 宏程序，分析情绪弹性的中介作用。父母信任鼓励教养方式作为自变量，积极法律情感作为因变量，情绪弹性作为中介变量，对性别、年级变量进行控制，根据 Process 程序中的模型 4 进行多元层次回归分析，检验的结果（见表 7-26）表明：信任鼓励型教养方式显著预测积极法律情感，信任鼓励型教养方式显著预测情绪弹性，信任鼓励型教养方式和情绪弹性显著预测积极法律情感。加入情绪弹性后，信任鼓励型教养方式对积极法律情感的影响依然显著，所以情绪弹性在信任鼓励型教养方式和积极法律情感之间起部分中介作用。

表 7-26 父母信任鼓励和积极法律情绪之间的中介模型

变量	积极法情		积极法情		情绪弹性	
	β	t	β	t	β	t
（常数）	56.442	13.266***	61.975	15.683***	29.612	8.825***
信任鼓励	0.913	4.888***	1.144	6.533***	1.235	8.306***
情绪弹性	0.187	3.281**				
性别	1.058	0.869	0.047	0.040	−5.411	−5.349***
年级	1.866	1.511	1.484	1.193	−2.044	−1.936
R^2	0.118		0.095		0.208	
F	13.918***		14.628***		36.577***	

注：* $p<0.05$；** $p<0.01$；*** $p<0.001$。

采用 Bootstrap 法重复抽样 5000 次，分别计算 95% 的置信区间，结果显示，检验的各条路径所对应的置信区间均未包含 0，说明中介效应显著，其中直接效应占比为 79.8%，间接效应占比为 20.2%。详见表 7-27。

表 7-27 情绪弹性在父母信任鼓励和积极法律情绪之间的中介效应检验

维度	Effect	BootSE	BootLLCI	BootULCI	效应占比/%
间接效应	0.231	0.083	0.077	0.404	20.2
直接效应	0.913	0.219	0.490	1.344	79.8
总效应	1.144	0.219	0.730	1.590	

（2）父母信任鼓励教养方式与消极法律情感的关系：情绪弹性的中介作用。使用 Hayes 编制的 Process 宏程序，分析情绪弹性的中介作用。父母信任鼓励教养方式作为自变量，消极法律情感作为因变量，情绪弹性作为中介变量，并对性别、年级变量进行控制，根据 Process 程序中的模型 4 进行多元层次回归分析，检验的结果（见表 7-28）表明：信任鼓励型教养方式显著预测消极法律情感，信任鼓励型教养方式显著预测情绪弹性，信任鼓励型教养方式和情绪弹性显著预测消极法律情感。加入情绪弹性后，信任鼓励型教养方式对消极法律情感的影响依然显著，所以情绪弹性在信任鼓励型教养方式和消极法律情感之间起部分中介作用。

表7-28　父母信任鼓励和消极法律情绪之间的中介模型

变量	消极法情		情绪弹性		消极法情	
	β	t	β	t	β	t
（常数）	69.817	13.219***	29.612	8.825***	63.786	13.041***
信任鼓励	−1.190	−5.131***	1.235	8.306***	−1.442	−6.651***
情绪弹性	−0.204	−2.881**				
性别	−4.463	−2.954	−5.411	−5.349	−3.361	−2.279
年级	2.104	1.373	−2.044	−1.936	2.521	1.637
R^2	0.1263		0.2079		0.1089	
F	15.0718***		36.577***		17.0319***	

注：* $p < 0.05$；** $p < 0.01$；*** $p < 0.001$。

采用 Bootstrap 法重复抽样 5000 次，分别计算 95% 的置信区间，结果显示，检验的各条路径所对应的置信区间均未包含 0，说明中介效应显著，其中直接效应占比为 82.6%，间接效应占比为 17.4%。详见表7-29。

表7-29　情绪弹性在父母信任鼓励和消极法律情绪之间的中介效应检验

维度	Effect	BootSE	BootLLCI	BootULCI	效应占比/%
间接效应	−0.252	0.095	−0.452	−0.079	17.4
直接效应	−1.190	0.283	−1.740	−0.646	82.6
总效应	−1.442	0.258	−1.954	−0.951	

2.同伴依恋与法律情感的关系：自尊的中介效应

（1）同伴依恋与积极法律情感的关系：自尊的中介效应。使用 Hayes 编制的 Process 宏程序，分析自尊的中介作用。同伴依恋作为自变量，积极法律情感作为因变量，自尊作为中介变量，对性别、年级变量进行控制，根据 Process 宏程序中的模型 4 进行多元层次回归分析，检验的结果（见表7-30）表明：同伴依恋显著预测积极法律情感，同伴依恋显著预测自尊，同伴依恋与自尊显著预测积极法律情感。加入自尊后，同伴依恋对积极法律情感的影响依然显著，所以自尊在同伴依恋和积极法律情感之间起部分中介作用。

表 7-30　自尊在同伴依恋与积极法律情感关系中的中介效应模型

变量	积极法律情感		自尊		积极法律情感	
	β	t	β	t	β	t
（常数）	59.993	11.660***	22.851	11.967***	71.351	16.953***
同伴依恋	0.173	2.968**	0.191	7.853***	0.268	5.003***
自尊	0.497	3.667**				
性别	0.428	0.255	−2.005	−2.606	−0.568	−0.335
年级	1.685	1.521	−0.116	−0.226	1.628	1.434
R^2	0.143		0.207		0.097	
F	10.460***		21.956***		9.018***	

注：* $p < 0.05$；** $p < 0.01$；*** $p < 0.001$。

采用 Bootstrap 法重复抽样 5000 次，分别计算 95% 的置信区间，结果显示，检验的各条路径所对应的置信区间均未包含 0，说明中介效应显著，其中直接效应占比为 64.6%，间接效应占比为 35.4%。详见表 7-31。

表 7-31　自尊在同伴依恋与积极法律情感之间的中介效应检验

维度	Effect	BootSE	BootLLCI	BootULCI	效应占比/%
间接效应	0.095	0.033	0.033	0.165	35.4
直接效应	0.173	0.070	0.033	0.306	64.6
总效应	0.268	0.068	0.141	0.403	

（2）同伴依恋与消极法律情感的关系：自尊的中介效应。使用 Hayes 编制的 Process 宏程序，分析自尊的中介作用。同伴依恋作为自变量，消极法律情感作为因变量，自尊作为中介变量，对性别、年级变量进行控制，根据 Process 宏程序中的模型 4 进行多元层次回归分析，检验的结果（见表 7-32）表明：同伴依恋显著预测消极法律情感，同伴依恋显著预测自尊，同伴依恋与自尊显著预测消极法律情感。加入自尊后，同伴依恋对消极法律情感的影响依然显著，所以自尊在同伴依恋和消极法律情感之间起部分中介作用。

表 7-32　自尊在同伴依恋与消极法律情感关系中的中介效应模型

变量	消极法律情感		消极法律情感		自尊	
	β	t	β	t	β	t
（常数）	66.761	9.891***	52.582	9.547***	22.851	11.967***
同伴依恋	−0.195	−2.542*	−0.313	−4.464***	0.191	7.853***
自尊	−0.621	−3.490***				
性别	−2.080	−0.945	−0.836	−0.377	−2.005	−2.606**
年级	0.335	0.230	0.407	0.274	−0.116	−0.226
R^2	0.118		0.075		0.207	
F	8.399***		6.836***		21.956***	

注：* $p<0.05$；** $p<0.01$；*** $p<0.001$。

采用 Bootstrap 法重复抽样 5000 次，分别计算 95％的置信区间，结果显示，检验的各条路径所对应的置信区间均未包含 0，说明中介效应显著，其中直接效应占比为 62.1％，间接效应占比为 37.9％。详见表 7-33。

表 7-33　自尊在同伴依恋与消极法律情感之间的中介效应检验

维度	Effect	BootSE	BootLLCI	BootULCI	效应占比/％
间接效应	−0.119	0.044	−0.215	−0.041	37.9
直接效应	−0.195	0.084	−0.358	−0.025	62.1
总效应	−0.313	0.083	−0.476	−0.147	

3. 人际信任与亲社会行为的关系：消极法律情感的中介效应

使用 Hayes 编制的 Process 宏程序，分析消极法律情感的中介作用。人际信任作为自变量，亲社会行为作为因变量，消极法律情感作为中介变量，对性别、年级变量进行控制，根据 Process 宏程序中的模型 4 进行多元层次回归分析，检验的结果（见表 7-34）表明：人际信任显著预测消极法律情感，人际信任显著预测亲社会行为，人际信任和消极法律情感显著预测亲社会行为。加入消极法律情感后，人际信任对亲社会行为的影响依然显著，所以消极法律情感在人际信任和亲社会行为之间起部分中介作用。

表 7-34　消极法律情感在人际信任与亲社会行为关系中的中介效应模型

变量	亲社会行为		亲社会行为		消极法律情感	
	β	t	β	t	β	t
（常数）	94.580	9.218***	68.139	8.106***	74.940	12.849***
人际信任	0.292	2.846**	0.472	4.895***	−0.509	−7.612***
消极法律情感	−0.353	−4.255***				
年级	−6.246	−3.322	−6.540	−3.381**	0.836	0.622
性别	0.167	0.089	1.082	0.563	−2.592	−1.945
R^2	0.170	0.117	0.185			
F	14.577***	12.642***	21.499***			

注：*** $p<0.001$；** $p<0.01$；* $p<0.05$。

采用 Bootstrap 法重复抽样 5000 次，分别计算 95% 的置信区间，结果显示，检验的各条路径所对应的置信区间均未包含 0，说明中介效应显著，其中直接效应占比为 61.9%，间接效应占比为 38.1%。结果详见表 7-35。

表 7-35　人际信任与亲社会行为之间的中介效应检验

维度	Effect	BootSE	BootLLCI	BootULCI	效应占比/%
间接效应	0.180	0.053	0.085	0.293	38.1
直接效应	0.292	0.103	0.089	0.490	61.9
总效应	0.472	0.096	0.283	0.659	

四、讨论分析

本次研究结果表明，大多数初中生的积极法律情感体验较高，消极法律情感体验较低。初二学生的积极法律情感体验显著高于初一学生。这一研究结果的可能原因在于，初二学生已经接受了相关的法治教育，对我国的基本法律制度及体系有了初步的认知，并且能够基于法律认知产生积极的情绪情感体验。这一阶段接受法治教育的过程可由初中生的相关法治教育课程得以体现。但初三学生积极法律情感低于初二学生，这一转折点值得学校和社会的关注。为何会出现这一现象也是未来研究需要探讨的问题。

从初中生的法律情感影响因素实证研究中得知，情绪弹性、信任鼓励型父母教养方式、自尊、同伴沟通对其积极法律情感具有显著影响作用;忽视型和情感温暖型父母教养方式、自尊、亲社会行为和人际信任对消极法律情感具有显著影响作用。情绪弹性是个体面对负性情绪刺激时能够从中恢复的一种能力,故此,高情绪弹性的人能够产生更多积极情绪,从而能够解释为何情绪弹性对积极法律情感具有正向预测作用。积极的教养方式会影响到儿童情绪理解能力。[283]法律情感属于情感范畴的子类,故而父母积极的教养方式,如信任鼓励型可促进学生积极法律情感的发展,父母消极的教养方式,如对子女的忽视则不利于其积极法律情感的发展。在青少年阶段,同伴关系对其影响越来越重要,开始超过家庭对他们的影响力,与同伴的良好沟通可使他们获得支持、关心与尊重[284],个体从同伴群体中获得支持与关爱,有助于与社会保持很好的联结。法律作为社会控制的一种手段,一定程度上可测评个体的社会联结程度。从这个角度来看,良好的同伴沟通可促进个体的积极法律情感体验。亲社会行为和人际信任均可反映出个体与他人、社会的联结程度,同时,相关研究表明,负性情绪,如焦虑程度较高的儿童,其亲社会行为也相对较少[285],消极情绪对信任也有抑制作用[286],故而亲社会行为与人际信任对个体的消极法律情感具有显著的负向影响作用。

与假设一致,本研究发现情绪弹性在父母的教养方式与法律情感之间具有中介效应。也就是说,父母的教养方式既对初中生的法律情感有直接影响,也通过情绪弹性对其产生间接影响。该中介效应表明,家庭环境系统通过个体的内部系统对其应对外界环境的情绪体验产生了影响。积极的父母教养方式有助于个体获得情感支持,进而提高其情绪弹性能力,从而促进个体对现行法律制度的积极情绪情感体验,抑制其负性法律情感体验。

以往研究发现,同伴依恋可通过自尊预测希望[287],同伴依恋通过自我认同的中介作用预测抑郁[288],同伴依恋通过自尊的中介作用预测社会适应性。[289]本研究以自尊为初中生同伴依恋与法律情感之间的中介变量,建立中介模型。对模型检验的结果表明,同伴依恋不仅能够直接预测法律情感,还能通过自尊的中介作用对法律情感产生影响。法律情感分为积极法律情感和消极法律情感,希望属于积极情感,抑郁属于消极情感。同时,法律是社会主流文化价值观的反映,个体对法律的情感状况一定程度上反映了其社会适应程度,故本研究一定程度上与以往研究得出的结论一致。本研究表明,同伴依恋程度高的个体会伴有更为积极的法律情感体验,同伴依恋程度低的个体更可能与同伴保持一种距离感,这会导致个体与他人甚至是社会的疏离感,这种长期的疏离感会引发个体对社会乃至主流文化价值观的负性情绪体验,即表现为消极的法律情感体验。此外,本研究也发现,同伴依恋通过自尊对法律情感也有影响,良好的同伴依恋有助于个体形成高自尊,具有高自尊的个体会觉得自己是有价值的,使得他们能够建立与他人和社会良性的关系,进而表现为对法律的积极情感体验;反之,不良的同伴依恋会导致中学生觉得自己是没有价值的,倾向于消极地解释自己所生活的社会及其文化价值观,从而表现为对法律的消极情感体验。这提示我们,在对初中生进行积极法律情感培育的过程中,要加强他们与同伴的积极情感联结,促使他们建立起较高水平的自尊,进而促使他们对当前的法律发展出积极的情感体验。

已有研究表明,共情对亲社会行为具有重要的影响作用[290],人际信任通过疏离感间接地影响高中生的公民责任意识。[291]本研究的结果表明,消极法律情感是人际信任与亲社会行为之间的中介变量,消极法律情感对人际信任与亲社会行为产生了部分中介效应。这说明当初中生对其他个体持有较高水平的信任感时,更有可能持有较低的消极法律情感体验。因为高水平的人际信任会使个体产生更强的联结感和安全感,从而导致其对社会法律的认同与积极情感体验。受到这种积极情绪的感染,个体更容易产生利他行为。此外,中学阶段也是个体法律意识发展的关键时期,个体在中学阶段的法律认知水平大大提升,亦开始对法律是调整人与人之间关系的行为规范有了更为深入的理解。所以,良好的人际信任不仅会影响到个体的法律情感状况,亦会通过个体的法律情感状况影响其亲社会行为。

第三节 中小学生法律意识的影响因素及机制探究

一、引言及理论假设

同伴依恋是指青少年与同伴之间建立起来的一种满足彼此情感归属并能够双向提供支持的特殊情感联结状态。依恋理论认为,个体与重要的他人建立安全型依恋关系对其人格的形成具有重要意义[292],同伴依恋与大学生社会适应具有显著正相关[293],相对于父母依恋,青少年的同伴依恋对其人际适应具有更强的预测力,且这种影响通过自尊的部分中介作用而实现。[294]布朗芬布伦纳的生态学理论认为,近端环境,如家庭、学校和社区通过近端过程,如同伴依恋对学生的心理发展产生影响。[295]法律意识是个体对现行法律的认知、情感和意志的一种综合心理现象,反映了个体社会化的程度。故而,本研究假设,个体的同伴依恋可正向预测法律意识。

自我意识的具体内容包括自我认知、自我体验和自我控制。自我认知是个体在与他人互动的过程中逐步对自我独立于他人的特征的认识,包括自我的生理特征、社会特征和心理特征的觉知。具体有对自己体态、容貌,自己在社会生活中的地位、社会角色、基本的权利义务的观念,自己的能力、道德观念、法律观、价值观等方面的觉知。关于自我认知的发生,依恋内部工作模型认为,自我认识始于婴儿与父母的互动中,这种互动关系同时也是个体建立依恋的过程,在个体早期依恋中形成了一种对自我和他人的表征。[296]这种依恋内部工作模型形成的表征一旦建立,就成为预测之后人际关系的指标。自我体验是自我意识的情绪状况,是自我卷入情绪状态中所带来的情感体验,包括自信、自卑、内疚、害羞等。[297]自我的情绪体验在个体社会化过程中具有动力功能,尤其是在涉及道德规范方面的时候,个体的内疚与羞愧能够促进个体的利他行为的发生,降低不道德行为的产生。自我体验中的情绪的道德功能对个体法律意识的培育也具有促进作用。自我控制是个体对自我心理和行为的一种监督,是促使自身行为与主流社会价值相符合的一种能力,是自我意识的执行维度。目前对自我控制的研究提出了一些理论,比较有影响力的如力量模型。力量模型认为,个体的自我控制能量是既定的,自我控制行为则需要消耗这些既定量的能量。当这种能量被消耗到一定程度的时候,便会出现自我损耗,即低自我控制状况。[298][299]

法律意识主要包括法律认知、法律情感和法律意志。法律认知是对法律现象和制度的知觉,是个体自我认知中关于法律方面的组成成分,这是个体法律意识的基础子结构,同时也受个体自我认知的影响。法律情感是个体自我卷入法律活动中的一种体验,这种体验既是个体自我体验的一种形式,同时也是法律意识培育中的动力因素。法律意志是个体克服自然偏好选择倾向,遵从维护社会秩序之法律的一种能力。

由此可见,法律意识的三个子结构与自我意识的三个成分之间具有千丝万缕的联系。个体法律意识的成熟定型亦成为个体自我的组成部分,而个体的自我意识又成为影响个体法律意识的关键变量。本研究假设同伴依恋会通过自我意识的中介作用对中小学生法律意识产生间接影响。

二、研究方法

(一)被试与施测程序

本次研究的被试为浙江省某初级中学学生和某小学高年级学生,共 600人,由一位培训过的心理学本科生和班主任承担主试,在学生的自习课上采取纸笔团体施测法施测。在剔除无效数据后保留有效数据 586 份。其中:初一学生 138 人,初二 140 人,小学五年级 160 人,小学六年级 148;男生 298 人,女生 288 人。

(二)研究工具

中学生意识量表(简版)由徐淑慧课题组在 2021 年编制。该量表分为法律认知、法律情感和法律意志 3 个维度。量表共有 11 个条目,法律认知 4 个条目,法律情感 4 个条目,法律意志 3 个条目,量表采用的是李克特 5 级评分法,从"完全不同意"到"完全同意"计分为 1 分到 5 分。得分越高代表被试的法律意识水平越高。本研究中该量表的 Cronbach's α 系数为 0.91。

青少年自我意识量表由聂衍刚等人编制而成。该量表共 68 个项目 3 个维度,分别是自我认知、自我体验和自我控制。量表采用的是李克特 5 级评分法,从"完全不符合"到"完全符合"。得分越高代表被试的自我意识水平越高。本研究中该量表的 Cronbach's α 系数为 0.91。

同伴依恋问卷采用张迎黎等在 2011 年修订的中文版青少年父母与同伴依恋问卷(Inventory of Parent and PeerAttachment,IPPA)中的同伴依恋分量表,分量表共计 25 个题目,包含信任、沟通、疏离 3 个维度,采用 5 点计分,1="从不",5="总是"。总分得分越高说明依恋水平越高。该研究中量表的内部一致性系数为 0.85。

(三)统计方法

采用 SPSS 23.0、AMOS 23.0 以及 Hayes 在 2013 年开发的 SPSS 宏程序 Process 进行数据处理与分析。统计分析方法主要有 t 检验、单因素方差分析、中介效应检验等。

三、研究结果

(一)共同方法偏差检验

采用 Harman 单因素检验法对调查数据进行共同方法偏差分析。对收集的数据,共 103 个条目进行因素分析,结果发现特征根大于 1 的公因子有 26 个,解释 62.34% 的变异,第一个因子的方差变异解释率为 15.15%,小于 40% 的临界值,说明所收集的数据不存在显著的共同方法偏差。

(二)中小学生法律意识在性别和年级上的差异分析

通过描述性统计分析可知,中小学生法律意识的发展趋势是从小学五年级到初一呈现出持续下降的趋势,且到初一出现断崖式下降,初二又迅速回升,且发展水平远超初一。法律意识各子结构与法律意识总分发展趋势相似。在小学五年级到初二的整个发展过程中,法律认知和法律情感的得分显著高于法律意志的得分,描述性统计结果摘要见表 7-36。

通过独立样本 t 检验,中小学生法律意识及各子结构在性别上不存在显著差异。经过方差分析检验,结果显示中小学生法律意识及各子结构在年级上存在显著差异。具体结果详见表 7-37。

表 7-36　法律意识在年级上的描述性统计分析

量表维度		法律认知	法律情感	法律意志	法律意识
五年级	均值	17.794	17.861	12.345	48.000
	标准差	2.733	2.843	2.451	6.803
六年级	均值	17.858	17.636	12.272	47.765
	标准差	4.403	4.352	2.846	10.687
初一	均值	16.634	16.606	11.648	44.887
	标准差	4.526	4.537	2.935	10.826
初二	均值	18.145	17.9408	12.658	48.743
	标准差	3.074	3.026	2.482	7.391

表 7-37　法律意识在年级上的方差分析结果摘要

量表维度		平方和	df	均方	F
法律意识	组间	1251.832	3	417.277	5.073**
	组内	50750.277	617	82.253	
	总数	52002.110	620		
法律认知	组间	194.052	3	64.684	4.607**
	组内	8662.502	617	14.040	
	总数	8856.554	620		
法律意志	组间	78.320	3	26.107	3.633*
	组内	4433.963	617	7.186	
	总数	4512.283	620		
法律情感	组间	166.817	3	55.606	3.962**
	组内	8659.689	617	14.035	
	总数	8826.506	620		

注：*** $p < 0.001$；** $p < 0.01$；* $p < 0.05$。

（三）各变量相关分析

相关分析显示，个体法律意识与自我意识、同伴依恋呈显著正相关，结果详见表 7-38。

表 7-38　法律意识与自我意识、同伴依恋之间的相关性

维度	同伴依恋	自我意识	法律意识
同伴依恋	1		
自我意识	0.411***	1	
法律意识	0.202***	0.200***	1

注：*** $p < 0.001$。

（四）中小学生同伴依恋与法律意识的关系：自我意识的中介效应

使用 Hayes 编制的 Process 宏程序，分析自我意识的中介作用。同伴依恋作为自变量，法律意识作为因变量，自我意识作为中介变量，对性别、年级变量进行控制，根据 Process 宏程序中的模型 4 进行多元层次回归分析，检验的结果（见表 7-39、表 7-40）表明：同伴依恋显著预测法律意识，自我意识显著

预测法律意识。加入自我意识后,同伴依恋对法律意识的影响依然显著,所以自我意识在同伴依恋与法律意识之间起部分中介作用。此外。同伴依恋对法律意识影响的直接效应及自我意识的中介效应的 Bootstrap 95% 置信区间的上、下限均不包含 0(见表 7-40),表明同伴依恋不仅能够直接预测法律意识,而且能够通过自我意识的中介作用预测法律意识。该直接效应和中介效应分别占总效应的 67.1%、32.9%。

表 7-39 自我意识在同伴依恋与法律意识之间的中介模型检验

变量	法律意识		自我意识		法律意识	
	β	t	β	t	β	t
(常数)	30.287	7.911***	193.884	18.272***	38.216	12.305***
同伴依恋	0.070	2.941**	0.839	11.240***	0.104	4.773***
自我意识	0.041	3.482***				
性别	−0.003	70.004	−5.961	−2.461*	−0.246	−0.348
年级	0.172	0.545	−4.568	−4.249***	−0.014	−0.046
R^2	0.055	0.2	0.036			
F	8.879***	50.816***	7.657***			

注:*** $p<0.001$;** $p<0.01$;* $p<0.05$。

表 7-40 总效应、直接效应及中介效应分解

维度	Effect	BootSE	BootLLCI	BootULCI	效应占比/%
间接效应	0.034	0.012	0.013	0.060	32.9
直接效应	0.070	0.025	0.022	0.120	67.1
总效应	0.104	0.022	0.063	0.148	

四、讨论分析

相关研究表明,中小学生自尊发现呈现出显著的年级差异,且初二是青少年自尊发展的关键期。[300] 本研究亦发现中小学生法律意识发展在小学五、六年级虽然呈下降趋势,但较为平缓,初一学生的法律意识发展水平呈断崖式下降,然后到初二年级时显著上升。法律意识发展存在显著的年级差异,初一学生的法律意识水平显著低于小学五年级和初二学生的法律意识发展

水平。导致这一情况的主要原因可能是初二的学生系统地接受了法治教育，故而法律意识水平迅速提升。初一的学生面临新环境的适应问题，在人际、学习方面的适应需要消耗掉大量的心理资源，从而影响到了其法律意识的发展水平。这一研究结果提示我们，要关注初一学生的心理发展问题和法治教育。因为法治教育不仅仅是为了提升学生的法律素养，还有预防青少年犯罪的功能，故而在相应的法治教育课程设置上应考虑这一现象。

本研究基于以往研究及依恋理论构建了一个中介模型，明确了同伴依恋通过自我意识的中介作用影响中小学生法律意识。研究结果对深入理解法律意识的发生与发展机制，通过引导中小学生形成良好的同伴依恋从而提高其法律意识水平具有一定的理论和实践意义。中小学生法律意识的影响因素有很多，自我意识是其中非常重要的一个影响变量。探讨自我意识在同伴依恋与法律意识之间的中介作用，不仅有助于从人格的角度揭示同伴依恋对个体法律意识产生的影响，而且有助于揭示法律意识发展的人格社会化机制。本研究发现，同伴依恋能够通过自我意识的中介作用正向预测中小学生的法律意识。同伴依恋关系发展良好可促进个体自我意识的发展，进而有助于中小学生法律意识水平的提升。

依恋系统对个体的心理和社会适应具有关键影响作用。良好的依恋关系为个体的发展提供积极的心理资源，有助于个体自我意识健康成长，而自我意识的健康成长有利于个体的社会化，法律意识又作为个体社会化的指标之一，故而良好的同伴依恋会通过正向预测个体的自我意识，进而提升中小学生的法律意识发展水平。

第八章　大学生法律意识的实证研究

第一节　大学生法律认知的发展特点、
影响因素及心理机制

一、引言及理论假设

人际关系是人与人之间在交往和互动过程中所形成的一种心理关系,它是个体社会化的重要表现,能够满足个体的归属感需求。[301] 相关研究表明,人际关系行为困扰与认知偏差呈显著正相关[302],大学生认知评价负向预测其人际关系,父母冲突通过大学生认知评价的完全中介作用影响其人际关系。[303] 大学生自我控制与人际关系适应正向关联,低外向性大学生中,高自我控制者的人际关系适应得分高于低自我控制者,也就是说,高自我控制可能缓冲了低外向性对人际关系的消极作用。[304] 高中生的不良人际关系会显著降低其心理资本水平。心理资本是一种积极心理资源,包括自我效能感。[305] 故而,基于此前相关研究可推论,人际关系对法律认知具有预测作用。核心自我评价作为人格的核心特质,是个体对自我的基本评价。[306] 故而,核心自我评价属于认知变量,其包括自尊、一般自我效能感、神经质和控制源 4 个因素。[307] 法律认知作为个体对现行法律体系的基本观点和看法,亦会受到核心自我评价的影响。因此,本研究假设核心自我评价在人际关系与法律认知之间存在中介作用。

社会支持是个体心理社会资源的重要组成部分。目前的相关理论认为,社会支持对个体心理健康的影响方式有以下两种:第一种是个体所获得的社会支持直接影响个体的心理健康水平；第二种则认为社会支持以间接的方式调节个体的身心健康。[308]个体的社会支持是在与他人的互动过程中发生的。个体获得较多的社会支持，亦会对自己的认知体系产生影响，比如对他人和社会有更为积极的认知，以及形成更佳的社会适应力。[309]法律认知一方面反映了个体对法律的认知和评价；另一方面也体现了个体对社会的适应程度。据此，本研究假设，社会支持可显著预测个体的法律认知。一般自我效能感是个体在不同环境中面临困境时所表现出来的相对稳定的自信心。[310]自我效能感对个体的认知、情绪和行为均会产生影响。本研究假设，大学生一般自我效能感可显著正向预测其法律认知水平。

综上所述，本研究皆在探究大学生人际关系困扰、核心自我评价与法律认知之间的关系，以及大学生的社会支持、一般自我效能感和法律认知之间的关系。

二、研究方法

（一）被试与施测程序

本研究旨在探究大学生法律认知的影响因素。由于在前期的理论梳理中，影响大学生法律认知所涉及的变量较多，加之考虑到被试在答题过程中的疲劳等因素，故分批次进行数据收集。在收集数据的过程中，均由接受过专业施测训练的主试利用课堂或者晚自习时间进行团体施测。两次收集数据的被试均为浙江省高校的大学生。

在剔除无效数据后，第一次保留有效数据 431 份。其中：大一学生 312 人，大二学生 43 人，大三学生 19 人，大四学生 56 人；男生 177 人，女生 254 人。第二次保留有效数据 286 份。其中：大一学生 211 人，大二学生 7 人，大三学生 21 人，大四学生 47 人；男生 83 人，女生 203 人。

（二）研究工具

大学生法律认知测评量表由徐淑慧在 2020 年编制。该量表分为抽象法律认知量表和具体法律认知量表。每个分量表又包含 3 个维度。抽象法律认知的 3 个维度分别是：法律本质认知、法律价值认知、法律功能认知；具体法律认知的 3 个维度分别是：宪法认知、权利认知和义务认知。量表共 29 个题目，采用的是李克特 5 级评分法，1—5 分表示从"完全不同意"到"完全同意"，完全不同意计 1 分,完全同意计 5 分。得分越高表示被试的法律认知水平越高。抽象法律认知及其 3 个维度的 Cronbach's α 系数分别为 0.904、0.766、0.867、0.85;具体法律认知及其 3 个维度的 Cronbach's α 系数分别为 0.908、0.867、0.839、0.827。本研究中总量表以及抽象和具体法律认知分量表的 Cronbach's α 系数分别为 0.998、0.995、0.996。

大学生人际关系综合诊断量表由郑日昌编写[311],共 28 个题目,题目采取"是"或"否"作答,回答"是"得 1 分,回答"否"得 0 分。得分的高低代表被试人际关系困扰程度的高低。该量表共包含 4 个维度,分别是与人交谈困扰、人际交往困扰、待人接物困扰、与异性交往困扰。本研究中该量表的 Cronbach's α 系数为 0.873。

核心自我评价量表由 Judge 等在 2003 年编制[312],杜建政等在 2012 年修订[313]。该量表共 10 个题目,采用李克特 5 级评分法,从"完全不同意"到"完全同意",总分越高,表示个体核心自我评价水平越高。本研究中该量表的 Cronbach's α 系数为 0.867。

一般自我效能感量表由 Schwarzer 等在 1981 年编写,共 10 个题目。本研究采用王才康等在 2001 年修订的中文版 GSES 量表。量表采用李克特 4 点计分法,评分 1—4 表示从"完全不正确"到"完全正确"。本研究中该量表的 Cronbach's α 系数为 0.927。

青少年社会支持评定量表由叶悦妹等编制[314],共 17 个题目,包括主观支持、客观支持和支持利用度。量表采用李克特 5 点计分法,从"不符合"到"符合",得分越高,表示个体社会支持度越高。本研究中该量表的 Cronbach's α 系数为 0.974。

（三）统计方法

采用 SPSS 23.0、AMOS 23.0 以及 Hayes 在 2013 年开发的 SPSS 宏程序 Process 进行数据处理与分析。统计分析方法主要有 t 检验、单因素方差分析、回归分析、中介效应和调节效应检验等。

三、研究结果

（一）共同方法偏差检验

采用 Harman 单因素检验法对调查数据进行共同方法偏差分析。对第一次收集的数据,共 67 个条目进行因素分析,结果发现特征根大于 1 的公因子有 17 个,解释 62.36% 的变异,第一个因子的方差变异解释率为 15.86%,小于 40% 的临界值,说明第一次数据不存在显著的共同方法偏差。

对第二次收集的数据,共 56 个条目进行因素分析,结果发现特征根大于 1 的公因子有 9 个,解释 67.15% 的变异,第一个因子的方差变异解释率为 29%,小于 40% 的临界值,说明第二次数据不存在显著的共同方法偏差。

（二）大学生法律认知的发展特征

1.大学生法律认知总体特征表现

被试整体法律认知总均分在中等水平（3.5 分）以上的分数占到总人数的 65%,抽象法律认知总均分在中等水平（3.8 分）以上的分数占到总人数的 65%,具体法律认知总均分在中等水平（3.6 分）以上的分数占到总人数的 65%,说明大学生法律认知发展处在中等偏上水平。同时抽象法律认知水平略高于具体法律认知水平。量表总均分及各维度的平均值和标准差见表 8-1。

表 8-1　大学生法律认知的总体特征

维度	法律认知	抽象法律认知	具体法律认知	法律本质认知	法律价值认知	法律功能认知	宪法认知	权利认知	义务认知
均值	3.580	3.887	3.591	3.500	3.587	3.582	3.596	3.584	3.598
标准差	1.731	1.977	1.756	1.620	1.785	1.720	1.775	1.709	1.814

2.大学生法律认知总分及各维度的性别、年级、专业特征

（1）大学生法律认知性别差异检验。对大学生法律认知得分做性别独立样本 t 检验,结果显示,在法律认知总分及各个维度上均不存在显著差异。

（2）大学生法律认知年级差异检验。对大学生法律认知及各个维度做单因素方差分析,结果（见表 8-2）显示:法律认知及各维度均存在显著的年级差异（$p < 0.001$）。事后比较发现,大一学生的法律认知及各个维度的得分均显著高于其他三个年级（$p < 0.001$）,其他三个年级的法律认知及各个维度得分差异不显著（$p > 0.05$）。整个大学阶段,个体的法律认知发展曲线逐年级向下,大四稍有回升。且整个大学阶段,抽象法律认知水平一直高于具体法律认知的发展水平。

表 8-2　不同年级大学生法律认知及各维度得分的描述性统计摘要

年级		法律认知	抽象法律认知	具体法律认知	法律本质认知	法律价值认知	法律功能认知	宪法认知	权利认知	义务认知
大一	均值	4.487	4.903	4.512	4.314	4.522	4.479	4.524	4.463	4.547
	标准差	1.142	1.342	1.157	1.141	1.175	1.140	1.169	1.156	1.186
大二	均值	2.669	2.952	2.668	2.698	2.653	2.677	2.654	2.718	2.635
	标准差	1.742	2.085	1.760	1.635	1.793	1.744	1.766	1.720	1.833
大三	均值	2.517	2.657	2.502	2.517	2.494	2.536	2.524	2.547	2.491
	标准差	1.712	1.898	1.735	1.513	1.778	1.730	1.760	1.710	1.794
大四	均值	2.540	2.701	2.533	2.575	2.514	2.555	2.530	2.573	2.516
	标准差	1.709	1.917	1.736	1.609	1.766	1.685	1.768	1.677	1.807

(3)大学生法律认知及各维度在专业上的差异检验。单因素方差分析结果显示,大学生法律认知及各维度在专业上存在显著差异($F_1 = 19.41$, $F_2 = 21.38$, $F_3 = 19.22$, $F_4 = 17.26$, $F_5 = 19.39$, $F_6 = 19.84$, $F_7 = 19.07$, $F_8 = 17.50$, $F_9 = 20.35$, $p < 0.001$)。事后比较发现,工科生在法律认知及各维度上的得分显著高于文科生和理科生($p < 0.001$),文科生和理科生在法律认知及各维度上差异不显著($p > 0.05$)。详见表 8-3。

表 8-3　不同专业大学生法律认知及各维度得分的描述性统计摘要

专业		法律认知	抽象法律认知	具体法律认知	法律本质认知	法律价值认知	法律功能认知	宪法认知	权利认知	义务认知
文科	均值	3.489	3.680	3.504	3.389	3.493	3.494	3.512	3.506	3.501
	标准差	1.758	1.921	1.788	1.623	1.814	1.746	1.806	1.737	1.847
理科	均值	3.307	3.713	3.307	3.290	3.308	3.314	3.303	3.323	3.297
	标准差	1.821	2.179	1.834	1.735	1.880	1.804	1.872	1.772	1.890
工科	均值	4.181	4.630	4.195	4.038	4.207	4.190	4.201	4.146	4.236
	标准差	1.401	1.648	1.424	1.359	1.437	1.395	1.433	1.413	1.468

注:$^{***} p < 0.001$; $^{**} p < 0.01$; $^{*} p < 0.05$。

(三)大学生法律认知的影响因素

1.法律认知与各个影响因素之间的相关分析

(1)法律认知与人际关系困扰、核心自我评价的相关分析。对法律认知总分、抽象法律认知、具体法律认知与人际关系困扰、核心自我评价进行描述性统计和积差相关分析。结果(见表 8-4)表明:法律认知总体水平、抽象法律认知、具体法律认知和人际关系困扰相关性不显著,与核心自我评价显著相关。

表 8-4　法律认知与人际关系困扰、核心自我评价的相关分析

维度	法律认知	抽象 法律认知	具体 法律认知	人际 关系困扰	核心 自我评价
法律认知	1				
抽象法律认知	0.955 ***	1			
具体法律认知	0.933 ***	0.790 ***	1		
人际关系困扰	0.052	−0.041	−0.057	1	
核心自我评价	0.175 ***	0.176 ***	0.159 ***	−0.419 ***	1

注:*** $p < 0.001$。

(2)法律认知与一般自我效能感、社会支持的相关分析。对法律认知总分、抽象法律认知、具体法律认知与一般自我效能感、主观支持、客观支持和支持利用度进行描述性统计和积差相关分析。结果表明,法律认知总分、抽象法律认知、具体法律认知与一般自我效能感、社会支持量表的 3 个维度均呈显著正相关。结果见表 8-5。

表 8-5　法律认知与一般自我效能感、社会支持的相关分析结果摘要

维度	法律 认知	抽象 法律认知	具体 法律认知	一般自我 效能感	主观 支持	客观 支持	支持 利用度
法律认知	1						
抽象法律认知	0.971 ***	1					
具体法律认知	0.956 ***	0.859 ***	1				
一般自我效能感	0.200 **	0.216 ***	0.164 **	1			
主观支持	0.303 ***	0.290 ***	0.294 ***	0.478 ***	1		
客观支持	0.328 ***	0.311 ***	0.323 ***	0.366 ***	0.698 ***	1	
支持利用度	0.240 ***	0.221 ***	0.245 ***	0.417 ***	0.707 ***	0.661 ***	1

注:*** $p < 0.001$;** $p < 0.01$;* $p < 0.05$。

2.一般自我效能感、社会支持的 3 个维度对法律认知的回归分析

逐步多元回归结果显示,在一般自我效能感、主观支持、客观支持、支持利用度这 4 个预测变量中有显著预测力的有一个,即客观支持。客观支持与法律认知的多元相关系数为 0.328,决定系数 R^2 为 0.108,最后回归模型整体性检验的 F 值为 34.262($p = 0.000 < 0.05$),因而客观支持变量可有效解释法律认知 10.8% 的变异量。从标准化的回归系数来看,回归模型中客观支持变量的 β 值为正,表示其对法律认知的影响为正向。详见表 8-6。

表 8-6 一般自我效能感、社会支持对法律认知的逐步多元回归分析摘要

投入变量顺序	R	R^2	增加量 (ΔR^2)	F	ΔF	B	β
(常数)						120.846	
客观支持	0.328	0.108	0.108	34.262***	34.262***	0.711	0.328

注:*** $p < 0.001$;** $p < 0.01$;* $p < 0.05$。

(四)大学生法律认知各个维度及影响因素的内部机制探究

1.大学生抽象法律认知与具体法律义务认知的关系:核心自我评价的中介效应分析

采用 Hayes 在 2012 年编制的 Process 宏程序中的模型 4(模型 4 为简单的中介模型),对抽象法律认知与具体法律义务认知之间关系的中介效应进行检验。结果(见表 8-7、表 8-8)表明,抽象法律认知对具体法律义务认知的预测作用显著,当放入中介变量后,抽象法律认知对具体法律义务认知的预测作用依然显著。抽象法律认知对核心自我评价的预测作用显著,此外,抽象法律认知对具体法律义务认知影响的直接效应及核心自我评价的中介效应 Bootstrap 95% 置信区间的上、下限均不包含 0(见表 8-8),这表明抽象法律认知不仅能够直接预测具体法律义务认知,而且能够通过核心自我评价的中介作用预测具体法律义务认知。该直接效应和中介效应分别占总效应的97.8%、2.2%。

表 8-7　核心自我评价在抽象法律认知与具体法律义务认知关系中的中介模型检验

变量	具体法律义务认知		具体法律义务认知		核心自我评价	
	β	t	β	t	β	t
（常数）	1.738	8.756***	1.761	8.856***	8.770	1.215
抽象法律认知	0.549	15.430***	0.561	15.969***	4.721	3.702***
核心自我评价	0.003	1.938*				
R^2	0.378		0.373		0.031	
F	130.209***	255.022***	13.705***			

注：*** $p<0.001$；** $p<0.01$；* $p<0.05$。

表 8-8　总效应、直接效应及中介效应分解表

维度	Effect	BootSE	BootLLCI	BootULCI	效应占比/%
间接效应	0.012	0.006	0.001	0.025	2.2
直接效应	0.549	0.077	0.392	0.694	97.8
总效应	0.561	0.078	0.405	0.713	

2.大学生客观社会支持与法律认知的关系：一般自我效能感的中介效应分析

采用 Hayes 在 2012 年编制的 Process 宏程序中的模型 4（模型 4 为简单的中介模型），对客观社会支持与法律认知之间关系的中介效应进行检验。结果（见表 8-9、表 8-10）表明，客观社会支持对法律认知的预测作用显著，当放入中介变量后，客观社会支持对法律认知的直接预测作用依然显著。客观社会支持对一般自我效能感的预测作用显著。此外，客观社会支持对法律认知影响的直接效应及一般自我效能感的中介效应的 Bootstrap 95％置信区间的上、下限均不包含 0（见表 8-10），表明客观社会支持不仅能够直接预测法律认知，而且能够通过一般自我效能感的中介作用预测法律认知。该直接效应和中介效应分别占总效应的 89.7％、10.3％。

表 8-9　一般自我效能感在大学生客观社会支持与法律认知关系中的中介模型检验

变量	法律认知		法律认知		一般自我效能感	
	β	t	β	t	β	t
（常数）	119.172	35.502***	120.846	37.983***	11.963	5.800***

189

续表

变量	法律认知		法律认知		一般自我效能感	
	β	t	β	t	β	t
客观社会支持	0.638	4.900***	0.711	5.853***	0.522	6.626***
一般自我效能感	0.140	1.532				
R^2	0.115	0.108	0.134			
F	18.386	34.262***	43.907***			

注：*** $p<0.001$；** $p<0.01$；* $p<0.05$。

表 8-10　总效应、直接效应及中介效应分解

维度	Effect	BootSE	BootLLCI	BootULCI	效应占比/%
间接效应	0.073	0.038	0.003	0.150	10.3
直接效应	0.638	0.214	0.258	1.103	89.7
总效应	0.711	0.205	0.354	1.162	

四、讨论分析

　　大学生总体法律认知发展水平处于中等偏上，且抽象法律认知，比如对法律的价值、功能和本质的认知水平高于具体法律认知，如权利义务的认知。这表明，经过多年的法治教育以及在依法治国大背景的影响下，比如 2021 年《中华人民共和国民法典》的颁布引发了全民学法的浪潮，大学生法律认知水平发展良好。年级差异检验表明，整个大学阶段抽象法律认知水平高于具体法律认知水平。这一方面说明大学生对法理的理解要高于对具体权利义务知识的掌握，因为法理是法律具体条款的理论依据，是法的价值所在，而法理的一大部分内容与道德具有重合性，比如法价值中的公正、秩序、自由等，这些理念也是道德所关注的点，也是目前所提倡的依法治国和以德治国相互促进的缘由之所在，故而可解释为何出现大学生抽象法律认知水平高于具体法律认知水平；另一方面也表明，要提升大学生对具体权利义务的认知水平，就要加强法治教育，这一部分知识可采取有意义的接受学习的方式进行，即只要告诉学生"这是什么"即可，这样的教学方式从对知识传播的量和速度来说是较佳的教学方式。对于研究结果中大一学生法律认知发展水平高于其他三个年级,最大的可能性是因为大一学生刚接受过大学生法律基础知识教育,故而其法律认知水平较其他年级要高,虽然这表明对大学生的法治教育是有效果的,但随着时间的推移效果会逐步消退,这对学校法治教育具有一定的启示作用,比如在课程设置方面是否将法治教育分散在各个学期以及如何让学生保持法治教育的持续性效果,是否考虑开设一些法治实践活动以此提高对法治知识的利用度。

本次研究亦表明,工科生法律认知及各维度得分显著高于文科生和理科生。对于这一缘由主要是从学科背景对其的影响来讲,工科生的课程更有利于培养他们的逻辑思维以及对规则的遵循,而文科生和理科生更侧重对他们批判反思能力的培养。这也表明,对于不同专业的学生,法治教育应因材施教,比如对工科生讲授具体的法律是什么,以及法律的运用场景,但对文科生和理科生则更注重论证该法律背后的法理,以此提升他们对法律的认同度。

本研究在相关分析中发现,人际关系困扰与法律认知的相关性不显著,故而关于人际关系与法律认知的前期假设不得证。但通过对大学生抽象法律认知、具体法律认知与核心自我评价的中介效应检验发现,核心自我评价在抽象法律认知与具体法律认知的关系中起中介作用。这表明,大学生抽象法律认知对具体法律认知具有显著预测作用。这一结果说明,要促进大学生对具体法律权利义务的认知,可先促使他们对法律的价值、法律本质和功能进行理解。关于法律的本质、价值和功能,一部分内容与道德教育重合,比如公正、秩序等,道德教育的最终目的是塑造个体健全的人格。核心自我评价作为个体对自我的基本评价,是在与他人和社会的互动中形成的,故而核心自我评价会受到抽象法律认知的影响,也会影响到个体的具体的法律认知水平。

本研究亦发现,一般自我效能感在客观社会支持和法律认知的关系中起中介效应。这表明,客观社会支持可以直接影响到个体的法律认知,也可以通过一般自我效能感影响到个体的法律认知。本研究对法律认知的发展采取的是"关系说",即个体在社会关系中发展起来的对法律及相关现象的认知与评价。那么,个体得到越多的客观社会支持,越有利于个体对社会的认可,其中包括对规范人与人之间关系的法律的认可。班杜拉也提出了影响个体自我效能感的重要因素便是个体在实践活动中取得成功的经验,那么良好的客观社会支持有助于个体获得成功,进而提高其一般自我效能感。较高的自我效能感则对个体的认知有积极的影响,进而可正向预测其法律认知。

第二节　大学生法律情感的发展特点、影响因素及心理机制

一、引言及理论假设

大学生作为国家的未来及建设者,是依法治国的重要参与人,探究其法律情感的影响因素及机制对于法治教育具有重要意义。亲子依恋是父母与子女之间的一种持续而强烈的情感联结。[315]布朗芬布伦纳的生态系统理论认为,家庭是个体发展的起点,亲子关系对个体的社会化起到重要影响作用。[316]亲子关系不佳的个体得不到父母的关爱与理解,与父母建立了不安全的依恋关系,这种不安全的依恋关系内化为个体人际交往的内部工作模式。[317]在这种内部工作模式作用下,他们会认为他人乃至社会是不值得被信任的。这种消极的认知方式导致他们对现行的法律也出现认知偏差,并伴随着消极的情感体验。成人依恋与早期的依恋类似,会影响个体的认知、情感和行为。成人依恋类型折射出个体与他人、与社会等方面的关系。已有研究证实,大学生成人依恋对社会支持、抑郁、安全感均存在显著的影响。[318][319]基于此,本研究旨在探究大学生亲子依恋、成人依恋与法律情感之间的关系。

创新精神是个体在认知或创造性活动的过程中产生的智能心理与非智能心理因素的优化整合并具有功能性的一种心理状态。它包含7个维度,分别是灵活与变通性、标新立异性、批判性、反思性、教师支持、大学课程、同伴影响。[320]创造力与情绪的相关观点认为,威胁对创造力作用机制的不同是由于威胁的等级不同、创造力机制的差异及相关的中介调节变量的影响。[321]个体的创造力也会受到心理安全感的影响。[322]个体在积极情绪状态下的创造性显著高于消极情绪状态下的创造性。[323]情绪表达是个体的一种人格特质,它指个体通过外显行为表达自己情绪的过程。相关研究表明,情绪表达会影响到留守儿童的孤独感。[324]情绪表达作为一种情绪调节策略,其作为保护因子在儿童期创伤和负性自动思维之间起调节作用。[325]据此,本研究第二个研

究主题便是大学生创新精神可显著预测其法律情感,且在创新精神影响其法律情感的过程中,情绪表达起到中介作用。

二、研究方法

(一)被试与施测程序

以浙江省温州市某高校大学生为被试,主试由接受过专业施测训练的学生在课堂上让大学生扫二维码进行团体施测。第一次收集的有效数据有 507份。其中:男生 172 份,女生 335 份;大一学生 52 人,大二学生 67 人,大三学生 128 人,大四学生 260 人;文科生 298 人,理科生 209 人。第二次收集到的有效数据有 404 份。其中:男生 118 人,女生 286 人;大一学生 27 人,大二学生 191 人,大三学生 81 人,大四学生 105 人;文科生 285 人,理科生 45 人,工科生 74 人。

(二)研究工具

大学生法律情感量表由徐淑慧课题组在 2020 年编制。该量表分为积极法律情感和消极法律情感两个分量表。积极法律情感包含兴趣、期待和信任3 个维度,消极法律情感包含失望、蔑视和厌恶 3 个维度。量表共有 33 个条目,其中积极法律情感分量表含 11 个条目,消极法律情感分量表有 22 个条目。量表采用的是李克特 5 级评分法,1—5 分代表从"完全不同意"到"完全同意"。得分越高代表被试的积极法律情感或者消极法律情感水平越高。两个分量表的 Cronbach's α 系数分别为 0.886、0.948。本研究中该量表积极法律情感和消极法律情感的 Cronbach's α 系数分别为 0.911、0.970。

亲子依恋问卷采用的是父母同伴依恋量表(IPPA-R)修订版的父子依恋、母子依恋分量表。每个分量表均包含信任、沟通和疏离 3 个维度,各 25 个题项。采用李克特 5 级计分法,从"完全符合"到"完全不符合",分数越高表明个体经历的亲子关系越差。本研究中父子依恋分量表的 Cronbach's α 系数为0.909,母子依恋分量表的 Cronbach's α 系数为 0.885。

成人依恋量表采用 Collins 在 1996 年修订的成人依恋量表。该量表共有18 个题目,包含亲近、焦虑、依赖 3 个维度,每个维度各包含 6 个条目。量表采用李克特 5 级计分法,从"完全符合"到"完全不符合"。本研究中量表的亲近、焦虑维度的 Cronbach's α 系数在 0.7 以上,依赖维度的 Cronbach's α 系数为 0.62。

大学生创新精神调查问卷由王洪礼等人开发。[326] 该问卷包括主体和客体 2 个维度、7 个子维度,用于测评被试的问题意识、批判精神和批判性思维的能力、发现问题和提出问题以及质疑精神、求异求新的标新立异精神。问卷共 40 个题目,采用李克特 5 级计分法,1—5 分表示从"完全不符合"到"完全符合"。问卷的 Cronbach's α 系数为 0.902,间隔 10 天后重测信度为 0.897。本研究中问卷的 Cronbach's α 系数为 0.849。

情绪表达问卷由王振宏等编制。[327] 该问卷分为两个分问卷,即正性情绪表达和负性情绪表达。两个分问卷为低相关或无相关,不能够合成情绪表达总分。情绪表达可视为个体的一种稳定的人格特质。问卷总共有 18 个题目,奇数项目为正性情绪表达,偶数项目为负性情绪表达,问卷采用李克特 5 级计分法,1—5 分表示从"完全不符合"到"完全符合"。本次研究两个分问卷的 Cronbach's α 系数分别为 0.849,0.915。

(三)统计方法

采用 SPSS 23.0、AMOS 23.0 以及 Hayes 在 2013 年开发的 SPSS 宏程序 Process 进行数据处理与分析。统计分析方法主要有 t 检验、单因素方差分析、回归分析、中介效应和调节效应检验等。

三、研究结果

(一)共同方法偏差检验

采用 Harman 单因素检验法对学生的调查数据进行共同方法偏差分析。对第一次收集的数据,共 101 个条目进行因素分析,结果发现特征根大于 1 的公因子有 18 个,解释 67.039% 的变异,第一个因子的方差变异解释率为 19.87%,小于 40% 的临界值,说明第一次数据不存在显著的共同方法偏差。对第二次收集的数据,共 94 个条目进行因素分析,结果发现特征根大于 1 的公因子有 15 个,解释 69.947% 的变异,第一个因子的方差变异解释率为 24.022%,小于 40% 的临界值,说明第二次数据不存在显著的共同方法偏差。

(二)大学生法律情感的发展特征

1. 大学生法律情感的总体特征

被试总体积极法律情感总分在中等水平(46.92 分)以上的分数占到总人

数的52％，说明大学生积极法律情感发展大约一半人数处在中等偏上水平；被试总体消极法律情感总分在中等水平（40分）以下的分数占到总人数的60％，说明大学生消极法律情感发展处在中等偏下水平。在积极法律情感中，得分最高的是法信任，最低的是法兴趣，说明大学生积极法律情感发展最好的是法信任；在消极法律情感中，法厌恶得分最低，法失望得分最高，说明大学生消极法律情感中失望情绪最严重。量表总分及各维度的平均值和标准差见表8-11。

表 8-11　大学生法律情感的总体特征

变量	积极 法律情感	消极 法律情感	法信任	法期待	法兴趣	法失望	法厌恶	法蔑视
均值	46.923	40.001	4.366	4.440	3.900	2.152	1.594	1.832
标准差	5.408	17.672	0.522	0.546	0.685	0.982	0.833	0.846

2. 大学生法律情感总分及各维度的年级、性别和专业特征

（1）大学生法律情感的年级特征。如表8-12、表8-13所示，方差分析结果显示，积极法律情感、消极法律情感、法兴趣、法失望、法厌恶维度存在显著的年级差异，法信任、法期待、法蔑视维度不存在显著的年级差异。事后比较发现，大二学生的积极法律情感得分显著高于大三和大四的学生，大三学生的得分显著高于大四的学生；在法兴趣维度，大二学生的得分显著高于大一、大三和大四学生的得分，其他三个年级之间无显著差异；大一学生的消极法律情感得分高于大二和大三；大一学生在法失望维度的得分显著高于大二和大三，大四学生的得分显著高于大二学生；大一学生在法厌恶维度的得分显著高于其他三个年级。

总体来看，在整个大学阶段，法律期待感一直高于法律信任感，法律信任感高于法律兴趣，法律失望感一直高于法律蔑视，法律蔑视高于法律厌恶。积极法律情感的3个维度和消极法律情感的3个维度的发展水平与量表总分的发展曲线基本一致，同时积极法律情感总分和消极法律情感总分呈现互补的V形曲线，即出现大二学生的积极法律情感得分最高，消极法律情感得分最低的现象。

表 8-12 法律情感在年级上的描述统计

量表维度	大一		大二		大三		大四	
	均值	标准差	均值	标准差	均值	标准差	均值	标准差
积极法律情感	47.051	6.621	48.054	5.277	46.990	4.896	46.058	5.357
消极法律情感	44.975	25.752	38.070	17.465	39.239	15.467	40.726	16.664
法信任	4.405	0.687	4.415	0.498	4.386	0.473	4.311	0.523
法期待	4.459	0.666	4.476	0.526	4.471	0.483	4.392	0.564
法兴趣	3.865	0.715	4.164	0.654	3.853	0.660	3.748	0.662
法失望	2.382	1.418	2.041	0.932	2.075	0.842	2.226	0.967
法厌恶	1.907	1.227	1.529	0.792	1.568	0.746	1.587	0.793
法蔑视	1.979	1.149	1.737	0.861	1.813	0.738	1.878	0.812

表 8-13 法律情感在年级上的单因素方差分析

维度		SS	df	MS	F	LSD
积极法律情感	组间	605.811	3	201.937	7.042***	$B>C, B>D$ $C>D$
	组内	26010.810	907	28.678		
	总数	26616.621	910			
消极法律情感	组间	3229.664	3	1076.555	3.475*	$A>B, A>C$
	组内	280959.335	907	309.768		
	总数	284188.999	910			
法信任	组间	1.926	3	0.642	2.362	
	组内	246.482	907	0.272		
	总数	248.408	910			
法期待	组间	1.388	3	0.463	1.554	
	组内	270.009	907	0.298		
	总数	271.397	910			
法兴趣	组间	26.985	3	8.995	20.394***	$B>A, B>C,$ $B>D$
	组内	400.036	907	0.441		
	总数	427.021	910			

续表

维度		SS	df	MS	F	LSD
法失望	组间	10.599	3	3.533	3.693*	A>B,A>C, D>A
	组内	867.693	907	0.957		
	总数	878.292	910			
法厌恶	组间	8.985	3	2.995	4.360**	A>B,A>C, A>D
	组内	623.030	907	0.687		
	总数	632.015	910			
法蔑视	组间	4.871	3	1.624	2.276	
	组内	647.124	907	0.713		
	总数	651.995	910			

注：*** $p<0.001$；** $p<0.01$；* $p<0.05$。A 代表大一学生水平；B 代表大二学生水平；C 代表大三学生水平；D 代表大四学生水平。

（2）大学生法律情感的性别特征。如表 8-14、表 8-15 所示，对大学生法律情感得分做独立样本 t 检验，结果显示，消极法律情感及其 3 个维度存在性别差异，且均为男生得分高于女生得分，效果值分别为 0.051、0.067、0.069，即性别变量可解释法律厌恶感和法律蔑视感总方差中的 5％至 7％的变异量。其他维度在性别上均不存在显著差异。

表 8-14　法律情感在性别上的描述统计

量表维度	男		女	
	均值	标准差	均值	标准差
积极法律情感	47.255	5.533	46.768	5.346
消极法律情感	43.517	20.705	38.359	15.813
法信任	4.401	0.536	4.349	0.516
法期待	4.465	0.552	4.428	0.544
法兴趣	3.931	0.706	3.886	0.675
法失望	2.286	1.160	2.090	0.881
法厌恶	1.773	0.982	1.510	0.740
法蔑视	1.989	0.971	1.759	0.772

表 8-15　法律情感在性别上的差异分析

量表维度	男（均值±标准差）	女（均值±标准差）	t
积极法律情感	47.255±5.533	46.768±5.346	1.267
消极法律情感	43.517±20.705	38.359±15.813	4.140***
法信任	4.401±0.536	4.349±0.516	1.385
法期待	4.465±0.552	4.428±0.544	0.935
法兴趣	3.931±0.706	3.886±0.675	0.931
法失望	2.286±1.160	2.090±0.881	2.821**
法厌恶	1.773±0.982	1.510±0.74	4.480***
法蔑视	1.989±0.971	1.759±0.772	3.857***

注：*** $p < 0.001$；** $p < 0.01$；* $p < 0.05$。

（3）大学生法律情感的专业特征。如表 8-16、表 8-17 所示，方差分析结果显示，积极法律情感及法兴趣存在显著的专业差异，消极法律情感及其他维度不存在显著差异。事后比较发现，工科学生的积极法律情感得分显著高于文科学生和理科学生；在法兴趣维度，三个专业学生得分差异均显著，即工科学生得分高于文科学生，文科学生得分高于理科学生得分。

表 8-16　法律情感在专业上的描述统计

量表维度	文科		理科		工科	
	均值	标准差	均值	标准差	均值	标准差
积极法律情感	46.904	5.243	46.543	5.326	48.378	6.668
消极法律情感	39.794	17.108	40.654	18.349	39.392	19.759
法信任	4.358	0.502	4.366	0.525	4.426	0.657
法期待	4.432	0.535	4.443	0.553	4.490	0.610
法兴趣	3.914	0.680	3.769	0.640	4.239	0.751
法失望	2.155	0.948	2.189	1.059	2.008	0.978
法厌恶	1.587	0.810	1.603	0.868	1.615	0.907
法蔑视	1.814	0.817	1.876	0.882	1.826	0.952

表 8-17　法律情感在专业上的单因素方差分析

维度		SS	df	MS	F	LSD
积极 法律情感	组间	193.571	2	96.786	3.326*	C>A C>B
	组内	26423.050	908	29.100		
	总数	26616.621	910			
消极 法律情感	组间	160.552	2	80.276	0.257	
	组内	284028.447	908	312.807		
	总数	284188.999	910			
法信任	组间	0.300	2	0.150	0.549	
	组内	248.107	908	0.273		
	总数	248.407	910			
法期待	组间	0.221	2	0.111	0.370	
	组内	271.176	908	0.299		
	总数	271.397	910			
法兴趣	组间	12.966	2	6.483	14.217***	C>A>B
	组内	414.055	908	0.456		
	总数	427.021	910			
法失望	组间	1.884	2	0.942	0.976	
	组内	876.409	908	0.965		
	总数	878.293	910			
法厌恶	组间	0.080	2	0.040	0.058	
	组内	631.934	908	0.696		
	总数	632.014	910			
法蔑视	组间	0.692	2	0.346	0.483	
	组内	651.303	908	0.717		
	总数	651.995	910			

注：*** $p<0.001$；** $p<0.01$；* $p<0.05$。A 代表文科生水平；B 代表理科生水平；C 代表工科生水平。

（三）大学生法律情感的影响因素

1.法律情感与各个影响因素之间的相关分析

（1）法律情感与成人依恋、亲子依恋的相关分析。相关分析结果表明，积极法律情感与父母信任、沟通维度、成人依恋的亲人、依赖分量表均呈显著正相关，与父母疏离、成人依恋的焦虑分量表呈显著负相关。消极法律情感与母亲信任、沟通、父亲信任、亲近和依赖分量表呈显著负相关，与父母疏离、焦虑分量表呈显著正相关。具体结果见表8-18。

（2）大学生法律情感与创新精神、情绪表达的相关分析。相关分析结果表明，积极法律情感与创新精神、正性情绪表达、负性情绪表达呈显著正相关。消极法律情感与负性情绪表达呈显著正相关，与正性情绪表达相关不显著。具体结果见表8-19。

表 8-18　法律情感与成人依恋、亲子依恋之间的相关分析结果摘要

序号	1	2	3	4	5	6	7	8	9	10	11
1	1										
2	−0.327***	1									
3	0.250***	−0.160***	1								
4	0.217***	−0.052	0.717***	1							
5	−0.059	0.510***	−0.461***	−0.369***	1						
6	0.191***	−0.102	0.542***	0.443***	−0.300***	1					
7	0.184***	0.019	0.374***	0.490***	−0.177***	0.754***	1				
8	−0.093*	0.385***	−0.310***	−0.237***	0.614***	−0.502***	−0.443***	1			
9	0.115*	−0.233***	0.260***	0.203***	−0.349***	0.215***	0.146**	−0.292***	1		
10	0.079	−0.346***	0.191***	0.150**	−0.416***	0.090*	0.076	−0.304***	0.483***	1	
11	−0.115*	0.345***	−0.214***	−0.104*	0.432***	−0.174***	−0.082	0.390***	−0.315***	−0.379***	1

注：$p > 0.05$；* $p < 0.05$；** $p < 0.01$；*** $p < 0.001$。1 代表积极法律情感；2 代表消极法律情感；3 代表母亲信任；4 代表母亲沟通；5 代表母亲疏离；6 代表父亲信任；7 代表父亲沟通；8 代表父亲疏离；9 代表亲近分量表；10 代表依赖分量表；11 代表焦虑分量表。

表 8-19　大学生法律情感与创新精神、情绪表达之间的相关分析结果摘要

量表维度	消极法律情感	积极法律情感	创新精神	正性情绪表达	负性情绪表达
消极法律情感	1				
积极法律情感	−0.185***	1			
创新精神	0.029	0.396***	1		
正性情绪表达	−0.009	0.437***	0.497***	1	
负性情绪表达	0.324***	0.170**	0.177***	0.516***	1

注:$p>0.05$;* $p<0.05$;** $p<0.01$;*** $p<0.001$。

2.各个影响因素对积极法律情感的回归分析

(1)成人依恋与亲子依恋对积极法律情感的回归分析。逐步多元回归结果显示,母亲依恋、父亲依恋以及成人依恋的 3 个维度 5 个预测变量中有显著预测力的有 1 个,即母亲依恋。预测变量与积极法律情感的多元相关系数为0.222,决定系数 R^2 为 0.049,最后回归模型整体性检验的 F 值为 26.207(p=0.000<0.05),因而预测变量共可有效解释积极法律情感 4.9% 的变异量。从标准化的回归系数来看,回归模型中的预测变量的 β 值为正,表示其对积极法律情感的影响为正(见表 8-20)。

表 8-20　父母依恋、成人依恋对积极法律情感的逐步多元回归分析摘要

投入变量顺序	R	R^2	增加量(ΔR^2)	F	ΔF	B	β
(常数)						15.186	
母亲依恋	0.222	0.049	0.049	26.207***	26.207***	0.088	0.222

注:$p>0.05$;* $p<0.05$;** $p<0.01$,*** $p<0.001$。

(2)创新精神与情绪表达对积极法律情感的回归分析。通过复回归分析结果可以发现,3 个自变量与积极法律情感的相关系数为 0.485,多元相关系数的平方为 0.235,表示 3 个自变量共可解释积极法律情感这一变量 23.5%的变异量。自变量的标准化回归系数是正数,表示对积极法律情感的影响为正向;标准化回归系数是负数,表示对积极法律情感的影响为负向。在回归模型中,对积极法律情感有显著影响的预测变量有创新精神与正性情绪表达。其中正性情绪表达的标准化回归系数 β 绝对值大于创新精神,表示正性情绪表达对积极法律情感的解释力更高,负性情绪表达的回归系数未达显

著,表示它对积极法律情感这一校标变量的变异解释甚小(见表 8-21)。

表 8-21　创新精神、正性情绪表达、负性情绪表达对积极法律情感的复回归分析摘要

预测变量	B	标准误	Beta(β)	t 值
(常数)	1.599	0.296		5.398***
创新精神	0.011	0.003	0.231	4.476***
正性情绪表达	0.345	0.059	0.348	5.860***
负性情绪表达	−0.045	0.046	−0.050	−0.959
$R=0.485$　$R^2=0.235$　调整后 $R^2=0.229$　$F=39.381$***				

注:$p>0.05$;* $p<0.05$;** $p<0.01$;*** $p<0.001$。

3.各个影响因素对消极法律情感的回归分析

(1)成人依恋与亲子依恋对消极法律情感的回归分析。逐步多元回归结果显示,父母依恋、成人依恋 3 个维度共 5 个预测变量中有显著预测力的有 3 个,分别是母亲依恋、成人依恋中的依赖和焦虑。3 个预测变量与消极法律情感的多元相关系数为 0.436、决定系数 R^2 为 0.190,最后回归模型整体性检验的 F 值为 10.851($p=0.000<0.05$),因而 3 个预测变量共可有效解释消极法律情感 19% 的变异量。其中成人依恋的依赖维度解释的变异量为 11.9%,成人依恋的焦虑维度解释的变异量为 5.3%,母亲依恋解释的变异量为 1.7%。从标准化的回归系数来看,回归模型中的 3 个预测变量的 β 值分别为 $−0.221$、0.221、$−0.141$,负数表示其对消极法律情感的影响为负向,反之,则影响为正向(见表 8-22)。

表 8-22　成人依恋与亲子依恋对消极法律情感的逐步多元回归分析摘要

投入变量顺序	R	R^2	增加量 (ΔR^2)	F	ΔF	B	β
(常数)						105.239	
依赖	0.346	0.119	0.119	68.493***	68.493***	−1.340	−0.221
焦虑	0.416	0.173	0.053	52.666	32.558***	1.041	0.221
母亲依恋	0.436	0.190	0.017	39.414***	10.851***	−0.189	−0.141

注:$p>0.05$;* $p<0.05$;** $p<0.01$;*** $p<0.001$。

(2)创新精神与情绪表达对消极法律情感的回归分析。从复回归分析结果中可以发现,3 个自变量与消极法律情感的相关系数为 0.392,多元相关系

数的平方为 0.154,表示 3 个自变量共可解释消极法律情感这一变量 15.4%的变异量。自变量的标准化回归系数是正数,表示对消极法律情感的影响为正向;标准化回归系数是负数,表示对消极法律情感的影响为负向。在回归模型中,对消极法律情感有显著影响的预测变量有正性情绪表达和负性情绪表达。其中负性情绪表达的标准化回归系数 β 绝对值大于正性情绪表达,表示负性情绪表达对消极法律情感的解释力更高,创新精神的回归系数未达显著,表示它对消极法律情感这一校标变量的变异解释甚小(见表 8-23)。

表 8-23　创新精神、正性情绪表达、负性情绪表达对消极法律情感的复回归分析摘要

预测变量	B	标准误	Beta(β)	t 值
(常数)	0.688	0.462		1.489
创新精神	0.007	0.004	0.093	1.707
正性情绪表达	−0.428	0.092	−0.291	−4.664***
负性情绪表达	0.602	0.072	0.458	8.314***

$R = 0.392$　$R^2 = 0.154$　调整后 $R^2 = 0.147$　$F = 23.278$***

注:$p > 0.05$;* $p < 0.05$;** $p < 0.01$;*** $p < 0.001$。

(四)大学生法律情感各影响因素机制探究

1. 大学生母亲依恋对消极法律情感的影响:成人依恋的焦虑、依赖的中介作用

链式中介效应分析使用 Hayes 编制的 Process 宏程序,分析成人依恋的焦虑、依赖的中介作用。依次检验的结果(见表 8-24)表明:母亲依恋能显著预测依赖和消极法律情感;母亲依恋和依赖同时显著预测焦虑;母亲依恋、依赖、焦虑同时显著预测消极法律情感。这表明在母亲依恋对消极法律情感的影响中,焦虑和依赖的中介作用显著。

表 8-24　大学生母亲依恋与消极法律情感的关系:焦虑、依赖的链式中介效应模型检验

变量	消极法律情感		消极法律情感		焦虑		依赖	
	β	t	β	t	β	t	β	t
(常数)	47.991	5.154***	38.323	6.226***	30.362	20.688***	14.696	14.373***
母亲依恋	0.172	3.037**	0.341	5.991***	−0.056	−4.687***	0.063	6.648***
依赖	1.203	4.519***			−0.422	−7.816***		

续表

变量	消极法律情感		消极法律情感		焦虑		依赖	
	β	t	β	t	β	t	β	t
焦虑	−1.131	−5.435***						
性别	−6.809	−4.167***	−6.455	−3.738**	−1.053	−3.030**	−0.499	−1.739
年级	−0.881	−1.164	−1.528	−1.900	0.363	2.247*	−0.141	−1.053
专业	−1.419	−0.914	−1.073	−0.646	−0.312	−0.936	−0.004	−0.015
F	23.645***		14.783***	25.066***	12.791***			
R^2	0.221		0.105	0.200	0.093			

注：$p > 0.05$；* $p < 0.05$；** $p < 0.01$；*** $p < 0.001$。

对中介效应直接检验的结果如表 8-25 所示，结果表明：在成人依恋的焦虑和依赖产生的总间接效应中，Bootstrap 上限与下限之间不包含 0 值，说明两个中介变量在母亲依恋和消极法律情感之间存在显著的中介效应。进一步分析可以看出，此中介效应包含 3 个间接效应。间接效应 1：母亲依恋—依赖—消极法律情感，这条路径的间接效应显著；间接效应 2：母亲依恋—焦虑—消极法律情感，这条路径的间接效应也显著；间接效应 3：母亲依恋—依赖—焦虑—消极法律情感，这条路径的间接效应也达到显著水平。

表 8-25　总效应、直接效应及中介效应分解

变量	Effect	BootSE	BootLLCI	BootULCI	效应占比/%
总间接效应	0.169	0.033	0.109	0.24	49.6
Ind1	0.076	0.022	0.039	0.123	22.3
Ind2	0.063	0.019	0.031	0.102	18.5
Ind3	0.03	0.01	0.015	0.052	8.8
直接效应	0.172	0.053	0.069	0.28	50.4
总效应	0.341	0.049	0.249	0.443	

注：$p > 0.05$；* $p < 0.05$；** $p < 0.01$；*** $p < 0.001$。Ind1：母亲依恋—依赖—消极法律情感；Ind2：母亲依恋—焦虑—消极法律情感；Ind3：母亲依恋—依赖—焦虑—消极法律情感。

2. 大学生创新精神与积极法律情感的关系：正性情绪表达中介效应分析

使用 Hayes 编制的 Process 宏程序，分析正性情绪表达的中介作用。创新精神作为自变量，积极法律情感作为因变量，正性情绪表达作为中介变量，

205

对性别、年级、专业变量进行控制,根据 Process 宏程序中的模型 4 进行多元层次回归分析,检验的结果(见表 8-26)表明:创新精神显著预测积极法律情感,创新精神显著预测正性情绪表达,创新精神和正性情绪表达显著预测积极法律情感。加入正性情绪表达后,创新精神对积极法律情感的影响依然显著,所以正性情绪表达在创新精神与积极法律情感之间起部分中介作用。

表 8-26　大学生创新精神与积极法律情感的关系:正性情绪表达中介效应模型检验

变量	积极法律情感		积极法律情感		正性情绪表达	
	β	t	β	t	β	t
(常数)	2.097	5.822***	1.991	5.314***	−0.349	−0.984
创新精神	0.010	3.613***	0.019	7.518***	0.028	11.768***
正性情绪表达	0.303	5.324***				
性别	−0.128	−1.682	−0.028	−0.362	0.331	4.558***
年级	−0.024	−0.735	−0.028	−0.819	−0.013	−0.394
专业	−0.012	−0.435	−0.001	−0.034	0.035	1.344
R^2	0.226		0.157		0.338	
F	18.589***		14.876***		40.791***	

注:$p > 0.05$;* $p < 0.05$;** $p < 0.01$;*** $p < 0.001$。

采用 Bootstrap 法重复抽样 5000 次,分别计算 95% 的置信区间,结果显示,检验的各条路径所对应的置信区间均未包含 0,说明中介效应显著,其中直接效应占比为 55.4%,间接效应占比为 44.6%。详见表 8-27。

表 8-27　总效应、直接效应及中介效应分解

变量	Effect	BootSE	BootLLCI	BootULCI	效应占比/%
间接效应	0.008	0.002	0.005	0.013	44.6
直接效应	0.010	0.003	0.005	0.016	55.4
总效应	0.019	0.003	0.013	0.024	

3.大学生负性情绪表达与消极法律情感的关系:正性情绪表达的中介作用

使用 Hayes 编制的 Process 宏程序,分析正性情绪表达的中介作用。负性情绪表达作为自变量,消极法律情感作为因变量,正性情绪表达作为中介

变量,对性别、年级、专业变量进行控制,根据 Process 程序中的模型 4 进行多元层次回归分析,检验的结果(见表 8-28)表明:负性情绪表达显著预测消极法律情感,负性情绪表达显著预测正性情绪表达,负性情绪表达和正性情绪表达显著预测消极法律情感。加入正性情绪表达后,负性情绪表达对消极法律情感的影响依然显著,所以正性情绪表达在负性情绪表达与消极法律情感之间起部分中介作用。

表 8-28　负性情绪表达与消极法律情感的关系:正性情绪表达的中介效应模型检验

变量	消极法律情感		消极法律情感		正性情绪表达	
	β	t	β	t	β	t
(常数)	2.301	5.680***	1.769	4.680***	1.767	7.666***
负性情绪表达	0.587	7.348***	0.454	6.463***	0.442	10.307***
正性情绪表达	−0.301	−3.327**				
性别	−0.435	−3.522**	−0.514	−4.167***	0.260	3.459**
年级	−0.100	−1.810	−0.101	−1.812	0.006	0.164
专业	−0.049	−1.108	−0.062	−1.403	0.046	1.676
R^2	0.201		0.173		0.288	
F	15.946***		16.639***		32.290***	

注:$p > 0.05$;* $p < 0.05$;** $p < 0.01$;*** $p < 0.001$。

采用 Bootstrap 法重复抽样 5000 次,分别计算 95% 的置信区间,结果显示,检验的各条路径所对应的置信区间均未包含 0,说明中介效应显著,其中间接效应与直接效应值为异号,即出现了遮掩效应。详见表 8-29。

表 8-29　总效应、直接效应及中介效应分解

变量	Effect	BootSE	BootLLCI	BootULCI
间接效应	−0.133	0.044	−0.228	−0.058
直接效应	0.587	0.077	0.439	0.749
总效应	0.454	0.076	0.306	0.605

四、讨论分析

大学生整体上对法律的积极情感体验较多,消极法律情感体验较少。这

表明,大学生对我国法律及相关制度较为认可,并表现为正性情感状况。究其原因最大的可能是大学生接受法治教育后,在对法律认知的前提下,产生了积极的法律情感体验。本研究亦发现大学生法律情感的年级差异显著,大二学生的积极法律情感显著高于大三和大四的学生,大三学生积极法律情感高于大四学生;同时,在消极法律情感方面,大一学生高于大二和大三学生。分析其原因可能是,大学生在大一下学期有一门法律基础知识课程,故而会出现大二学生的积极法律情感最高这一现象,那么大三学生积极法律情感高于大四,是否也与其接受法律基础知识课程的时间有关呢?对于这一可能原因,需要做进一步的研究。大一学生的消极法律情感最低的可能原因是,大一学生刚进入人生的一个新阶段,面临很多新的问题,比如对环境的适应、对新的学习方式的适应以及人际适应等,这会耗费掉很多心理资源,较其他年级,新生更有可能存在一些情绪问题,这种情绪问题也会影响到其对法律的情感体验,故而产生了这样的一种现象。大学生消极法律情感存在性别差异,且男生的消极法律情感体验显著高于女生的。这一现象的原因可能是部分男生受"男尊女卑"以及大男子主义思想的影响,一定程度上对倡导民主、自由、男女平等的法律产生一定的消极认知,进而导致了消极的情绪情感体验。本研究亦发现大学生积极法律情感在专业上存在显著差异,而消极法律情感在专业上不存在显著差异。具体而言,工科学生的积极法律情感得分显著高于文科学生和理科学生。导致这一结果的可能原因是,工科生的学科背景更为注重规则和逻辑,比如工科学生通常会上很多实验课,对实验程序的遵循是很严格的,在这样的学科思维熏陶下,他们对法律的认可度更高,从而导致更积极的情感体验。文科和理科学生的学科更多地涉及对相关社会问题的批判性思考或者对某一原理的学理与机制探讨,这导致他们对法律现象也会带着质疑与评判性态度,不会把学到的相关法律知识简单地接纳认可,故而较工科学生来说其积极法律情感体验没那么高。

本研究的回归分析表明,母亲依恋、创新精神和正性情绪表达对大学生积极法律情感具有显著预测作用,母亲依恋、成人依恋中的依赖和焦虑维度以及正性情绪表达和负性情绪表达对消极法律情感具有显著预测作用。这表明,相对于父亲依恋,母亲依恋更能影响大学生的法律情感状况。这一研究结果启示我们,可通过改变大学生与母亲之间的依恋关系来提升大学生的积极法律情感体验,降低消极法律情感体验,也可以通过提升大学生的创造力以及采取更多的正性情绪表达来促进其积极法律情感体验,同时,也可以通过对个体的成人依恋进行干预使其有更多的正性情绪表达、更少的负性情绪表达,来降低其消极法律情感体验。

在探究大学生法律情感的影响机制中我们发现,成人依恋的焦虑、依赖在大学生母亲依恋对其消极法律情感的影响过程中起链式中介效应。这表明,母亲依恋不仅可以直接影响大学生的消极法律情感,也会通过成人依恋的焦虑和依赖来间接影响其消极法律情感。依据情绪社会化理论模型,温暖的家庭氛围能够增加个体的情绪安全感和安全依恋。[328]因此,良好的母亲依恋不仅有助于降低个体的消极法律情感体验,也可以通过促使个体形成良好的成人依恋,进一步影响到其法律情感状况。同时,本研究发现,在大学生创新精神对其积极法律情感的影响过程中,正性情绪表达起中介效应;在负性情绪表达对大学生消极法律情感的影响过程中,正性情绪表达亦起了中介效应。以往的研究表明,正性情绪对创造性任务具有促进作用,创造力与心理健康之间是一种互相促进的关系。[329][330]本研究则发现,创新精神既可直接促进大学生的积极法律情感体验,也可以通过正性情绪表达影响大学生积极法律情感体验。也就是说,具有创新精神的个体更倾向于具有正性的情绪表达,而这种特质也会反映在他们对社会文化价值的情绪情感体验中。所以,当负性情绪表达对大学生消极法律情感具有显著影响作用时,可通过提升其正性情绪表达来削弱这一影响效果。正性情绪表达一定程度上反映了个体的人际发展状况,而这种状况又会反映到个体对法律的情感表现中。总而言之,正性情绪表达总是作为保护性因素对大学生法律情感体验起到积极的影响作用。

第三节　大学生法律动机的发展特点、影响因素及心理机制

一、引言及理论假设

自我决定理论认为,个体行为具有强烈而持久内驱力的奥秘源于其意志的自由[331],自尊往往与学生追求学业成就的内在动力呈正相关。[332]另外,相

关研究表明,拥有更高自尊水平的个体对自己的评价更为自信和稳定,从而在对外交往的过程中也更加主动、自信与从容。[333]具有高自尊水平的大学生在网上与他人交往时更为理性,而低自尊水平的大学生由于不能合理评估自己和他人,交往方式就比较极端。[334]低自尊水平的个体较少地遵守网络平台规范,会发生更多的网络过激行为。[335]个体的法律动机水平一定程度上反映了个体与他人在交往过程中的理性水平,根据自尊对个体人际交往与人际应对方式影响的相关研究可推论,个体自尊是影响大学生法律动机水平的重要因素。

家庭作为个体进入社会的初始场所,是影响个体发展的微系统。家庭亲密度是指家庭成员所感知到的自己与家庭里的其他成员之间的情感联结程度。[336]家庭环境的亲密度是预测个体心理健康的一个关键变量[337],良好的家庭关系对个体的社会适应能力以及亲社会行为均有积极影响[338],家庭亲密度与大学生学校适应呈显著正相关[339],与自尊之间存在显著正相关[340]。

据此可知,大学生法律动机、自尊与家庭亲密度三者之间关系密切,将法律动机引入心理学领域中研究,并试图揭示影响其心理学因素的研究还较为少见。因此,本研究预考察自尊、家庭亲密度对法律动机的影响作用。

社会支持是那些让个体坚信他们是被爱的、被关注的、被尊重的、被群体接纳的重要信息,它反映出个体与他人和社会的一种依存关系,并且会影响到个体面对困境时的心理状态。[341]社会支持的主要效果模型认为,社会支持在缓解个体消极情绪上具有积极意义[342],缺少社会支持的个体会减少与他人的沟通交流,进而使得个体社交技巧得不到训练,从而导致个体害怕社交活动,产生社交退缩行为。[343]较高的社会支持对个体发展具有积极的增益功能。[344]当感受到更多的社会支持时,个体可以构建积极的自我信念系统,更好地应对生活中的困境,获得自我价值感。[345]社会缓冲器理论认为,社会支持是个体的一种保护机制。[346]社会支持可以通过自我效能感和自尊对大学生的心理健康产生影响[347],高社会支持水平的个体在面对压力情境时较低社会支持水平的个体感知到更低水平的焦虑。[348]具有高社会支持的个体有着更好的心理发展和社会适应。[349]已有研究表明,社会支持可显著正向预测希望,希望是一种积极的动机性状态,是认知过程中的一种动机成分。[350]教师支持和同伴支持均可正向预测儿童的诚信水平。这里的诚信主要指个体在一定关系中所表现出的以诚实、信用、信任为核心的比较稳定的心理品质和行为倾向,是一种道德规范和个人价值观的体现,且人际因素在诚信心理与行为中具有重要作用。[351]据此,可推论法律作为控制和约束个体行为的规则,个体的法律动机水平亦会受到社会支持的影响。

核心自我评价是一种高阶人格特质,由自尊、控制点、神经质和一般自我效能感4种人格特质构成。[352]核心自我评价高的个体在生活和学习中有较强的控制力,办事效率高。[353]相关研究表明,大学生主动性人格和核心自我评价呈显著正相关,与拖延行为呈显著负相关,主动性人格通过核心自我评价对拖延行为起中介作用。[354]发展资源可以通过核心自我评价预测初中生的积极情感,发展资源是指一系列能够有效促进青少年获得健康发展结果的关系、技能、价值观等,包括外部资源和内部资源,其中外部资源就有社会支持。[355]核心自我评价对大学生的就业期望具有显著的正向影响。[356]已有研究表明,高自尊者比较容易感知到更多的社会支持,且社会支持还受到个体认知策略的影响。在面对压力事件的时候,只有个体采取积极的认知策略,社会支持才能起到有效的作用。人格特质亦会影响到个体领悟到的社会支持,如敌意性高的个体由于倾向于负性地解读他人的意图,从而更容易与他人发生冲突,致使他人做出不友好的互动行为,最终导致个体从社会支持中受益较少,而外倾性的个体由于能积极感知周围环境,从而增加了其利用环境中社会支持的可能性。

仅仅探讨变量间的相关关系是不够的,为了更好地对大学生进行法治教育,激发其法律动机,很有必要关注法律动机的作用过程,比如对法律动机的中介机制进行探究。故此,本研究亦预探究大学生法律动机、社会支持与核心自我评价之间的机制,研究假设在社会支持对大学生法律动机的影响过程中,核心自我评价具有中介作用。

二、研究方法

(一)被试与施测程序

本次研究在收集数据的时候分为两次,两次数据中除了法律动机变量是相同的,其他变量均不同。整个过程均由接受过专业施测训练的主试利用课堂或者晚自习时间进行团体施测。两次被试均为浙江省某高校的大学生。在剔除无效数据后,第一次保留有效数据365份。其中:大一学生149人,大

211

二学生 169 人,大三学生 43 人,大四学生 4 人;男生 105 人,女生 260 人。第二次保留有效数据 235 份,其中:大一学生 148 人,大二学生 22 人,大三学生 18 人,大四学生 47 人;男生 114 人,女生 121 人。

(二)研究工具

大学生法律动机量表由徐淑慧在 2020 年编制。该量表共有 22 个题目,包含 3 个维度,分别是知法动机、守法动机和用法动机。量表采用的是李克特 5 级评分法,1—5 分代表从"完全不同意"到"完全同意"。得分越高代表被试的法律动机水平越高。总量表及三个维度的 Cronbach's α 系数分别为 0.929、0.873、0.890、0.841。本研究中该量表的 Cronbach's α 系数为 0.986。

核心自我评价量由 Judge[357] 等在 2003 年编制,杜建政[358] 等在 2012 年修订。该量表共 10 个题目,采用李克特 5 级计分法,从"完全不同意"到"完全同意",总分越高,表示个体核心自我评价水平越高。本研究中该量表的 Cronbach's α 系数为 0.756。

青少年社会支持评定量表由叶悦妹[359] 等编制,共 17 个题目,包括主观支持、客观支持和支持利用度。量表采用李克特 5 级计分法,从"不符合"到"符合",得分越高,表示个体社会支持度越高。本研究中该量表的 Cronbach's α 系数为 0.901。

自尊量表(rosenberg self-esteem scale,RSES)由 Rosenberg 在 1965 年编制,共 10 道题,采用李克特 4 级评分,从"很不符合"到"很符合",得分越高说明个体的自尊水平越高,对自我的评价越积极。本研究中该量表的 Cronbach's α 系数为 0.891。

家庭亲密度和适应性量表采用中文版(family adaptability and cohesion evalution scale-Chinese version,FACES-CV)[360],量表含两个分量表,即家庭亲密度量表和家庭适应性量表,量表总共有 30 个题目,采用李克特 5 级计分法,从"不是"到"总是",得分越高,被试家庭亲密度和适应性就越强。本研究选用的是量表的现实感受部分。本研究中该量表的 Cronbach's α 系数为 0.915。

(三)统计方法

采用 SPSS 23.0、AMOS 23.0 以及 Hayes 在 2013 年开发的 SPSS 宏程序 Process 进行数据处理与分析。统计分析方法主要有 t 检验、单因素方差分析、回归分析、中介效应和调节效应检验等。

三、研究结果

(一)共同方法偏差检验

采用 Harman 单因素检验法对调查数据进行共同方法偏差分析。对第一次收集的数据,共 49 个条目进行因素分析,结果发现特征根大于 1 的公因子有 7 个,解释 64.09％的变异,第一个因子的方差变异解释率为 31％,小于40％的临界值,说明第一次数据不存在严重的共同方法偏差。对第二次收集的数据,共 62 个条目进行因素分析,结果发现特征根大于 1 的公因子有 10个,解释 64.785％的变异,第一个因子的方差变异解释率为 27％,小于 40％的临界值,说明第二次数据也不存在严重的共同方法偏差。

(二)大学生法律动机的发展特征

1.大学生法律动机总体发展状况

被试总体法律动机总分在中等水平(116 分)以上的分数占到总人数的52％,说明一半大学生法律动机水平处在中等偏上水平;大学生法律动机在知法动机和守法动机上的得分比较接近,用法动机得分略低于其他两个维度。详见表 8-30。

表 8-30　大学生法律动机总分及各维度描述性统计分析(n＝676)

变量	法律动机总状况	知法动机	守法动机	用法动机
均值	116.340	5.500	5.506	4.912
标准差	25.277	1.147	1.140	1.275

2.大学生法律动机总分及各维度的性别、年级和专业特征

(1)大学生法律动机在性别上的差异检验。对大学生法律动机及各维度得分做独立样本 t 检验($p > 0.05$),结果显示,法律动机在性别上无显著差异。

(2)大学生法律动机在年级上的差异检验。方差分析结果显示,大学生法律动机及 3 个维度在年级上存在显著差异。事后比较发现,法律动机总分和知法动机维度在四个年级之间均存在显著差异,具体为大二学生的法律动机水平高于大三学生的,大三学生高于大一学生,大四学生法律动机水平最

低;在守法动机和用法动机维度,除大二和大三学生之间无显著差异,其他年级之间存在显著差异,具体是大二守法动机水平高于大一,大一高于大四;在用法动机维度,大二学生动机水平显著高于大一和大四学生,大三学生动机水平显著高于大四。详见表 8-31。

表 8-31　大学生法律动机在年级上的单因素方差分析

变量		SS	df	MS	F	事后比较 Tamhane 法
法律动机总状况	组间	64004.083	3	21334.694	39.035***	$B>C>A>D$
	组内	367279.662	672	546.547		
	总数	431283.745	675			
知法动机	组间	127.202	3	42.401	37.445***	$B>C>A>D$
	组内	760.937	672	1.132		
	总数	888.139	675			
守法动机	组间	144.868	3	48.289	44.334***	$B>C>A>D$
	组内	731.952	672	1.089		
	总数	876.820	675			
用法动机	组间	126.431	3	42.144	29.189***	$B>C>A>D$
	组内	970.263	672	1.444		
	总数	1096.694	675			

注:*** $p<0.001$;** $p<0.01$。A 代表大一学生水平;B 代表大二学生水平;C 代表大三学生水平;D 代表大四学生水平。

　　(3)大学生法律动机在专业上的差异检验。通过独立样本 t 检验发现,大学生法律动机及各个维度在专业上存在显著差异,具体为理科生得分显著高于文科生。详见表 8-32。

表 8-32　大学生法律动机及各维度在专业上的独立样本 t 检验结果摘要

维度	专业	均值	标准差	t
法律动机总状况	文科	113.577	25.528	−6.163***
	理科	126.045	22.852	
知法动机	文科	5.389	1.153	−5.558***
	理科	5.907	1.064	

续表

维度	专业	均值	标准差	t
守法动机	文科	5.381	1.163	-6.221^{***}
	理科	5.943	1.008	
用法动机	文科	4.775	1.277	-5.915^{***}
	理科	5.383	1.172	

注：*** $p < 0.001$。

（三）大学生法律动机的影响因素

1. 法律动机与各个影响因素之间的相关分析

（1）法律动机与核心自我评价及社会支持的相关分析。相关分析结果表明，法律动机总分与社会支持及其3个维度、核心自我评价均呈显著正相关；法律动机3个维度中，除了知法动机与核心自我评价相关不显著，其他2个维度与核心自我评价、社会支持及3个维度均呈显著正相关。详见表8-33。

表8-33　法律动机与核心自我评价及社会支持的相关分析结果摘要

序号	1	2	3	4	5	6	7	8	9
1	1			*					
2	0.874^{**}	1							
3	0.901^{**}	0.793^{***}	1						
4	0.888^{**}	0.619^{**}	0.655^{**}	1					
5	0.187^{**}	0.086	0.182^{***}	0.205^{***}	1				
6	0.449^{**}	0.402^{***}	0.387^{***}	0.407^{***}	0.182^{***}	1			
7	0.442^{**}	0.371^{***}	0.370^{***}	0.423^{***}	0.171^{**}	0.898^{***}	1		
8	0.419^{**}	0.417^{***}	0.385^{***}	0.334^{***}	0.141^{**}	0.881^{***}	0.701^{***}	1	
9	0.365^{**}	0.308^{***}	0.301^{***}	0.351^{***}	0.178^{***}	0.919^{***}	0.757^{***}	0.687^{***}	1

注：1代表法律动机总体状况；2代表知法动机；3代表守法动机；4代表用法动机；5代表核心自我评价；6代表社会支持总体状况；7代表主观支持分量表；8代表客观支持分量表；9代表支持利用度分量表。*** $p < 0.001$；** $p < 0.01$；* $p < 0.05$。

（2）法律动机与自尊、家庭亲密度和适应性的相关分析。相关分析结果表明，法律动机及其各维度与自尊、家庭亲密度和适应性均呈显著正相关。详细结果见表8-34。

表8-34　法律动机及各维度与自尊、家庭亲密度和适应性的相关分析结果摘要

维度	法律动机总状况	知法动机	守法动机	用法动机	家庭亲密度	家庭适应性	自尊
法律动机总状况	1						
知法动机	0.878**	1					
守法动机	0.926***	0.860***	1				
用法动机	0.869**	0.575***	0.656***	1			
家庭亲密度	0.425***	0.310***	0.338***	0.456***	1		
家庭适应性	0.436***	0.336***	0.365***	0.442***	0.869***	1	
自尊	0.184***	0.132*	0.177**	0.175**	0.239**	0.267***	1

注：*** $p < 0.001$；** $p < 0.01$；* $p < 0.05$。

2.各个影响因素对法律动机的回归分析

(1)核心自我评价、社会支持对法律动机的回归分析。逐步多元回归分析结果显示,核心自我评价、主观社会支持、客观社会支持、支持利用度4个预测变量有显著预测力的有3个,分别是主观社会支持、客观社会支持与核心自我评价。3个预测变量与法律动机的多元相关系数为0.48、决定系数 R^2 为0.231,最后回归模型整体性检验的 F 值为88.06($p = 0.000 < 0.05$),因而3个预测变量共可有效解释法律动机23.1%的变异量。其中主观社会支持解释的变异量为19.5%,客观社会支持解释变异量为2.4%,核心自我评价解释的变异量是1.2%,从标准化的回归系数来看,回归模型中的3个预测变量的 β 值均为正数,表示其对法律动机的影响为正向。

表8-35　核心自我评价、社会支持对法律动机的逐步多元回归分析摘要

投入变量顺序	R	R^2	增加量 (ΔR^2)	F	ΔF	B	β
(常数)						72.344	
主观社会支持	0.442	0.195	0.195	88.06***	88.060***	1.061	0.275
客观社会支持	0.468	0.219	0.024	50.733***	10.984**	0.720	0.211
核心自我评价	0.48	0.231	0.012	36.073***	5.493*	0.145	0.110

注：*** $p < 0.001$；** $p < 0.01$；* $p < 0.05$。

(2)自尊、家庭亲密度和适应性对法律动机的回归分析。从复回归分析结果可以发现,3个自变量与法律动机的相关系数为 0.451,多元相关系数的平方为 0.204,表示 3 个自变量共可解释法律动机这一变量 20.4%的变异量。自变量的标准化回归系数是正数的,表示对法律动机的影响为正向。在回归模型中,对法律动机有显著影响的预测变量只有家庭适应性,其他预测变量的回归系数均未达显著,表示它们对法律动机这一校标变量的变异解释甚小。详见表 8-36。

表 8-36　自尊、家庭亲密度和适应性对法律动机的复回归分析摘要

预测变量	B	标准误	Beta(β)	t 值
(常数)	48.678	5.789		8.409 ***
家庭亲密度	0.285	0.160	0.184	1.788
家庭适应性	0.421	0.170	0.257	2.474 *
自尊	0.199	0.147	0.072	1.358

$R=0.451$　$R^2=0.204$　调整后 $R^2=0.196$　$F=26.176$ ***

注:*** $p<0.001$;** $p<0.01$;* $p<0.05$。

(四)大学生法律动机各影响因素机制探究

首先,采用 Hayes 在 2012 年编制的 Process 宏程序中的模型 4(模型 4 为简单的中介模型),在控制性别、专业、年级的情况下对主观社会支持与法律动机之间关系中的中介效应进行检验。结果(见表 8-37、表 8-38)表明,主观社会支持对核心自我评价的预测作用显著,主观社会支持对法律动机的预测作用显著,且放入中介变量后,主观社会支持对法律动机的直接预测作用依然显著。此外,主观社会支持对法律动机影响的直接效应及核心自我评价的中介效应的 Bootstrap 95%置信区间的上、下限均不包含 0,表明主观社会支持不仅能够直接预测法律动机,而且能够通过核心自我评价的中介作用预测大学生的法律动机。该直接效应和中介效应分别占总效应的 95%、5%。

表 8-37　核心自我评价的中介模型检验

变量	法律动机		核心自我评价		法律动机	
	β	t	β	t	β	t
(常数)	87.730	12.960 ***	31.987	5.963 ***	92.655	14.252 ***
主观社会支持	1.560	8.488 ***	0.539	3.590 ***	1.643	9.037 ***

续表

变量	法律动机		核心自我评价		法律动机	
	β	t	β	t	β	t
核心自我评价	0.154	2.427*				
性别	0.117	0.086	−4.008	−3.602***	−0.500	−0.371
年级	−2.613	−3.117**	0.451	0.648	−2.544	−3.015**
专业	0.217	0.178	0.359	0.354	0.273	0.222
R^2	0.229		0.067		0.216	
F	21.334***		6.505***		24.858***	

注: *** $p<0.001$; ** $p<0.01$; * $p<0.05$。

表 8-38　总效应、直接效应及中介效应分解

变量	Effect	BootSE	BootLLCI	BootULCI	效应占比/%
间接效应	0.083	0.050	0.006	0.199	5.0
直接效应	1.560	0.202	1.172	1.948	95.0
总效应	1.643	0.093	2.626	2.988	

其次,采用 Hayes 在 2012 年编制的 Process 宏程序中的模型 7(模型 7 假设中介模型的前半段受到调节,与本研究的理论模型一致),在控制性别、专业、年级的情况下对有调节的中介模型进行检验。结果(见表 8-39、表 8-40)表明,将客观社会支持放入模型后,主观社会支持与客观社会支持的乘积项对核心自我评价的预测作用显著,说明客观社会支持能够调节主观社会支持对核心自我评价的预测作用。进一步简单斜率分析(见图 8-1)表明:在客观社会支持低分组中,主观社会支持对核心自我评价不具有显著的预测作用;在高分组中,主观社会支持对核心自我评价具有显著预测作用。这表明,随着个体客观社会支持水平的提升,主观社会支持对核心自我评价的预测作用呈增强趋势。

表 8-39　有调节的中介模型检验

变量	法律动机总体		核心自我评价	
	β	t	β	t
(常数)	133.709	29.214***	46.241	16.319***
性别	0.117	0.086	−3.603	−3.264

续表

变量	法律动机总体		核心自我评价	
	β	t	β	t
年级	-2.613	-3.117^{**}	0.497	0.721
专业	0.217	0.178	0.310	0.311
主观社会支持	1.560	8.488^{***}	0.399	1.944
核心自我评价	0.154	2.427^{*}		
客观社会支持			0.258	1.397
主观社会支持×客观社会支持			0.109	3.720^{***}
R^2	0.229	0.104		
F	21.334^{***}	6.913^{***}		

注：*** $p<0.001$；** $p<0.01$；* $p<0.05$。

表 8-40　在客观社会支持的不同水平上的中介效应

变量	指标	Effect	BootSE	BootLLCI	BootULCI
有调节的中介效应	eff1(M−SD)	0.000	0.048	-0.106	0.092
	eff2(M)	0.061	0.047	-0.010	0.170
	eff3(M+SD)	0.123	0.070	0.012	0.281
有调节的中介效应对比	eff2−eff1	0.062	0.037	0.006	0.148
	eff3−eff2	0.124	0.075	0.013	0.296
	eff3−eff2	0.062	0.037	0.006	0.148

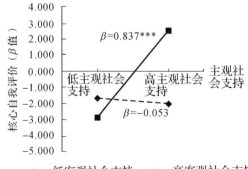

图 8-1　客观社会支持在主观社会支持与核心自我评价关系中的调节作用

四、讨论与分析

本研究结果表明,大学生法律动机水平存在年级差异,具体为大二学生法律动机水平高于大三,大三学生法律动机水平高于大一,大四学生法律动机水平最低。造成这种结果的可能原因在于,大二学生已经或者正在接受法律基础知识课程,这对其法律动机具有积极的促进作用。大一学生由于面对新的环境、新的人际关系以及新的学习方式,需要消耗掉大量的心理资源,故而影响到其法律动机水平。同样,大四学生由于面临新的人生道路的选择,或者考研,或者面临择业、就业等压力,故而法律动机水平也较低。本研究结果亦表明,大学生法律动机水平在专业上存在显著差异,具体为理科生得分显著高于文科生。造成这一结果的最大可能原因是专业思维对学生的影响。理科生的自然科学思维讲究的是对确定规则的执行与遵守,这种思维模式会泛化到其对法律规则的遵守与认可中,故而其法律动机水平也较高;反之,人文社会科学则注重培育学生对社会问题的关注,其中亦包括对法律、道德等文化的反思。这就在一定程度上可能使文科生对当前法律持有一种批判与质疑的态度,进而影响到其知法、守法与用法动机。这一研究结果对大学生法治教育具有启示意义,即应针对不同年级与专业的学生采取不同的法治教育策略。

本研究发现,主观社会支持、客观社会支持、核心自我评价以及家庭亲密度均对大学生的法律动机具有显著影响。所以在激发大学生法律动机水平的过程中,需要考虑到这些因素的影响作用,比如是否通过提升大学生社会支持以及核心自我评价来提升其法律动机水平。对于这一相关法治教育策略的有效性与可行性,应在后续的研究中予以进一步探究。

本研究发现,核心自我评价是主观社会支持与法律动机关系的中介变量。也就是说,主观社会支持能够直接影响大学生的法律动机,也通过影响大学生核心自我评价进而影响其法律动机。主观社会支持是大学生认为当自己需要社会支持的时候,就可以获得帮助。这会使他们对社会抱有积极的态度,包括对调整社会关系的法律亦是如此。故而,主观社会支持对法律动机具有正向预测作用。核心自我评价是个体在与他人互动中形成的对自我的一种整体评价,当个体主观上产生一种在自己需要帮助时便可获得他人帮助的意识时,便会对自我有一种积极的评价,增强自我在人际社会中的归属感,最终影响到其法律动机水平。本研究的另一种重要发现是客观社会支持调节了中介模型中主观社会支持—核心自我评价—法律动机的前半段路径。对于客观支持水平低的大学生而言,调节效应不显著;对于客观支持水平高的大学生,调节效应显著。也就是说,当大学生得到的客观支持程度高的时候,其主观支持通过核心自我评价对法律动机的影响作用更大。因此,主观社会支持对大学生法律动机的影响也会受到大学生客观上得到的社会支持程度的影响。这一结果启示我们,获得客观社会支持的大学生,会在主观上认为自己会获得更多的社会支持,进而提升其法律动机水平。

第四节　大学生法律认知、法律情感与法律动机的关系探究

一、引言与理论假设

情绪是认知加工的背景,影响着认知加工偏向。[361] 双系统模型认为,启发式系统由于更多地依赖直觉,加工速度快且占用很少的心理资源,同时导致的结果便是加工过程不能被意识到,只能意识到加工结果;分析系统则主要依据规则进行理性加工,相应地占用心理资源也较多,且整个加工过程和结果均可被主体意识到。故此,当两个系统发生竞争时,启发式系统会获胜,从而出现非理性偏差错误。对于出现这一现象的原因,目前常见的几种解释是,决策者缺乏动机导致加工负荷过高而出现认知繁忙,抑或是启发式系统加工速度过快,直觉判断发生得较早,后面的分析系统对结果进行理性调整,但由于调整本身也具有不充分性,所以导致启发式系统获得主宰性地位。[362] 进一步的有关青少年风险偏好的研究表明,青少年较之成人更倾向于风险偏好的原因是其大脑的社会情感系统和认知控制系统的发展不一致。情感启发系统的相关脑区主要为奖赏网络脑区,包括杏仁核、纹状体、眶额叶皮层。而且,情感启发系统对概率不敏感,但对结果敏感。青少年风险偏好是因为激活了这些相关的脑神经。认知控制系统的主要神经功能区为前额叶区,涉及背外侧前额叶、扣带前回皮层以及与两者联系的顶叶。[363] 虽然人们对于引

发这一现象的原因进行了诸多解释,但整体上来看,认知和情绪既可以单独作用于决策行为,也可以通过认知与情绪的交互作用影响决策行为。大量研究表明,情绪情感在道德推理判断中起重要的作用。[364]认知调节理论提出,消极情绪下的个体偏向于使用严谨、深思熟虑的思维方式。[365]积极情绪状态下个体的道德判断能力高于消极情绪状态。[366]那么,法律认知与法律情感之间的关系又如何呢?它们在大学生群体中是否会有独特的表现呢?

动机焦点理论认为,压力、威胁等刺激能够激活工作记忆中特定领域的认知关联,触发认知资源的分配。[367]情绪与动机具有密切的关系,积极情绪可以增强和维持动机,消极情绪阻碍动机。[368]同时,动机也可影响到情绪状态,强烈的动机促使个体体验到更强的觉醒状态,进而诱发出积极情绪。[369]而动机与情绪也会对个体认知产生影响。积极情绪通过增强工作记忆中目标信息的更新而提高个体认知的灵活性,动机激活且维持了对目标信息的关注。[370]关于动机、情感、认知之间的关系,休谟和康德都承认动机与道德判断之间具有联系,但休谟认为动机必须依靠情感、欲望等心理机制,而康德则认为道德判断本身就能激发行动,故休谟持有的是情感主义动机取向,而康德则是理性主义取向。[371]在这样的前期相关研究基础上,本研究探究大学生法律认知、法律情感和法律动机之间的关系,试图拓展有关认知、情绪情感以及动机之间关系的研究。

二、研究方法

(一)被试与施测程序

本研究的被试选取温州市某高校大学生,由主试在课堂上通过展示二维码的方式让学生进行答题。在剔除无效数据后,保留有效数据173份。其中:大一学生2人,大二学生108人,大三学生27人,大四学生36人;男生27人,女生146人;文科生149人,理科生24人。

(二)研究工具

大学生法律认知测评量表由徐淑慧在2020年编制。该量表分为抽象法律认知量表和具体法律认知量表。每个分量表又包含3个维度。抽象法律认知的3个维度分别是法律本质认知、法律价值认知、法律功能认知;具体法律认知的3个维度分别是宪法认知、权利认知、义务认知。量表共29个题目,采用的是李克特 5 级评分法,1—5 分表示从"完全不同意"到"完全同意"。得分越高表示被试的法律认知水平越高。抽象法律认知及其 3 个维度的Cronbach's α 系数分别为 0.904、0.766、0.867、0.85;具体法律认知及其 3 个维度的 Cronbach's α 系数分别为 0.908、0.867、0.839、0.827。本研究中总量表以及抽象和具体法律认知分量表的 Cronbach's α 系数分别为 0.986、0.970、0.979。

大学生法律情感量表由徐淑慧课题组在 2020 年编制。该量表分为积极法律情感和消极法律情感 2 个分量表,积极法律情感包含兴趣、期待和信任 3 个维度,消极法律情感包含失望、蔑视和厌恶 3 个维度。量表共有 33 个条目,积极法律情感分量表 11 个条目,消极法律情感分量表 22 个条目。量表采用的是李克特 5 级评分法,从"完全不同意"到"完全同意"。得分越高代表被试的积极法律情感或者消极法律情感水平越高。两个分量表的 Cronbach's α系数分别为 0.886、0.948。本研究中该量表的积极法律情感和消极法律情感分量表的 Cronbach's α 系数分别为 0.936、0.975。

大学生法律动机量表由徐淑慧在 2020 年编制。该量表共有 22 个题目,包含 3 个维度,分别是知法动机、守法动机和用法动机。量表采用的是李克特5 级评分法,1—5 分代表从"完全不同意"到"完全同意"。得分越高代表被试的法律动机水平越高。总量表及 3 个维度的 Cronbach's α 系数分别为0.929、0.873、0.890、0.841。本研究中该量表的 Cronbach's α 系数分别为0.948、0.882、0.954、0.875。

三、研究结果

(一)3 个变量及各维度相关分析

相关分析结果显示,法律认知、法律动机与法律情感两两显著相关。详见表 8-41。

表 8-41　法律认知、法律动机与法律情感的相关分析摘要

维度	均值±标准差	法律认知	法律动机	积极法律情感	消极法律情感
法律认知	39.023±20.537	1			
法律动机	1.821±0.620	0.723**	1		

续表

维度	均值±标准差	法律认知	法律动机	积极法律情感	消极法律情感
积极法律情感	1.762±0.684	0.642**	0.660**	1	
消极法律情感	4.297±0.797	−0.653**	−0.589**	−0.749**	1

注：*** $p<0.001$；** $p<0.01$；* $p<0.05$。

(二)法律认知与法律动机的关系：有调节的中介模型检验

首先,采用 Hayes 在 2012 年编制的 Process 宏程序中的模型 4(模型 4 为简单的中介模型),在控制性别、年级、专业的情况下对积极法律情感在法律认知与法律动机关系中的中介效应进行检验。结果(见表 8-42、表 8-43)表明,法律认知对法律动机的预测作用显著,且当放入中介变量后,法律认知对法律动机的直接预测作用依然显著。法律认知对积极法律情感的预测作用显著,积极法律情感对法律动机的预测作用也显著。此外,法律认知对法律动机影响的直接效应及积极法律情感的中介效应的 Bootstrap 95% 置信区间的上、下限均不包含 0,表明法律认知不仅能够直接预测法律动机,而且能够通过积极法律情感的中介作用预测法律动机。该直接效应和中介效应分别占总效应的 73.4%、26.2%。

表 8-42　积极法律情感的中介模型检验

变量	法律动机		法律动机		积极法律情感	
	β	t	β	t	β	t
(常数)	0.553	2.603*	0.692	3.128**	0.505	1.953
法律认知	0.016	7.961***	0.021	13.424***	0.020	10.949**
积极法律情感	0.275	4.400***				
性别	0.032	0.373	0.049	0.545	0.062	0.590
年级	0.048	1.140	0.113	2.719**	0.236	4.849**
专业	−0.011	−0.118	−0.074	−0.744	−0.227	−1.957
R^2	0.592		0.544		0.487	
F	48.407***		50.185***		39.915**	

注：*** $p<0.001$；** $p<0.01$；* $p<0.05$。

表 8-43　间接效应、直接效应、总效应分解

变量	Effect	BootSE	BootLLCI	BootULCI	效应占比/%
间接效应	0.006	0.003	0.002	0.012	26.2
直接效应	0.016	0.004	0.009	0.023	73.4
总效应	0.021	0.003	0.016	0.026	

其次,采用 Hayes 在 2012 年编制的 Process 宏程序中的模型 15(模型 15 假设中介模型的后半段及直接路径受到调节,与本研究的理论模型一致),在控制性别、专业、年级的情况下对有调节的中介模型进行检验。结果(见表 8-44、表 8-45)表明,将消极法律情感放入模型后,法律认知与消极法律情感的乘积项对法律动机的预测作用显著,积极法律情感与消极法律情感的乘积项对法律动机的预测作用也显著,说明消极法律情感不仅能够在法律认知对法律动机的直接预测中起调节作用,而且能够调节积极法律情感对法律动机的预测作用。进一步简单斜率分析(见图 8-2)表明:消极法律情感水平较低($M-SD$)的被试,法律认知对法律动机不具有显著预测作用,消极法律情感水平较高($M+SD$)的被试,法律认知对法律动机具有显著预测作用。这表明,随着个体消极法律情感水平的提高,法律认知对法律动机的预测作用呈逐渐削弱的趋势。

由图 8-3 可知,消极法律情感水平较低($M-SD$)的被试,积极法律情感对法律动机不具有显著预测作用;消极法律情感水平较高($M+SD$)的被试,积极法律情感对法律动机具有显著预测作用。这表明,随着个体消极法律情感水平的提高,积极法律情感对法律动机的预测作用呈逐渐增强的趋势。

表 8-44　有调节的中介模型检验

变量	法律动机		积极法律情感	
	β	t	β	t
(常数)	1.807	9.400***	-0.461	-1.868
法律认知	0.008	2.659**	0.020	10.949***
积极法律情感	0.334	4.696***		
消极法律情感	-0.167	-2.495*		

续表

变量	法律动机		积极法律情感	
	β	t	β	t
法律认知× 消极法律情感	−0.006	−3.928***		
积极法律情感× 消极法律情感	0.224	5.050***		
性别	0.004	0.054	0.062	0.590
年级	0.039	0.979	0.236	4.849***
专业	−0.059	−0.652	−0.227	−1.957
R^2	0.649	0.487		
F	37.941***	39.915***		

注：*** $p<0.001$；** $p<0.01$；* $p<0.05$。

表 8-45　在消极法律情感的不同水平上的中介效应

指标	Effect	BootSE	BootLLCI	BootULCI
eff1($M-SD$)	0.003	0.003	−0.001	0.009
eff1(M)	0.007	0.003	0.002	0.013
eff3($M+SD$)	0.010	0.004	0.004	0.017

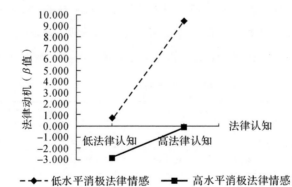

图 8-2　消极法律情感在法律认知与法律动机关系中的调节作用

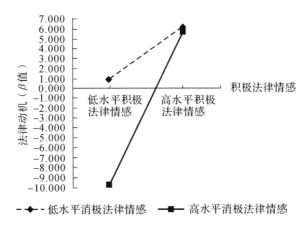

图 8-3　消极法律情感在积极法律情感与法律动机关系中的调节作用

四、讨论分析

本研究对大学生法律认知、法律情感和法律动机进行相关分析,结果发现三个变量呈显著相关,其中法律认知、法律动机与积极法律情感呈正相关,与消极法律情感呈负相关。本研究亦发现,积极法律情感在大学生法律认知与法律动机之间起中介作用,即法律认知通过促进大学生积极法律情感,进而增加大学生法律动机。该结果支持了有关认知、情绪与动机之间关系的相关理论,进一步也说明,在法律范畴内,该理论也是适应的。

同时,本研究也发现,消极法律情感不仅能在法律认知与法律动机的关系中起调节作用,而且能够对"法律认知—积极法律情感—法律动机"这一中介链条起调节作用。具体而言,与低水平消极法律情感的大学生相比,法律认知对法律动机的直接预测效应在高水平消极法律情感的大学生群体中被削弱。此外,研究发现与低水平消极法律情感大学生相比,积极法律情感更容易对高水平消极法律情感的大学生的法律动机产生影响,该结果表明消极法律情感能够在中介变量对因变量的影响中起调节作用。这一研究结果对大学生法治教育具有重要启示作用,即想要通过提升法律认知水平的方式激发大学生法律动机水平,一方面可通过合适的教学手段提升其积极法律情感状态,另一方面也要关注对法律持有消极法律情感的大学生,并采取合适的方法降低其消极法律情感体验,唯此,方可通过提升大学生法律认知水平的方式促进其法律动机。

有调节的中介模型不仅揭示了法律认知对法律动机的心理机制（积极法律情感的中介作用），而且揭示了该心理机制的个体差异（消极法律情感的调节作用）。该有调节的中介模型既回应了大学生法律认知如何影响法律动机这一问题，也揭示了大学生法律认知对法律动机的直接预测作用及积极法律情感的中介作用在何种条件下更加显著的问题，对于探究与拓展大学生法律意识及法治教育策略的提出具有重要意义。研究结果表明，积极法律情感是大学生法律认知对其法律动机预测的重要的心理机制，且该机制受到消极法律情感的调节。这一研究结果对于培育大学生法律意识水平，变革相关法治教育教学模式具有一定的启示作用。如在进行法律知识传输的过程中，注意采取一定的教学手段提升大学生对法律的积极情绪情感，进而促使其具有更强的知法、守法和用法动机。同时，关注对法律抱有消极情感状态的学生，对这些学生采取有针对性的教育措施，降低其消极法律情感状态，从而增加法律认知对法律动机的正向促进作用。

第九章　法律意识研究的前景与展望

　　本书对法律意识的研究内容大体上分为理论构建、测评工具的开发、现状调查与机制探究几个部分。理论构建部分主要是界定法律意识的子结构。本书将法律意识分为法律认知、法律情感、法律意志、法律动机及法律信仰，并通过定义的方式对其内涵进行了阐释。测评工具的开发部分则是在前期的理论研究基础上，将研究主题转换为可操作的变量，并通过心理测量统计学的相关技术开发用于量化研究的测量工具。对法律意识的现状研究则包括对不同阶段个体法律意识的发展特点、内外部影响因素的调查，比如年级、性别、专业等人口学变量上的表现，以及亲子关系、同伴关系、师生关系等其他社会因素对法律意识的影响。最后对法律意识的形成机制进行了探究，主要通过测量法对法律意识内部子结构之间的相互关系，以及法律意识与其他影响变量之间的关系进行了建模，并通过实证调查对模型进行了验证。通过总结本书的研究内容可发现，关于法律意识的理论探究目前还处在一个较为初级的、宏观层面的阶段，研究方法虽然有量化研究和定性研究，但作为社会变量的法律意识，缺乏行为实验研究就会显得不完整。同样，问卷调查法虽然能够验证基本的变量间关系并建构变量间的结构模型，但是无法确定特定变量间的深层影响机制，缺乏变量间因果关系推断的说服力。传统的问卷调查可以就现实场景中个体法律意识的心理机制进行深入分析，但无法回答这些变量背后的生理基础问题。因此，在未来的研究中还可以利用脑电和核磁共振技术来进一步分析法律认知或法律情感的脑神经机制以及眼动规律。故而，在未来的进一步研究中，对于法律意识的研究可在相关的认知心理学理论研究基础上进行，比如，基于传统认知心理学理论及方法探究法律认知、基于情绪与笑容识别的前期研究做进一步深化研究、在具身认知理论的基础上探究具身化法律认知的相关问题，以及在法律认知、法律情感对行为决策影响领域等方面进行拓展性研究。

第一节　传统的认知理论及方法对法律认知研究的启示

法律认知与法律情感作为法律意识中已得到共识的子结构，应成为未来研究的重点内容。对于法律认知的研究，目前最可借鉴的心理学相关的研究领域便是概念。关于概念的研究，首先涉及的便是如何对事物进行分类。我们在对法律进行认知的时候，通常会用到定义的方法，比如，我们通过定义的方式告诉学生"民法"是什么。这样的方式虽然可以简洁明了地"教会"学生一个法律的概念，但学生不一定会真正理解定义中所指的事物。所以，认知心理学提出了原型理论，即在判断一个事物是否属于某一类别的时候，只要将这个事物与表征类别的原型进行对比，根据对比结果判断该事物是否属于此类别。原型是一个类别中的"典型"成员。这种寻找平均案例的原型理论可以解释为何判例法会有持久的生命力。故而，在未来的法律认知研究中，不妨基于概念研究的相关理论，对法律认知进行一系列的研究。

一、概念类别研究的启示

基于原型理论，相应的实验研究法有句子确认技术，即向被试呈现一系列句子，如果被试认为句子是对的，就回答"是"，否则就回答"否"。在法律认知中，可以让被试来确认类似的句子："法律的本质是命令""法律的本质是契约"。然后，判断被试的反应，进而通过典型性效应提取出适合法治教育的典型句子或者编纂出典型的法律教学案例。

关于类别研究的另一种观点叫作范例理论。这一观点和原型理论的不同点在于它包含很多样例。原型理论中的典型事物是类别中全部成员平均后得到的一个"平均"成员。范例则是类别中的真实的例子，比如案例教学法通过呈现真实发生的案例来教授学生相关的法律知识。那么，基于这一理论，在法律认知中的研究方法可采取启动实验，以真实的案例为启动刺激，根据学生的反应来判断哪些案例可以作为教学的"范例"。

认知心理学家发现，人们在对事物进行分类的时候会形成层级组织，如将类别分为三个水平，即高级水平、基本水平和低级水平。他们通过要求被试列出"桌子"的共同特征的方法发现,基本水平具有心理优先性。也就是说,通过让被试判断后面呈现的图片是否属于前面呈现的类别,被试对基本水平类别的判断快于对总体水平类别的判断。基于这些理论,在法律认知的研究中,可通过列出认知对象的特征,挑选出"基本水平"。比如在讲授法理学中的法律价值与功能时,可以让被试尽可能多地列出代表法律价值和功能的例子,最后通过实验验证哪些例子属于法律认知的"基本水平",以此作为最佳例子来促进对抽象法理概念的理解。

二、具体概念与抽象概念加工的启示

认知心理学特别对抽象概念与具体概念的加工提出了多种认知理论,主要有双重编码理论、语境有效性理论和表征结构差异理论等几种。

双重编码理论认为概念表征依赖语言信息和感知觉—运动信息。感知觉—运动系统储存概念的感知觉—运动经验;语言信息系统则包括概念之间的语言学和句法联系。抽象概念主要表征在语言系统内,具体概念则受益于双重语义系统的支持。双重编码理论认为,具体概念可同时激活表象系统和语言系统,抽象概念只能激活语言系统,因此,具体概念更具优势。同时,负性词存在反应优势是因为存在"负性注意偏向",即负性刺激能自动捕获人类的注意,使人们的反应更迅速和敏捷。那么,在法律认知中具体法律认知较抽象法律认知是否也具有这种优势效应? 以及在积极法律情感和消极法律情感的表征过程中是否也存在负性注意偏向?

语境有效性理论强调预警信息在词汇的概念提取中发挥核心作用。该理论预测,在概念单独呈现时,存在具体优势效应,若提供合适的语境,具体优势效应会消失。所以,在未来对抽象法律认知和具体法律认知的研究中,可验证语境对法律概念加工的影响。

表征结构差异理论认为抽象概念与具体概念具有不同的表征结构,抽象概念主要按照语义相关方式组织在一起,具体概念主要按照语义相似程度组织在一起。[372]

基于这些理论,我们可拓展对法律认知的研究,进一步探究抽象法律认知与具体法律认知的表征方式。

第二节　真伪笑容表达与识别对法律情感研究的启示

对人类而言,在众多社会信号中,面部表情是其用于表达社会意图的主要通道。其中,笑容是人类最普遍、最频繁的表情。笑容有时反映个体高兴的情绪状态(即真实的笑容),但人们也常常根据情境伪装自己的笑容。例如,人们在日常生活中寒暄、交谈时常常会刻意表现(非真实的)笑容;说谎者常常刻意用愉悦的表情掩饰自己的负面情绪,以误导他人或者增加可信度。前人在文献中常常把非真实、不自然的笑容称为刻意的(deliberate)、表演的(posed)、虚假的(false)、社会性的(social)、礼貌性的(polite)、掩饰性的(masking)笑容。[373][374][375][376][377]展现这种笑容的目的是让别人相信自己处于高兴(愉悦)的状态。[378]本文使用"伪装的笑容"表示这些非真实或不自然的笑容。从进化的层面看,自然选择青睐伪装的能力。能够伪装社会信号的个体将获得更多的生存与繁殖机会,存在进化上的优势。人类伪装策略的存在也使得伪装检测成为一种宜斯策略(evolutionary stable strategy,ESS)。进化的压力应该会使得人类对他人的伪装线索非常敏感。[379][380]神经科学的研究也显示,真实与伪装的表情,在表达和识别方面都存在着特定的神经回路。[381][382]那么,人类的伪装与真实笑容在面部表达的特点上有何区别? 观察者是否能够依据这些面部线索识别笑容的真伪? 对这些科学问题的探索,具有重要的意义。

第一,对真伪笑容表达动态特点的深入研究有助于系统区分真伪笑容在面部表达上的客观差异,剖析人们识别笑容的真伪时的主观判断特点,更加深刻地理解人类表情信号表达与识别的关系。人们直觉上认为表情信号似乎能在表达者与识别者之间通畅地传递。然而,真伪笑容即使在表达特点上存在差异,观察者也不一定能够准确识别。研究真伪笑容的特征(尤其是动态特征),有助于全面了解真伪笑容在面部表达上的客观差异,与神经心理学中自主与非自主运动控制研究相互验证,进一步理解人类情绪的面部表达特点。通过考察人们分辨动态真伪笑容的主观判断依据,探讨真伪笑容识别机制。通过深入考察人们判断真伪笑容的主观倾向,并考察注意某些特征对提高识别正确率的可能性,为真伪笑容识别的训练提供依据。第二,对真伪笑容表达动态特点的深入研究能够为法律情感的神经心理测评、司法上对罪犯的法律情感分析提供心理学研究的支持。例如在法律情感研究领域，了解面部笑容自主与非自主表达的特点，可以为神经心理测评提供参考，为进一步研究法律情感的脑神经机制提供生物指标。然而，前人研究真伪笑容的表达与识别，往往以静态图片为材料，尤其是对表达特点的研究。静态表情不仅缺乏生态效度，也限制了我们对人类表情的表达特点与识别特点进行全面深入的理解。由于过去缺少易用的量化分析工具，所以对表情表达的动态特征（如时长、速度、流畅性、运动对称性、不同部位的同步性）的研究较少且不够深入。随着计算机视觉与模式识别技术的发展，研究者们开始尝试借助计算机辅助心理行为研究，该方向被称为"计算行为科学"（computational behavioral science）。该领域正蓬勃发展，为深入研究表情的表达带来了新的可能，例如，通过追踪面部各个部位随时间发生的形态、纹理的变化，量化各部位变化的强度，计算各部分运动的流畅性、同步性等特点。

　　未来的研究是想借助计算机视觉研究的最新成果，将其作为分析工具，研究真伪笑容表达的动态特征，并在此基础上进一步研究法律情感观察者对这些动态真伪笑容的识别特点。

一、真实与伪装笑容的表达与识别特点的研究现状分析

（一）真实与伪装笑容的表达特点

　　前人主要从杜式标记（Duchenne marker）、对称性、时长特点、流畅性等线索研究真伪笑容的特点及差异。杜式标记常常被认为是真实笑容的重要特点。根据面部运动编码系统，"杜式笑容"（Duchenne smile）由运动单元（action unit）AU6 和 AU12 组成。AU6 表示眼轮匝肌的收缩，表现为脸颊上提和出现眼角鱼尾纹；AU12 表示颧大肌的收缩，表现为嘴角向两侧及向上拉伸。只有这两个运动单元同时出现（AU6＋AU12）的笑容才被认为是真实的笑容。[383][384] 研究发现，在面对愉快的刺激[385][386]和主观报告为愉快时[387][388]，人们会出现更多的"杜式笑容"。然而，将"杜式笑容"作为真伪笑容的判断标准还存在很大的争议，因为一部分人能够自主或在非愉悦情绪下展现"杜式笑容"。其他一些研究也发现，"杜式笑容"在观看负性情绪视频时[389]、游戏失败时[390]也会出现。AU6 有可能主要是反映较高的情绪强度，

233

而不能作为区分笑容真伪的标志,因为很多强烈的负面表情也同样有 AU6,如悲伤、痛苦[391]。

真伪笑容在对称性上可能有不同的特点。[392]大部分研究关注左右脸表情强度上的对称性[393],发现刻意(表演)的笑容比自然笑容(对正性刺激的反应)更不对称,且左半脸比右半脸的强度更高[394]27[395][396]。然而,也有研究并不支持这个观点。一些研究者[397][398][399]使用计算机视觉技术,测量与笑容相关的基本运动单元(嘴角)的运动幅度,并未发现真实与非真实的表情强度在对称性上存在差异。

真伪笑容在时长上可能有不同的特点。真实笑容的时长为 0.5~4s,伪装笑容的时间可能会过长或过短。[400]有研究认为,真伪表情在各阶段的时长存在差异。一个表情分为启动阶段(onset phase)、高峰阶段(apex phase)、恢复阶段(offset phase)。受到情绪的激发,面部表情收缩进入启动阶段。情绪体验若持续一段时间则形成高峰阶段。在恢复阶段,情绪体验消退,面部肌肉回到放松的状态。与刻意笑容相比,自然的笑容总时长较短(4~6s),恢复也较慢。[401]真实笑容的启动时长和恢复时长比非真实的要长。[402][403][404]

真伪笑容的流畅性可能也不同。流畅性指在表达过程中(启动、高峰、恢复)是否出现停顿或者不连续的变化。与伪装的笑容相比,真实笑容更流畅、更少停顿。[405][406]Frank 等[407]认为一个启动与恢复表示一个完整的表情。他们在研究中对流畅性采用不同的界定:流畅性指启动时长、高峰时长、恢复时长、总时长之间的正相关程度。该研究发现,真实的笑容(该研究中即带有 AU6 的笑容)比伪装的笑容显得更加流畅。

前人从杜式标记(AU6+AU12)、对称性、时长特点、流畅性等线索研究真伪笑容的表达特点,但是并未形成统一的意见,即没有确定区分真伪笑容的客观线索。此外,人们对真伪笑容的主观判断特点也引起了研究者的兴趣,即笑容的识别特点。

(二)真实与伪装笑容的识别研究

从目前的研究报告看,人们区分真伪笑容的能力并不好。不同研究者报告的平均成绩差异较大,如约 55%[408]、约 70%[409][410],且存在很大的个体差异。当让被试判断两张笑容图片是否一样时(相同和不同的比例各占一半),选择“相同”的次数远多于“不同”。[411]以下介绍人们区分真伪笑容时的主观判断倾向。AU6 被认为是区分真伪笑容的主要线索,所以很多研究中以是否带有 AU6 的笑容图片为刺激材料,考察人们对这些笑容的判断倾向。研究发现,人们更多地将带有 AU6 的笑容判断为真实的笑容。[412][413][414][415]然而,笑容强度较大时又多带有 AU6,所以强度对被试的判断可能会产生重要影响。

以往研究中有学者认为,人们辨别真伪笑容时遇到的瓶颈与人们的知觉—注意机制(perceptual-attentional mechanisms)存在一定的关系。有研究从知觉的角度探讨人们难以辨别真伪笑容的原因,并认为人们可能在知觉层次上不知道哪些线索较能区分真伪笑容。[416][417]也有研究从注意的角度探讨此问题并认为人们可能不注意这些有效线索。[418]知觉—注意机制似乎较合理地解释了为何人们辨别真伪笑容的正确率较低,因为在以往的研究中也有学者认为用于区分的线索常常十分细微,甚至认为一些较细微的线索仅有天赋异禀的人才能够注意到,Ekman 等将之称为"true wizard"(真正的巫师)[419]。

(三)计算机视觉技术在动态表情分析上的应用

大部分研究者使用 FACS 编码系统(fecial action coding system)描述表情的运动。然而,FACS 只能标出运动的位置(编号)及运动的大致强度(从 A 到 E),要描述表情的运动信息,如运动的距离、速度、方向、纹理变化、动态对称性、不同部位的同步性等,则十分困难。而且,编码系统的学习较为费时,编码过程往往也需要花费大量的时间和精力。[420]例如,在确定一个表情的起点和终点时,编码者需要仔细寻找、比较,然后将有运动变化的一帧作为转折点,导致仅仅测量表情就需要花费大量的时间。另外,人工编码一致性信度有时较低,不同研究团队间尤其明显。[421]随着计算机视觉与模式识别技术的发展,研究者们开始尝试借助计算机辅助心理行为研究,该方向被称为"计算行为科学"。该领域正蓬勃发展,为深入研究表情的表达带来了新的可能,例如,通过追踪面部各个部位随时间发生的形态、纹理的变化,量化各部位变化的强度,计算各部分运动的流畅性、同步性等特点。考虑到使用 FACS 进行人工编码时存在的一些困难,计算机研究者一直在努力开发面部运动分析工具。分析面部表情一般有 3 个步骤:从图片或者视频中检测人脸,基于形状或者外观信息提取人脸特征,然后进行识别(分类)。在计算机视觉领域,研究者们主要关注如何准确地分类不同的表情[422][423]及 AU[424][425]。在表情的动态特征研究中,详细地量化面部运动、研究运动模式比仅仅提供表情分类更有意义,所以我们主要关注特征提取(feature extraction)方法及借此量化分析面部运动。这里的特征提取是指使用计算机提取图像信息,判断每个图像的点是否属于一个图像特征。它可以理解为从原始特征(一堆像素点)中寻找出有特定意义的图像信息(如边缘、角、纹理等)。特征提取方法主要分成两类:基于几何特征(geometric feature-based)的方法和基于外观(appearance-based)的方法。基于几何特征的方法提取包含面部成分(如嘴巴、眼睛、眉毛、鼻子等)的形状与位置;基于外观的方法用可视特征表示物体。这些方法在提取不同的特征上性能各异,且分析表情时的性能优劣还不确定。

二、问题的提出及对法律情绪的未来研究构想

过去的研究存在的不足主要有以下三点:第一,对笑容的动态特征研究不深入。在笑容表达研究上,大多数研究者使用 FACS 对表情进行人工编码,不能充分分析表情的动态特征(速度、流畅性、动态对称性、不同部位的同步性等),且效率和信度较低。第二,伪装笑容的类型比较单一。在过去的研究中,伪装的笑容几乎都是以表演的方式产生的,并主要以单独表演为主。事实上,笑容的伪装还有其他方式,如掩饰(用笑容掩盖其他表情)、抑制(保持中性掩盖笑容)。它们的表达过程与表演并不相同,而且在日常生活中也十分常见。第三,在真伪笑容识别的研究中,刺激材料以静态图片为主,且筛选往往不够严格。这可能是造成知觉—注意假说颇受争议的原因。过去的研究以针对静态笑容为主,缺乏生态效度。而且,由于过去不少识别研究中"正确答案"本身就可能存在问题,导致关于真伪笑容的识别研究仅仅是"识别倾向"的研究,而非"识别能力"的研究。

故而,基于前期的关于真伪笑容的研究,即考虑到研究的不足,在未来研究中,我们将在此研究基础上,开展对积极法律情绪情感所引发的真伪笑容的研究。这项研究将由积极法律情绪情感所引发的真伪笑容的表达研究和识别研究两部分组成。在表达研究中,通过比较真实及 3 种伪装的笑容在独处与交流情境下的动态特征,探索总结不同条件下积极法律情感引发的笑容的动态表达规律,揭示法律情绪真伪笑容的客观差异;法律情绪识别研究以表达研究采集的笑容为刺激材料,考察人们在识别静态与动态表情时不同的

加工特点,并考察有效的动态线索是否能够提高被试的识别成绩,以此来检验知觉—注意假说。通过比较法律情感表达和法律情感识别,更好地探讨个体在法律情感所引发的表情信号表达(编码)与识别(解码)之间的关系。

根据神经心理学的研究,真实笑容与伪装笑容有不同的神经基础。我们预期它们在对称性、平滑度、启动速度、各阶段持续时间等方面存在差异,并且这种差异难以消除。不同的伪装方式(如压抑、掩饰等),会干扰积极法律情感所引发的笑容的自然表达,可能表现出伪装笑容的不同模式,如压抑时笑容的结束时间可能特别短。借助计算机的辅助,未来研究预期能更清晰地描述各个状态下的由积极法律情感引发的笑容特点。如果真伪笑容在表达上的确存在普遍的差异,那么让观察者了解这些差异就能提高真伪笑容的识别率。这一结果也将支持知觉—注意假说,那么训练人们提升真伪笑容的识别率就成为可能。另外,我们拟开发一个面部运动分析软件,使脸部的运动的分析更加便捷,可以为未来的法律情绪情感表达的研究者提供有力的工具。使用这一工具,可以分析各种表情的动态特征,为非语言行为的量化研究提供新的途径。在未来研究中可以继续深入研究笑容的表达特点,比如关注笑容与眨眼、头部运动、肢体运动的关系,并研究这些线索对提高人们识别率的影响。除笑容外,我们可以继续探讨消极法律情感,如厌恶、蔑视、失望情绪的表达特点,形成对法律情绪情感表达更全面深入的理解。同时,我们会不断完善面部(非语言)运动分析软件,为研究者提供表情表达研究的量化工具。这项工作将对司法过程、监狱管理过程中罪犯的普法教育效果提供更为科学的评估手段,当然,也可以为青少年法律情感发展评估提供更为科学的指标。

第三节　法律认知与法律情感的具身认知探究

一、具身认知的理论

作为认识方式的具身理论认为,抽象思维主要是隐喻的。隐喻指人们通过借助具体的、有形的、简单的始源域概念来表达。思维和判断等认知过程本身与身体的感觉—运动系统构成了耦合关系,故而身体是认知的身体,认知是身体的认知。[426] 具身认知强调身体在认知中的作用,它认为认知是包括大脑在内的身体认知。其内涵主要包括三个方面:第一,具身认知认为身体的物理属性决定了认知的方式和步骤。第二,身体提供了认知的内容。比如在概念的形成中,人类的抽象思维大多是隐喻的,即使用熟悉的事物去理解不熟悉的事物。第三,具身认知是认知、身体和环境的一个动态的统一体,认知过程扩展至认知者所处的环境。[427]

关于具身认知的解释模型大致可分为概念隐喻理论、知觉符号理论和认知模型—感知运动模拟隐喻理论。

第一种是概念隐喻理论。概念隐喻理论的主要观点包括以下几点:第一,该理论认为隐喻是借助具体的、有形的、简单的始源域概念来表达和理解抽象概念。第二,从具体概念到抽象概念的隐喻化过程是通过概念的"架构"而实现的。第三,经过架构形成的抽象概念同始源域概念在词语层面和心理表征层面均存在关联。第四,主体在理解抽象概念时与具体概念相关的感知觉经验也会被激活,故而,抽象概念具有体验性。[428] 隐喻的具身性不仅在实验当中得以证实,且发现了隐喻语言的加工所涉及的大脑神经活动。[429]

第二种是知觉符号理论。这一理论认为认知和知觉的表征系统是相同的,具体概念的获得主要依靠早期的感觉运动经验,且具身效应是双向的。知觉符号理论也得到了相关实验的证实。研究表明,听觉和视觉的概念理解具有模态性,其概念的表征是知觉符号性质的,它们的原型在大脑中的储存方式是以近乎原始的形式保存的,因此理解这两类概念就需要借助于听觉和视觉资源。故而,语言理解具有模态性,涉及不同感觉通道的概念理解需要借助相关的感知觉信息。[430]

第三种则为认知模型—感知运动模拟隐喻理论。这一理论是在前两种理论的基础上,提出了隐喻映射具有双向效应,且隐喻是通过学习获得的,而人们对新隐喻的学习和掌握离不开身体的感觉运动系统。[431]

二、具身认知的应用

具身认知理论的应用主要体现在词汇研究和道德概念的研究中。在词汇识别中,词汇激活的感知觉越多,词汇的识别越快、越准确。[432] 相关研究表明,具体概念与抽象概念均存在具身表征,只是具体概念可直接与各种感觉运动经验联结,故而其具身概念和具身表征联结程度强于抽象概念与具身表征的联结。[433]情绪概念没有具体的物体来提供表象,只能激活语义系统,是一种抽象概念。情绪具身观亦认为情绪与身体有着密切关系。相关实证研究表明,跨语言和跨通道的情绪词在垂直位置方向上存在空间隐喻。[434][435]情绪的具身性不仅包含情绪体验的具身性方面,在情绪知觉、情绪理解、情绪对认知和躯体动作影响上也具有具身性。比如,加工情绪概念会引发体验该种情绪时的身体活动。[436]实验研究表明,权力概念与空间大小存在隐喻效应。[437]权力概念也可以通过颜色进行隐喻表征。[438]综合前人的相关研究可得出,权力的具身认知主要是基于模态启动而实现的。身体经验对权力判断、感知或行为的影响还会受到其他因素,比如情境、文化、个体等的影响。[439]

具身道德观认为,道德概念的习得是基于身体经验的,身体的自然结构及其感知运动系统塑造了道德认知和行为,同时道德认知又反过来影响了个体对环境的经验和感知。人类在丰富的感知觉经验基础上形成了关于具体概念范畴的身体图式,如上—下空间图式、冷—暖温度图式等。有关道德概念的隐喻联结研究表明,道德概念与水平方位存在隐喻联结,这种隐喻联结中左表征道德,右表征不道德,并同时受到始源域和目标域加工深度的影响。[440]黑白颜色概念与道德概念的隐喻联结存在心理现实性,黑白颜色刺激知觉会对道德判断产生影响,且环境亮度也会影响到人们对道德相关问题的认知判断。[441]空间信息句子的加工能够激活道德隐喻。[442]

具身认知的应用还包括在具身认知理论视角下,对教育实践活动的影响。基于具身认知理论确立课程知识观新的认识论基础,构建学科知识与个人经验互融、学科知识与生活世界共在的课程知识观[443],将师生的"身体"作为重要教学媒介,营建教育主体双向互动氛围,整合与优化课堂教学环境等课堂教学变革。[444]在前期的研究中,在法律认知启动效应下,学生的作弊行为并未显著减少。这一项研究在一定意义上体现了法律认知的习得应基于身体经验,基于基本的感知运动系统,方可培育出属于学生自己的法律认知,才可能对其行为产生持续的影响作用。

三、具身化的法律认知与法律情感

关于具身化的法律认知与具身化的法律情感表征,在未来研究中可从以下几方面开展。

（一）探究法律认知与法律情感的具身概念隐喻并验证隐喻的具身效应

具身认知观认为，认知是基于身体的，人类的感知觉经验是理解抽象概念的基础。隐喻映射可以建立感知觉经验到抽象概念之间的联系。根据概念隐喻理论，隐喻的本质是人们利用熟悉、具体的经验去构造陌生、抽象的概念。概念隐喻对理解与领悟抽象概念的内涵具有重要作用。抽象的法律认知，比如法律价值中的正义概念，作为提升个体法律认知水平的重要抽象概念，也可以通过具体的概念来理解，比如颜色隐喻的方式。黑白颜色概念与正义概念在各种文化中都具有特定的隐喻联系。比如，人们经常将白色视为公正、诚信，将黑色引申为邪恶、不公，故而会有"黎明前的黑暗""光明的年代""黑心肠""白璧无瑕"等用语。这些用语表示人们常常将白色与公正概念相联系，将黑色与不公正概念相联系。目前关于黑白的道德隐喻已有部分实证研究[445]，但在法律领域基本上未见相关的实验研究。故而，在对法律认知的未来研究中，可探究黑白颜色概念与抽象法律认知，如法律价值概念的隐喻联结，即可预期在概念加工任务中黑白颜色知觉会对法律价值概念的加工产生影响。可借鉴相关的实验研究范式验证法律价值相关概念的"白好黑坏"的隐喻联结存在于自然的心理表征层面，预测在实验研究中被试会倾向于将法律价值相关词语与白色备选词相匹配，将违背法律价值的词语与黑色备选词相匹配。

空间隐喻在构建抽象概念意义时具有核心作用。空间概念是人类最为初始的概念范畴。人类在产生了基本的空间概念范畴，如上下、左右等之后，就通过这些基本的空间概念体系来理解更为抽象的概念。空间的"上"映射到积极领域，表示符合人们期待的事物；反之，空间的"下"映射到消极领域，表示违背人们利益的事情。目前关于空间隐喻在道德领域内有了较多的研究，比如相关研究已证实了道德概念的垂直空间隐喻的心理现实性，以及空间信息对道德评价的影响，同时证实了道德概念和空间概念之间的双向映射。[446]故而，关于法律认知的未来研究可检验法律认知，如权利义务概念空间隐喻的心理现实性，以及这种隐喻的方向性。通过 Stroop 范式探讨汉语中对权利义务词的加工是否激活了空间隐喻表征。以此为法律认知相关概念隐喻表征提供空间隐喻的证据。

法律情感在一定程度上反映了个体与社会之间的关系。个体的法律情感这一抽象概念亦可通过隐喻的方式进行理解。相关的实证研究表明,被试对情感距离的加工与判断会受到对空间距离觉知的影响。温度隐喻的相关实证研究表明,触摸热或冷的刺激会影响被试对社会人际信息的判断,温暖体验会增加社会亲密感,同样,亲密感影响对温度的知觉等。[447]那么,在未来的法律情感研究中可对法律情感的概念表征与温度隐喻的心理现实性进行验证,并探究温暖隐喻与法律情感表征之间的方向性。

(二)研究法律认知与法律情感概念具身隐喻建立的影响因素

具身认知观表明,大脑嵌入身体,身体嵌入环境。认知活动不仅离不开生物大脑,且与人类身体及其所处环境的互动密切相关。关于为何一些抽象概念总是通过某类具体概念范畴进行隐喻映射,也就是特定的隐喻映射的建立受到哪些因素的影响,目前学术界存在几种不同的观点,这些观点也可以用来理解法律认知与法律情感所进行隐喻映射的影响因素。

第一种观点是相似观。这种观点认为,具体概念可基于其与抽象概念之间的相似性,如基于内容或内在结构的相似性而建立起来。比如,洁净与美德。对于抽象概念"美德"的理解可用具体概念"洁净"进行隐喻,它们之间的相似点便是没有受到污染,故而,可以用物理性的洁净去映射人类品德上的美好。因此,在探寻法律认知与法律情感的具身影响因素的时候,不妨参考一下与之相似的具体经验。

第二种观点是早期经验观。这种观点认为,个体早期的基本经验是隐喻映射形成的基础,个体早期获得的一些感知经验有助于其理解抽象的社会经验。比如,用温度来隐喻情感概念,可能基于个体婴儿期在哺育者的温暖怀抱中所产生的愉快的情感体验,这种感知觉塑造了情感与温度的隐喻映射。因此,法律情感的具身影响因素就可考虑环境中的温度或者通过设置温暖的情境从而促使个体对积极法律情感概念的理解与领悟。

第三种观点是身体构造观。这一观点认为,人类特殊的身体构造决定了人们获得的感知觉经验,以及决定了人类与环境的互动方式。比如,人类身体的前后负对称性决定了人类对正面刺激能够更好地知觉与做出反应,因此会建立一系列空间位置与特定概念的隐喻映射。基于此,在探究法律认知与法律情感概念的具身化影响因素的时候,不得不考虑到人类身体本身的构造以及与此相关的感知觉经验对隐喻映射的影响。

第四种观点是进化观,即强调人类在进化过程中与物理环境的交互体验对隐喻映射的影响。比如,人类祖先最开始对抗野兽袭击所形成的对光照的经验,即将光照或白天隐喻为光明,将夜晚隐喻为邪恶等。这一种视角对探究法律认知与法律情感的具身化影响因素亦具有参考价值,比如黑白隐喻与正义概念的隐喻映射。

这四种观点从不同的角度阐释了隐喻映射形成的影响因素,对构建具身化的法律认知与法律情感概念的隐喻具有重要的启发作用。[448]

(三)揭示个体具身化的法律认知与法律情感的影响因素

具身认知的观点认为,大脑嵌入身体,身体根植环境,环境作用身体而产生身体经验,身体经验是理解抽象概念的基础。个体的人格特质、需要和动机、思维以及性别因素会导致认知差异。相关研究表明,支配性个体对高垂直空间的刺激反应更迅速,顺从性个体则偏好低空间位置刺激。[449]那么,在验证法律认知与法律情感的空间隐喻的具身效应时,是否也会体现出人格特质的影响?研究表明,温暖和气味会促使消费者产生权力需求,最终增加对产品的偏好。[450]基于权力也是法律认知的内容之一,我们可推测需要和动机亦会影响个体的具身化法律认知与法律情感。概念隐喻为人们提供了通过具体概念结构理解抽象概念的路径。对结构化知识有着更高需求的个体可能会更加依赖隐喻进行抽象性思维。[451]未来的研究可以探讨感知觉体验对思维影响的个体差异,进一步探究不同思维风格对具身化法律认知与法律情感的影响。在性别因素方面,较女性而言,男性更易通过权力的社会具身效应发生认知和行为的变化。比如,支配性的姿势和表情更能激发男性对权力的感知和行为。[452]因此,未来研究可进一步探寻具身化的法律认知与法律情感在性别上的差异。

(四)基于具身化法律认知与法律情感的法治教育课程变革

基于前期的理论与实验研究,未来关于具身化法律认知与法律情感的研究应拓展到应用层面,即法治教育课程的变革。基于具身化法律认知与法律情感的法治教育课程,简称具身法治教育课程,是一种身体和心智兼参与其中的学习活动,这种课程模式是将身体作为学习的组成部分和媒介。具身法治教育课程模式是身体和思维共同参与的整体性课程实施模式,体现了身心一体论的知识观,身体具有感受知识、内化知识和记忆知识的功能,知识是精神和身体并存于身体中。具身法治教育课程的构成要素主要有身体意识、学习环境、人际互动及社会性知识构建四个部分。身体意识要素指的是在法治课程实施中,要关注学生的身体感知能力,特别是抽象法律认知概念和法律情感表征的理解是学习者基于具体的身体感知觉而理解和领悟的。学习环境要素则指教师要在具身法治教育课程的语境下创造有利于学习者身体参与和发挥身体媒介的学习环境,甚至在必要的时候可以将学习环境延伸到教室以外,比如去法院、检察院甚至是监狱这样的相关场所学习,让学习者在这些环境中体验抽象法律概念,进而去理解这些概念。人际互动要素是指学习者之间及学习者与教育者之间的身体接触和交流,感知自身与他人、情境、社会、世界的具身交互和沟通,并从始源域上理解抽象的法律认知与法律情感概念。社会性知识构建是指教育者根据法治教育课程内容进行身体活动的设计和实施,并通过学习者的感知觉经验获得对抽象法律概念的理解。通过具身法治教育课程,学生不是学习离身的抽象的法律规则,而是建立起个体身体之间的特定的契约,学生在整个过程中感受到法律关系存在于自我与他人、社会的交互作用中,它并不是一些冷冰冰的、预先给定的规章制度。所以,具身法治教育课程的实施对象是"身体在场"的人,并且是教师和学生的身体同时在场。这种身体间的相遇会让学生直接感知到彼此之间的情感联结,这本身就是具身法治教育的课程要素。未来的研究应基于前期的理论和实验,对具身法治教育课程进行全方位的变革。[453]

第四节　法律认知与法律情感对行为决策的影响

一、法律认知对欺骗、说谎、作弊等行为的影响

有研究者提出了针对欺骗检测的认知机理,即欺骗者对探测刺激做虚假反应时会产生记忆—反应冲突,如果在冲突解决过程中增加其认知负荷,会导致冲突更难解决,使反应时间增加及正确率降低,并体现于神经生理的变化上,应通过认知负荷的操纵,增大欺骗者和诚实者表现的差异,进而促进欺骗检测。在隐瞒信息测试中,欺骗者对头脑中存在的真实记忆(探测刺激)做

出虚假反应时,便形成了记忆—反应之间的冲突,冲突的顺利解决需要反应抑制等执行功能成分的参与,同时消耗一定的认知资源。诚实者对探测刺激的反应为真实反应,无认知冲突存在。当设置干扰任务增加个体的认知负荷时,对欺骗者来说,干扰任务对于认知资源的消耗导致解决冲突的认知资源减少,使其对探测刺激反应更加困难(如延长反应时间)。而欺骗者对无关刺激做出真实反应所需认知资源较少,即使干扰任务消耗一部分认知资源,认知资源对无关刺激反应的干扰较小。因而增加认知负荷会增大欺骗者对探测刺激和无关刺激的反应时间差异。对诚实者来说,其对探测刺激和无关刺激均为真实反应,干扰任务对认知资源的消耗对这两类刺激反应的干扰程度相近,使得增加认知负荷并未增大诚实者对两类刺激的反应时间差异。因此,增加认知负荷会增大欺骗者和诚实者行为上的差异,从而促进欺骗检测。[454]基于这一前期的研究范式,可以通过设置相似的实验,探究增加认知负荷对遵守法律的人与违背法律的人,比如违法青少年是否具有不同的结果,以此来探究法律认知背后的认知过程和机制。

另外,作为一种与法律价值相悖的说谎行为,前期的研究认为情境因素会影响人们的说谎行为。当在某些情境下(如道德观念启动),人们维持自我概念的动机增强时,其说谎行为就会减少;当在某些情境下(如自我控制资源匮乏),人们维持自我概念的动机减弱时,其说谎行为就会增加;当在某些情境下(如利他的情境),个体既可以通过说谎追求利益又不(负面地)更新自我概念时,个体倾向于做出说谎行为。[455]那么,如果对个体进行法律观念启动,会对说谎行为有着何种影响呢?对此,作者做了进一步的研究,即以法律认知为启动因素,探究其对考试作弊行为的影响。

基于理性经济学中的理性假设,有人认为理性的人会根据对特定情况的理性分析做出使利润最大化的决策。[456]一些研究者结合理性经济学中的利益和风险来研究作弊行为。[457][458]例如,一个人可能认为自己足够幸运,能够完全避免因故意非法停车而被警察抓。研究者基于理性人的行为,提出可以通过增加被抓的风险、增加相关惩罚和降低奖励水平来减少不诚实行为。对于考试作弊来说,如果被抓的惩罚与通过考试和获得高分的潜在好处相比没有那么严重,那么学生可能更倾向于去作弊。[459][460]例如,如果考试失败的后果比作弊的风险更严重,那么一个差生可能会在考试中作弊。毕竟,简单地看一眼别人的答案可能帮助他们通过考试。对风险敏感是人的天性,根据前瞻性理论,这被称为风险规避。[461]由于存在被抓的潜在风险,学生会认真做出是否作弊的决定。因此,在考试前提醒他们被抓的风险,限制其作弊行为是合情合理的。

相关研究发现,通过启动信念(即宗教信条)并鼓励积极的自我概念来限制人们的不诚实行为,例如接受自己是一个具有积极美德的人,可能会减少不诚实的行为。Ariely基于常见道德准则(例如《十诫》),探讨了宗教启动对作弊的影响。该研究将450名参与者分成两组,他们被诱惑在任务活动中作弊。要求第一组尝试回忆《十诫》,第二组尝试回忆他们在高中读过的10本书,然后给他们在任务中作弊的机会。结果显示,在第二组中,通常存在普遍但适度的作弊。相反,在被要求回忆《十诫》的第一组中没有作弊行为,尽管组中没有人能够回忆起所有的《十诫》。研究发现,当学生被要求签署荣誉守则时,他们可能行事更可靠。[462]这符合个人对诚实和自我道德的偏好。[463][464]研究还发现,在这种行为准则的顶部签名可以作为道德提醒,因此比在底部签名更有效。原因是顶部签名可能会在测试后约束行为,而底部签名对之前的行为没有影响。[465]

根据前期的相关研究,似乎可以通过法律认知启动,让被试对自己行为的后果有预期,从而可以减少作弊行为。具体实施中,在一个实际的考试情境下,我们使用了法律认知作为启动,即在考试之前让实验组的学生阅读相关的法律条文。

研究开始前,我们向学生事务处告知了研究目的,并获得了进行实验和收集录像的许可。参与者的所有行为都被记录下来。每个考场都设置了一个摄像头,能够覆盖整个考场以防止作弊。在考试开始之前,告知学生他们正在接受摄像头的检查,并警告他们有被抓到的风险。这项研究是在一所普通大学进行的。共研究了17个班级的402名学生,其中9个班级的217名学生被随机设置为对照组。另外8个班级的185名学生被随机设置为实验组(即法律认知启动组)。这些参与者来自同一专业,而该专业的学生历来都没有很好地遵守考试规则。在这个实验中的学生都不知道自己参与了这项研究。根据学校规定,考试过程由摄像头监控。该实验得到了机构审查委员会的批准。在实验中我们给实验组的学生呈现的材料为《刑法》《教师法》等相关的法律条文。在实验开始后,主试向实验组的学生发放材料,并要求学生仔细阅读后进行签名。对于对照组则发放空白纸让学生签名。最后,本次实验采集了监控室的 17 个视频。对采集的视频进行人工编码,招募了 34 名心理学专业的学生来分析视频,每 2 个人分析 1 个视频。因此,每个视频都有 2 个不同的编码表,以便保证计算结果的可靠性。所有的编码员都聚集在机房里,编码员被禁止拍照或从事其他任何侵犯学生隐私的行为。由于个体对作弊行为的敏感程度不同,我们请有经验的老师对常见的作弊技巧提出建议,并对一些作弊类型进行了定义。为了使编码更可靠,编码人员事先接受了培训,并建立了类似的标准集。在分析结束时,完成了 34 个编码表。这种操作是可靠性和效率之间的权衡。通过这个过程,每个视频最终都产生了必要的数据,并且所有视频都产生了相应的编码。

通过卡方检验比较法律认知启动组(实验组)和对照组的考试作弊行为人数,结果显示两组之间不存在显著差异。卡方值$(1, N = 402) = 0.25, \alpha = 0.05, p = 0.617$,效应值为 $0.05, 1 - \beta = 0.079$。这一研究结果表明,法律认知的启动并没有有效减少学生的考试作弊行为。造成这一研究结果的可能原因是学生对法条的理解不够深入,或者是考试不及格会导致他们重修课程、失去奖学金以及受到父母的批评。故而,在这种情境下,法律认知的启动效应就不重要了。这一项实验研究对我们未来研究具身化法律认知及其对行为决策的影响具有重要启发意义。

二、法律认知与法律情感对决策的影响研究构想

双系统模型认为,启发式系统和分析系统同时、独立、平行地对推理或决策过程起作用,但在整个过程中,它们的关系如何,目前尚需进一步探究。在此理论及相关的前期实证研究基础上,我们可以揭示法律认知、法律情感对个体决策或者风险行为的影响。首先,我们可以验证法律认知、法律情感对个体风险行为决策的影响。比如,为何明知是犯法行为,有人还会铤而走险?为何会出现这种非理性决策?在整个过程中,法律认知和法律情感是如何起作用的?其次,我们可以探究个体法律认知与法律情感的神经机制。目前的研究表明,在儿童期和青少年早期(4~12 岁),前额皮层灰质体积在不断上升,而在青少年中期(约 14 岁开始),大脑皮层灰质体积比例则不断下降。一项追踪研究表明,青少年期个体额叶皮层逐渐呈现出一种变薄的趋势。青少年期社会情感神经网络快速发展,其中杏仁核、腹侧纹状体和内侧眶额叶皮层的发展表现出独特性。同时,该时期的认知控制神经网络发育不成熟。所

以,用双系统模型来解释青少年风险行为,就会出现青少年在情感激活条件下,风险行为要显著大于成人,没有情感激活时,则风险行为与成人差异不显著的结果。[466]我们未来的研究就是探究个体尤其是青少年的法律认知和法律情感的神经系统,这将有助于我们对青少年的风险行为,比如犯罪行为、校园欺凌等反社会行为有更好的理解,并根据相关研究制定更科学合理的政策文件。再次,我们可以揭示个体在不同时期的法律认知、法律情感在个体行为决策中的差异。相关研究表明,在儿童发展过程中,认知能力比年龄能更好地预测决策与推理任务的非理性偏差。[467]故而,探究个体在不同时期的法律认知与法律情感对决策的影响特点,有助于更好地对其风险行为做出预防和干预。

早期的法律制定者将人作为"理性人"来看待,认为人们做出一定的行为是经过理性思考后的抉择。但在现实生活中,人们经常由于时间紧迫或者缺乏足够多的知识或者在两者均受到限制的时候依然要做出一些行为,这些行为中一部分就涉及与法律相关的抉择,比如适法还是违法行为决策。那么,在这类决策中,法律认知与法律情感是如何影响个体的行为决策的呢? 在决策过程中,法律认知与法律情感的心理机制是怎么样的呢?

Simon的有限理性观点认为,人类的认知系统具有局限性,故而在做出决策的时候是达不到经济学和统计学理论中假定的"最大化"和"最优化"的,有机体的适应性通常只能达到"满意"。[468]"齐当别"模型假定,人类在进行决策的时候考察的是选择对象之间是否存在"优势性"关系,故而在所给的问题上,会将差别较小的可能结果人为地"齐同"掉,从而在差别较大的维度上选择出具有优势的选项,所以在决策中利用的是"弱优势"原则。[469]那么,根据有限理性观点,个体在法律认知水平层面存在显著差异,会不会对其后续的行为,比如风险行为或者其他涉及法律方面的行为做出不一样的决策呢? 如果提高个体的法律认知水平,一定程度上增强了其理性认知能力,会不会在相关决策中降低认知偏差? 这些问题可在未来的相关研究中进一步进行探究。在道德推理判断中,研究者更偏向于认为道德推理是直觉和情感的结果[470],那么,法律情绪情感在法律相关决策中的影响机制如何呢? 相关研究表明,积极情绪会使得个体的思维灵活性增强,注意和认知范围扩大,故而有利于整体加工水平的提升;反之,消极情绪则会使注意和认知范围缩小,个体意识狭窄化,所以会偏向局部加工水平。[471]在积极情绪状态的渲染下,个体偏向于整体式加工方式；而在消极情绪状态下，个体更易采用具体式加工方式。[472]处在积极情绪状态下的个体较处在中性情绪状态下的个体会进行更高水平的思考和更强的未来取向。[473]关于情绪对决策的相关实证研究亦表明，情绪影响跨期决策，且不同效价的情绪对跨期决策的影响存在显著差异。[474]那么，法律情绪对相关的法律行为的跨期决策有着怎样的影响？其中的心理机制如何？这些问题均可在未来的研究中予以探索。

参考文献

[1] Hertogh C, Eefsting J. The law and the local fairness of care practice. Reflections on the ethnographic field investigation concerning the failure of the Bopz Act in psychogeriatric nursing home care[J]. Tijdschrift voor gerontologie en geriatrie,2004(2):46-54.

[2] 梁治平.整体法学与具有规范意义的历史[J].读书,2003(7):107-113.

[3] 郑永流.中国法圈:跨文化的当代中国法及未来走向[J].中国法学,2012(4):5-14.

[4] 李放.法学基础理论纲要[M].长春:吉林大学出版社,1987:290.

[5] 魏志祥.大学生法律意识的培养[J].教育发展研究,2003(Z1):166-168.

[6] 张明霞.我国民事诉讼证人制度的立法完善[D].济南:山东大学,2007.

[7] 贾应生.论法律意识[J].人大研究,1997(9):32-37.

[8] 刘旺洪.法律意识论[D].北京:中国人民大学,2000.

[9] 孙春伟.法律意识概念的学理解释及其评价[J].学术交流,2008(10):21-23.

[10] Nielsen L B. Situating legal conciousness:Experiences and attitudes of ordinary citizens about law and street harassment[J]. Law & Society Review,2000,34(4):1055.

[11] Abrego L J. Legal consciousness of undocumented Latinos:Fear and stigma as barriers to claims—making for first—and 1.5-generation immigrants[J]. Law & Society Review,2011(2):337-370.

[12] Hull K E. Legal consciousness in marginalized groups:The case of LGBT people[J]. Law & Social Inquiry,2016(3):551-572.

[13] 谢山河,黄章华.关于当代大学生法律意识的调查分析[J].教育学术月

刊,2008(7):37-39.

[14] 刘亚娜,高英彤.论网络游戏对青少年法律意识的影响[J].教育研究,
2013(4):82-88.

[15] 王敬波.我国中小学生法治认同的实证分析[J].北京联合大学学报(人
文社会科学版),2020(1):102-115.

[16] 徐忠明.传统中国乡民的法律意识与诉讼心态——以谚语为范围的文化
史考察[C]//中华法系国际学术研讨会文集,2006:340-369.

[17] 陈诚,张新民.大学生法律意识量表的编制和信效度检验[J].西南师范
大学学报(自然科学版),2019(5):132-139.

[18] 徐淑慧.中学生法律认知测评量表的编制及信效度检验[J].预防青少年
犯罪研究,2019(2):52-56,51

[19] Jacobson M G,Palonsky S B. Effects of a law-related education
program[J]. The Elementary School Journal,1981(1):49-57.

[20] Jonynienė Ž V,Petrauskienė L. The role of legal education in
development of students personal competences:Conceptions of 10-12
grade students and school staff[J]. Social Inquiry into Well-Being,
2013(1):93-108.

[21] 李先军,张晓琪.美国中小学法治教育的历史演进、特点及启示[J].外国
中小学教育,2015(5):16-21.

[22] 张冉.践行法治:美国中小学法治教育及对我国的启示[J].全球教育展
望,2015(9):76-85,94。

[23] 徐辉.中小学法治教育地方课程改革的设计及实施[J].教育研究,2017
(1):154-158

[24] 何树彬.青少年法治教育:目标定位、实施原则与路径[J].青少年犯罪问
题,2016(2):69-75.

[25] 许晓童.从法制教育到法治教育的历史意蕴及实践策略——基于《青少
年法治教育大纲》视角[J].教育评论,2017(4):32-35.

[26] 肖柯.大学生法治观念养成的有效路径探讨[J].学校党建与思想教育,
2019(11):81-83.

[27] 白彦,艾巧珍.基于法律素养的FGCP"政府与法治"课程教学模式改革
与实践[J].高教探索,2019(5):22-25.

［28］胡定荣.学校课程创新：从自主到协同［J］.课程·教材·教法,2015
　　　(11):22-28.

［29］李振福,李香栋.系统哲学视角下的协同论与"通实力"研究［J］.系统科
　　　学学报,2020(4):29-34.

［30］刘崇瑞,孙宝云.共享经济下社会交换理论的困境与展望［J］.云南行政
　　　学院学报,2020 (2):121-126.

［31］陈荣杰.交换论视野中的交际行为［J］.求索,2001 (4):33-35.

［32］张俊,吴重涵,王梅雾.家长和教师参与家校合作的跨界行为研究——基
　　　于交叠影响域理论的经验模型［J］.教育发展研究,2018 (2):78-84.

［33］张俊,吴重涵,王梅雾,刘莎莎.面向实践的家校合作指导理论——交叠
　　　影响域理论综述［J］.教育学术月刊,2019 (5):3-12.

［34］Fiore D J. School, family, and community partnerships：Preparing
　　　educators and improving schools［J］. NASSP Bulletin,2001(627):
　　　85-87.

［35］刘惠娟,宋新硕,邓华.生态系统理论视角下高职院校心理育人探析［J］.
　　　教育与职业,2022 (6):94-99.

［36］刘宏刚.基于 Brofenbrenner 生态系统理论的外语教师发展研究:综述与
　　　展望［J］.外语教学理论与实践,2021 (2):56-63.

［37］朱虹,刘晓陵,胡谊.社会文化观下的教育心理思想——维果斯基的机能
　　　性系统分析视角［J］.全球教育展望,2013,42(3):25-30＋10.

［38］梁爱民,陈艳.维果斯基社会文化理论混沌学思想阐释［J］.山东大学学
　　　报(哲学社会科学版),2013 (5):146-152.

［39］聂衍刚,张卫,彭以松,等.青少年自我意识的功能结构及测评的研究
　　　［J］.心理科学,2007 (2):411-414.

［40］切萨雷·内卡利亚. 论犯罪与刑罚［M］. 黄风,译. 北京:北京大学出版
　　　社,2008:15.

［41］鲁道夫·冯·耶林. 为权利而斗争［M］. 郑永流,译. 北京:法律出版社,
　　　2012:22.

［42］赵茂矩,徐秀莲,李玉华,等.母婴安全依恋关系与婴儿情绪情感［J］.中
　　　国妇幼保健,2007 (13):1778-1780.

［43］彭聃龄. 普通心理学(修订版)［M］. 北京:北京师范大学出版社,

2004:364.

[44] 中共中央马克思恩格斯列宁斯大林著作编译局. 马克思恩格斯全集第3卷[M]. 北京:人民出版社,1972:37.

[45] 周长龄. 法律的起源[M]. 北京:中国人民公安大学出版社,1997:95-96.

[46] 张宏生. 西方法律思想史[M]. 北京:北京大学出版社,1983:369.

[47] 郑日昌. 心理与教育测量(第三版)[M]. 北京:人民教育出版社,2015:297-298.

[48] 张奇. SPSS for Windows 在心理学与教育学中的应用[M]. 北京:北京大学出版社,2019:284-285.

[49] 詹世友. 公义与公器——正义论视域中的公共伦理学[M]. 北京:人民出版社,2000:8.

[50] 高婷婷. 公正世界信念和认知风格对责备无辜受害者的影响[D]. 大连:辽宁师范大学,2012.

[51] Alves H, Correia I. Personal and general belief in a just world as judgement norms[J]. International Journal of Psychology,2010 (3):221-231.

[52] Raffaelli M, Crockett L J, Shen Y L. Developmental stability and change in self-regulation from childhood to adolescence [J]. The Journal of Genetic Psychology,2005 (1):54-76.

[53] 王昱文,王振宏,刘建君. 小学儿童自我意识情绪理解发展及其与亲社会行为、同伴接纳的关系[J]. 心理发展与教育,2011 (1):65-70.

[54] 卓泽渊. 法的价值论(第三版)[M]. 北京:法律出版社,2018:2-3.

[55] 幸强国. 法律认知层次刍议[J]. 四川师范大学学报(社会科学版),1995 (3):8-12.

[56] 严存生. 西方法律思想史(第三版)[M]. 北京:法律出版社,2015:97-98.

[57] 卢梭. 论人类不平等的起源和基础[M]. 李常山,译. 北京:商务印书馆,1982:24.

[58] 卢梭. 社会契约论[M]. 何兆武,译. 北京:商务印书馆,1980:127,36.

[59] 霍布斯·利维坦[M]. 黎思复,等,译. 北京:商务印书馆,1995:131-132,209-210,270.

[60] 博登海默. 法理学:法律哲学与法律方法[M]. 邓正来,译. 北京:中国

政法大学出版社,2004:280.

[61] 霍布斯. 利维坦[M]. 黎思复,译. 北京:商务印书馆,1985:164-165.

[62] 洛克. 政府论(下篇)[M]. 叶启芳,译. 北京:商务印书馆,1996:35-36.

[63] 付子堂. 法理学进阶. 第4版[M]. 北京:法律出版社,2013:52-53.

[64] 西方法律思想史编写组. 西方法律思想史资料选编[M]. 北京:北京大学出版社,1983:139.

[65] 格劳秀斯. 战争与和平法[M]. 何勤华,译. 上海:上海人民出版社,2005:38.

[66] 沈宗灵. 现代西方法理学[M]. 北京:北京大学出版社,1997:251.

[67] 庞德. 法律、道德与正义[M]. 张文伯,译. 台北监狱印刷厂,1959:129.

[68] 富勒. 法律的道德性[M]. 北京:商务印书馆,2005:170-171,221,253.

[69] 弗里德里希·冯·哈耶克. 法律、立法与自由:第1卷[M]. 北京:中国大百科全书出版社,2000:176.

[70] 李涵伟."少数人"概念意涵及其与国家认同的关系[J]. 中南民族大学学报(人文社会科学版),2020(3):27-31.

[71] 宋保振."数字弱势群体"权利及其法治化保障[J].法律科学(西北政法大学学报),2020(6):53-64.

[72] 鲁道夫·冯·耶林. 为权利而斗争[M].郑永流,译.北京:法律出版社,2012:9.

[73] 谢晖.论新型权利生成的习惯基础[J].法商研究,2015(1):44-53.

[74] 哈贝马斯. 在事实与规范之间:关于法律和民主法治国的商谈理论[M]. 童世骏,译.北京:生活·读书·新知三联书店,2003:278.

[75] 于柏华权利概念的利益论[J].浙江社会科学,2018(10):36-46,156.

[76] 严存生. 西方法律思想史[M]. 北京:法律出版社,2004:161.

[77] 严存生. 西方法律思想史[M]. 北京:法律出版社,2004:345-346.

[78] 哈特. 法律的概念[M]. 北京:法律出版社,2018:139-148.

[79] 康德. 道德形而上学的奠基[M]. 李秋零,译. 北京:中国人民大学出版社,2013:49-50.

[80] 江璐.康德之人格性概念的形而上维度[J].哲学分析,2019(1):68-78,197.

[81] 汉斯·哈腾鲍尔. 民法上的人[J]. 孙宪忠,译. 环球法律评论,

2001:396.

[82] 李泽厚. 批判哲学的批判——康德述评[M]. 天津:天津社会科学院出版社,2003:98.

[83] 卡尔·拉伦茨. 德国民法通论[M]. 王晓晔,邵建东,程建英等,译. 北京:法律出版社,2003:47.

[84] 徐向东. 自由主义、社会契约与政治辩护[M]. 北京:北京大学出版社,2005:120-121.

[85] 郑维炜.个人信息权的权利属性、法理基础与保护路径[J].法制与社会发展,2020(6):125-139.

[86] 中共中央马克思恩格斯列宁斯大林著作编译局. 马克思恩格斯选集:第1卷[M]. 北京:人民出版社,1995:186.

[87] 陈鹏.个体人格、国家目标与公共人格——受教育权与受教育义务的自治性之破立[J].浙江社会科学,2018(9):56-64,91,157.

[88] 汤振华,秦前红.少数人权利保护的法理述评[J]. 贵州民族研究,2020(4):37-41.

[89] Samuel Fleischacker. A short history of distributive justice[M]. Massachusetts:Harvard University Press,2004:7-13.

[90] 阿马蒂亚·森.以自由看待发展[M].任赜,于真,译.北京:中国人民大学出版社,2012:30.

[91] Rawls J. A theory of justice[M]. Revised edition. Massachusetts:Harvard University Press,1999:9.

[92] 熊义刚,周林刚.分配正义理论的两种辩护路径比较研究[J].西南大学学报(社会科学版),2019(6):53-62.

[93] 付子堂. 法理学进阶.第4版[M]. 北京:法律出版社,2013:60-61.

[94] 周安平.法律价值何以是与何以不是[J].深圳大学学报(人文社会科学版),2020(3):91-99.

[95] 严存生.西方法律思想史.第3版[M]. 北京:法律出版社,2013:7.

[96] 鲍文强.权利与义务视阈下刑事缺席审判程序的理论展开[J].法学杂志,2019(8):34-43.

[97] 成凡.权利来自哪里——法律和认知的视角[J].法律和社会科学,2017(2):204-242.

［98］ Macdonald M C，Pearlmutter N J，Seidenberg M S . Syntactic ambiguity resolution as lexical ambiguity resolution［J］. Perspectives on Sentence Processing. Eribaum,1994:123-154.

［99］ Piantadosi Tily，Gibson. The communicative function of ambiguity in language［J］. Cognition,2012,122:280-291.

［100］ Zelle H，Romaine C，Goldstein N. Juveniles' miranda comprehension: Understanding, appreciation, and totality of circumstances factors［J］. Law & Human Behavior, 2015, 39 (3), 281.

［101］ Wszalek J A，Turkstra L S. Comprehension of social-legal exchanges in adults with and without traumatic brain injury［J］. Neuropsychology, 2019,33(7):E55-E63.

［102］ Mkrtychian N，Blagovechtchenski E，Kurmakaeva D,et al. Concrete vs. abstract semantics: From mental representations to functional brain mapping［J］. Frontiers in Human Neuroscience, 2019,13, 267.

［103］ Borghi A M，Binkofski F，Castelfranchi C，et al. The challenge of abstract concepts［J］. Psychological Bulletin, 2017,143(3):263-292.

［104］ Gerlach C，Zhu X，Joseph J E. Structural similarity exerts opposing effects on perceptual differentiation and categorization: An FMRI study［J］. Journal of Cognitive Neuroscience, 2015,27(5), 974-987.

［105］ Bauer A J，Just M A. A brain-based account of "basic-level" concepts ［J］. Neuroimage, 2017,161:196-205.

［106］ 严存生. 西方法律思想史［M］. 北京:法律出版社,2015:207-214.

［107］严存生. 西方法律思想史［M］. 北京:法律出版社,2015:242-243.

［108］ 哈罗德·J.伯尔曼. 法律与革命——西方法律传统的形成［M］. 北京:中国大百科全书出版社,1993:5.

［109］孟德斯鸠. 论法的精神［M］. 北京:红旗出版社,2017:258.

［110］博登海默. 法理学—法哲学及其方法［M］. 北京:华夏出版社,1987:377-378.

［111］瞿同祖. 中国法律与中国社会［M］. 北京:中华书局,1981:326.

［112］俞荣根. 儒家法思想通论［M］. 北京:商务印书馆,2018:25.

[113] 俞荣根. 儒家法思想通论[M].北京:商务印书馆,2018:29-30.

[114] 李柏杨.情感,不再无处安放——法律与情感研究发展综述[J].环球法律评论,2016 (5):162-177.

[115] 郭景萍.法律情感逻辑形成、运行与功能的三维机制[J].社会科学研究,2013 (1):95-101,107.

[116] Posner J, Russell J A, Peterson B S. The circumplex model of affect: An integrative approach to affective neuroscience, cognitive development, and psychopathology [J]. Development and psychopathology,2005 (3):715-734.

[117] Keltner D, Haidt J. Approaching awe, a moral, spiritual, and aesthetic emotion[J]. Cognition and Emotion, 2003 (2):297-314.

[118] 庄锦英.情绪与决策的关系[J].心理科学进展,2003 (4):423-431.

[119] 庄锦英.情绪影响决策内隐认知机制的实验研究[D].上海:华东师范大学,2003.

[120] A.霍耐特,赵琰.完整性与蔑视:基于承认理论的道德概念原则[J].世界哲学,2011 (3):68-77.

[121] 丁道群,张湘一,陈锡友.不同注意资源水平上核心厌恶和道德厌恶刺激加工分离效应的 ERPs 研究[J].心理科学,2016 (2):265-271.

[122]Chapman H A, Anderson A K. Things rank and gross in nature: A review and synthesis of moral disgust[J]. Psychological Bulletin,2013 (2):300.

[123] 孟昭兰. 情绪心理学[M].北京:北京大学出版社,2005:35.

[124] 马克斯·韦伯. 经济与社会.第 1 卷[M].上海:上海世纪出版集团,2010:24-128.

[125] 傅小兰.情绪心理学[M].上海:华东师范大学出版社,2016:60.

[126] 毛豪明.再论指向生活意义的情感教育[J].安庆师范学院学报(社会科学版),2006 (2):97-101.

[127] 傅小兰.情绪心理学[M]. 上海:华东师范大学出版社,2016:45-47.

[128] 朱小蔓.当代情感教育的基本特征[J].教育研究,1994 (10):68-71,75.

[129] 郑琳川.立德树人务必重视情感教育[J].中国教育学刊,2015 (9):108.

[130] 赵鑫.国外情感教育研究的进展与趋势述评[J].比较教育研究,2013

(8):54-59.

[131] 魏义霞.梁启超情感教育论[J].求索,2014 (9):159-163.

[132] 朱小蔓.《情感教育论》与情感教育理论建设[J].教育科学,1995 (4):
64-65.

[133] 张琳.案例教学法与民法教学[J].当代法学,2002(10):16-18.

[134] 闫守轩.体验与体验教学[J].教育科学,2004 (6):32-34.

[135] 浦纯钰."法律诊所"教育若干问题探讨[J].社会科学家,2005(6):194-
195,199.

[136] 袁钢.法律诊所教学评价方法探究[J].法学杂志,2011 (2):63-65.

[137] 董杰,魏纪林.论法律情感的培植[J].理论导刊,2009 (8):75-77.

[138] 李晓明."礼不下庶人,刑不上大夫"辩[J].法学杂志,2003 (4):77-61.

[139] 俞荣根. 儒家法思想通论[M]. 北京:商务印书馆,2018:278.

[140] 亚里士多德. 政治学[M]. 吴寿彭,译. 北京:商务印书馆,1997:276.

[141] 卓泽渊. 法的价值论. 第 3 版[M]. 北京:法律出版社,2018:265.

[142] 沈宗灵. 法学基础理论[M]. 北京:法律出版社,1982:281.

[143] 庞德. 通过法律的社会控制·法律的任务[M]. 沈宗灵,董世忠,译.
北京:商务印书馆,1984:10.

[144] 卓泽渊. 法的价值论. 第 3 版[M]. 北京:法律出版社,2018:2-3.

[145] 刘星. 法律是什么[M]. 北京:中国法制出版社,1998:99-100.

[146] 刘星. 法律是什么[M]. 北京:中国法制出版社,1998:8-9.

[147] John A. The province of jurisprudence determined[M]. London:
Cambridge University Press,1995:18.

[148] 杨清望.论法律服从的产生机制及实现途径[J].政治与法律,2012 (2):
60-73.

[149] 苏珊·西尔比,王晓蓓.美国的法治社会与民众心理认知[J].江苏社会
科学,2003 (1):65-71.

[150] 张明楷. 法益初论. 修订版[M]. 北京:中国政法大学出版社,
2003:172.

[151] Connell J P, Wellborn J G. Competence, autonomy, and relatedness:
A motivational analysis of self-system processes[C] // Gunnar M R,
Sroufe L A (eds.). Self processes and development. New Jersey:

Lawrence Erlbaum Associations,1991.

[152] 彭聃龄.普通心理学.第 5 版[M].北京:北京师范大学出版社,2019:
357-358.

[153] 徐淑慧,苏春景.法律信仰的特点、结构与培养策略[J].教育研究,2016
(6):97-103.

[154] 幸强国.法律认知层次刍议[J].四川师范大学学报(社会科学版),1995
(3):8-12.

[155] 施延亮.法律认知的培养和提高[J].上海师范大学学报(哲学社会科学
版),2003 (2):38-41.

[156] 成凡.法律认知和法律原则:情感、效率与公平[J].交大法学,2020 (1):
10-28.

[157] 苏力.制度是如何形成的[M].北京:北京大学出版社,2012:205.

[158] 聂衍刚,张卫,彭以松,等.青少年自我意识的功能结构及测评的研究
[J].心理科学,2007 (2):411-414.

[159] 陈琦,刘儒德.当代教育心理学[M].北京:北京师范大学出版社,2019:
31.

[160] 石佑启.论民法典时代的法治政府建设[J].学术研究,2020 (9):
1-7,177.

[161] 石佑启,杨治坤.中国政府治理的法治路径[J].中国社会科学,2018
(1):66-89,205-206.

[162] 伯格.与社会学同游——人文主义的视角[M].何道宽,译.北京:北京
大学出版社,2014:138.

[163] 成凡.权利来自哪里——法律和认知的视角[J].法律和社会科学,2017
(2):204-242.

[164] 徐淑慧,苏春景.法律信仰的特点、结构与培养策略[J].教育研究,2016
(6):97-103.

[165] 房书君,崔静,王明文.法律信任及其在当代中国的建构[J].东北师大
学报(哲学社会科学版),2016 (1):234-237.

[166] 王霞.自我、脸面与关系:中国人的权利心理图谱[J].法制与社会发展,
2016 (6):148-161.

[167] 马皑,宗会生.审讯方法及其心理学原理[J].中国刑事法杂志,2010

(1):48-58.

[168] 宋才发.国家治理现代化的法治保障及其路径[J].东方法学,2020(5):75-83.

[169] 王怡.认真对待公众舆论——从公众参与走向立法商谈[J].政法论坛,2019:75-86.

[170] 陈琦,刘儒德.当代教育心理学[M].北京:北京师范大学出版社,2019:169-170.

[171] 切萨雷·贝卡里亚.论犯罪与刑罚[M].黄风,译.北京:北京大学出版社,2008:15.

[172] 徐淑慧.法律意识植根于自我的教育研究[D].烟台:鲁东大学,2016.

[173] 李放.法学基础理论纲要[M].长春:吉林大学出版社,1987:290.

[174] 王子琳,张文显.法律社会学[M].长春:吉林大学出版社,1991:164.

[175] 贾应生.论法律意识[J].人大研究,1997(9):32-37.

[176] 刘旺洪.法律意识论[D].北京:中国人民大学,2000.

[177] 孙春伟.法律意识概念的学理解释及其评价[J].学术交流,2008(10):21-23.

[178] 薛伦倬.马克思主义法学新探[M].重庆:重庆出版社,1992:139.

[179] 胡启忠.法律正义与法律价值之关系辨正[J].河北法学,2010,28(3):12-18.

[180] 徐淑慧,苏春景.法律信仰的特点、结构与培养策略[J].教育研究,2016,37(6):97-103.

[181] 谢山河,黄章华.关于当代大学生法律意识的调查分析[J].教育学术月刊,2008(7):37-39.

[182] 王开琼.当代大学生法律意识教育调查研究[J].黑龙江高教研究,2012,30(7):92-95.

[183] 马艳华.大学生网络行为中法律意识调查报告[D].兰州:兰州大学,2010.

[184] 刘亚娜,高英彤.论网络游戏对青少年法律意识的影响[J].教育研究,2013,34(4):82-88.

[185] 何树彬.青少年法治教育:目标定位、实施原则与路径[J].青少年犯罪问题,2016(2):69-75.

[186]许晓童.从法制教育到法治教育的历史意蕴及实践策略——基于《青少年法治教育大纲》视角[J].教育评论,2017(4):32-35.

[187]张奎.法律价值与法律的建构性阐释[J].求索,2017(11):108-116.

[188]于浩.功利主义视角下法律价值的认知逻辑[J].社会科学,2017(5):97-104.

[189]薛波.元照英美法词典[M].北京:北京大学出版社,2017:452.

[190]胡天强,张大均,程刚.中学生心理素质问卷(简化版)的修编及信效度检验[J].西南大学学报(社会科学版),2017,43(2):120-126.

[191]俞陈一.未成年人法律意识形成研究[D].杭州:杭州师范大学,2019.

[192]王平.着眼于情感:以促进学习为目标的价值观教育[J].教育学报,2022,18(1):44-53.

[193]彭聃龄.普通心理学.第5版[M].北京:北京师范大学出版社,2018:2.

[194]成凡.法律认知和法律原则:情感、效率与公平[J].交大法学,2020,10(1):10-28.

[195]彭聃龄.普通心理学:修订版[M].北京:北京师范大学出版社,2002:351.

[196] Alhadabi A, Aldhafri S, Alkharusi H, et al. Modelling parenting styles, moral intelligence, academic self-efficacy and learning motivation among adolescents in grades 7-11[J]. Asia Pacific Journal of Education,2019,39(1):1-21.

[197]琚晓燕,刘宣文,方晓义.青少年父母、同伴依恋与社会适应性的关系[J].心理发展与教育,2011,27(2):174-180.

[198]刁华,冉敏,杨静薇,等.同伴依恋在青春期知—信—行与心理弹性关系中的调节作用[J].上海交通大学学报(医学版),2020,40(8):1120-1125.

[199]高旭,王元.同伴关系:通向学校适应的关键路径[J].东北师大学报(哲学社会科学版),2010(2):161-165.

[200]刘方松,崔子扬,王新红,等.农村儿童同伴依恋和孤独感对自尊的影响[J].中国学校卫生,2020,41(2):232-234,238.

[201] Abdollahi A, Abu Talib M. Self-esteem, body-esteem, emotional intelligence, and social anxiety in a college sample: The moderating

role of weight[J]. Psychology, Health & Medicine, 2016, 21(2):221-225.

[202] 琚晓燕,刘宣文,方晓义.青少年父母、同伴依恋与社会适应性的关系[J].心理发展与教育,2011,27(2):7.

[203] Overton W F. Relationism and relational developmental systems[J]. Advances in Child Development and Behavior, 2013, 44:21-64.

[204] Hutchinson E A, Rosen D, Allen K, et al. Adolescent gaze-directed attention during parent-child conflict: The effects of depressive symptoms and parent-child relationship quality[J]. Child Psychiatry & Human Development, 2019, 50(3):483-493.

[205] 李佳依,丁菀,孙赵星,谢瑞波,张俊杰.父母教养投入与儿童孤独感:自尊与同伴依恋的中介作用[J].中国临床心理学杂志,2021,29(4):842-845,849.

[206] Tian L, Liu L, Shan N. Parent-child relationships and resilience among Chinese adolescents: The mediating role of self-esteem[J]. Frontiers in Psychology, 2018(9):1030.

[207] 周宗奎,曹敏,田媛,等.初中生亲子关系与抑郁:自尊和情绪弹性的中介作用[J].心理发展与教育,2021,37(6):864-872.

[208] 崔颖,韩宪国,周颖,等.父母婚姻冲突与儿童同伴关系不良的关系:有调节的中介效应[J].中国临床心理学杂志,2018,26(5):992-996.

[209] 彭小凡,鲍未,钟媛媛,等.儿童心理素质对孤独感的影响:情绪调节和同伴关系的连续中介[J].西南大学学报(自然科学版),2018,40(10):53-57.

[210] 林丽玲,刘俊升,周颖.儿童中期同伴侵害与自尊之关系:应对策略的中介效应[J].中国临床心理学杂志,2015,23(1):137-140.

[211] 黄亚梅,许慧,顾红磊,等.班级同学关系、师生关系与高一新生社交焦虑:安全感的中介作用[J].中国临床心理学杂志,2020,28(4):853-856.

[212] 邹泓,屈智勇,叶苑.中小学生的师生关系与其学校适应[J].心理发展与教育,2007(4):77-82.

[213] 吴旻,周欣然,叶攀琴,等.师生、同伴、亲子关系对农村小学寄宿生心理

资本的影响:有调节的中介模型[J].中国临床心理学杂志,2021,29
(2):230-235.

[214] 李子华.留守初中生同伴关系对孤独感的影响:自我意识的调节作用
[J].中国特殊教育,2019(2):45-49.

[215] 杨文娇.儿童心理虐待与忽视和孤独感:自我意识的中介作用[J].中国
特殊教育,2012(12):64-69.

[216] 郭金仙,李佳樾,黄蕾,等.甘肃省儿童青少年自我意识与行为问题关系
[J].中国公共卫生,2012,28(11):1439-1442.

[217] 沈玲,罗学荣,韦臻,等.焦虑性障碍儿童行为问题与自我意识研究[J].
中国临床心理学杂志,2012,20(2):179-181.

[218] 袁茵,欧阳旭伟,苟兴元,等.流浪儿童自我意识行为及人格相互关系的
探讨[J].中国儿童保健杂志,2014,22(12):1263-1266.

[219] 马向真.流动儿童自尊、自我意识与社会支持的关系研究[J].南京师大
学报(社会科学版),2014(5):103-110.

[220] 戴斌荣,彭美.同伴友谊质量与留守儿童社会适应性的关系:有调节的
中介模型[J].心理科学,2021,44(6):1361-1368.

[221] 王振宏,刘萍.学习动机的自我理论与研究[J].山东师范大学学报(人
文社会科学版),2002(2):89-93.

[222] 毛晋平,倪鑫庭,孙姣.学校认同与青少年领导力的关系:自尊的中介作
用及其性别差异[J].中国临床心理学杂志,2021,29(2):263-266,271.

[223] 聂衍刚,张卫,彭以松,等.青少年自我意识的功能结构及测评的研究
[J].心理科学,2007(2):411-414.

[224] 聂衍刚,黎建斌,林小彤,等.中职学生自我意识与诚信态度的关系[J].
教育研究与实验,2011(1):87-91,96.

[225] 聂衍刚,涂巍,李水霞,吴少波.初中生自我意识与班级心理环境的关系
研究[J].教育导刊,2012(4):28-31.

[226] 李静,杨晴,吴琪,等.青少年的共情与自我意识:归属需要的中介作用
[J].教育研究与实验,2019(5):83-87,92.

[227] 任心宇.大学生同伴关系对网络成瘾的影响:核心自我评价的中介效应
[J].心理技术与应用,2017,5(9):521-529.

[228] DeKlyen M, Greenberg M T. Attachment and psychopathology in

childhood[M] // Cassidy J, Shaver P R (eds.). Handbook of attachment: Theory, research, and clinical applications. New York: Guilford Press, 2016:639-666.

[229] Yan J, Feng X, Schoppe-Sullivan S J. Longitudinal associations between parent-child relationships in middle childhood and child-perceived loneliness[J]. Journal of Family Psychology, 2018, 32(6): 841.

[230] Tian L, Liu L, Shan N. Parent-child relationships and resilience among Chinese adolescents: The mediating role of self-esteem[J]. Frontiers in Psychology, 2018(9):1030.

[231] 晏碧华,兰继军,邹泓.大学生撒谎行为及其与自尊水平、社交焦虑的关系[J].中国特殊教育,2008(7):81-86.

[232] 吴继霞,郭小川,黄希庭,等.中学生亲子关系问卷编制[J].西南大学学报(社会科学版),2011,37(4):39-44,223-224.

[233] 陈祉妍,朱宁宁,刘海燕.Wade宽恕量表与人际侵犯动机量表中文版的试用[J].中国心理卫生杂志,2006(9):617-620.

[234] 高旭,王元.同伴关系:通向学校适应的关键路径[J].东北师大学报(哲学社会科学版),2010(2):161-165.

[235] Meldrum R C, Connolly G M, Flexon J, et al. Parental low self-control, family environments, and juvenile delinquency [J]. International Journal of Offender Therapy and Comparative Criminology, 2016,60(14):1623-1644.

[236] 王小凤,燕良轼,丁道群.童年期不良经历对中学生良心的影响:特质自我控制和自我损耗的链式中介作用[J].心理发展与教育,2022(4):566-575.

[237] 马超,石振国,王先亮,等.体育活动与幸福感的互促互进:基于大学生同伴关系与自我认知的中介效应[J].中国健康心理学杂志,2022,30(6):893-899.

[238] Steiger A E, Allemand M, Robins R W, et al. Low and decreasing self-esteem during adolescence predict adult depression two decades later[J]. Journal of Personality and Social Psychology, 2014,106(2):

325.

[239] Beck A T. Cognitive model of depression [J]. Journal of Cognitive Psychotherapy, 1987(1):5-37.

[240] 毛毳,李媛媛,厉萍. 高中生父母教养方式与非自杀性自伤的关系:性别的调节作用[J]. 山东大学学报(医学版),2020,58(1):100-105.

[241] 陈奇,桑悦赟,王慧,等. 初中生应对方式在父母教养方式和焦虑中的中介作用[J]. 中国卫生统计,2018,35(6):843-845,849.

[242] 韩磊,许玉晴,孙月,等. 亲子冲突对青少年社交回避与苦恼的影响:情绪管理和安全感的链式中介作用[J]. 中国特殊教育,2019(7):40-46.

[243] Cummings E M, Davies P T. Marital conflict and children: An emotional security perspective [M]. New York: Guilford Press, 2010.

[244] 刘国庆,陈维,程刚,等. 父母教养方式对大学生嫉妒的影响:自尊与生活满意度的链式中介效应[J]. 心理与行为研究,2020,18(3):376-382.

[245] 董妍,方圆,郭静. 父母教养方式与婴儿适应行为的关系:消极情绪的调节作用[J]. 中国临床心理学杂志,2019,27(3):586-590.

[246] 张敏,卢家楣. 青少年负性情绪事件性质判断偏向的情绪弹性与性别效应[J]. 心理科学,2013,36(2):378-382.

[247] 周宗奎,曹敏,田媛,等. 初中生亲子关系与抑郁:自尊和情绪弹性的中介作用[J]. 心理发展与教育,2021,37(6):864-872.

[248] 张娟,梁英豪,苏志强,等. 中学生心理素质与正性情绪的关系:情绪弹性的中介作用[J]. 中国特殊教育,2015(9):71-76.

[249] 芦炎,张月娟. 初中生抑郁与依恋、自我效能感的关系研究[J]. 心理发展与教育,2008(1):55-59,87.

[250] 张岩,雷婷婷,王华容,等. 大学生亲子依恋和消极情感的关系:人际适应和手机依赖的多重中介效应[J]. 现代预防医学,2018,45(18):3368-3371,3406.

[251] 窦芬,王曼,王明辉. 大学生同伴依恋与抑郁:自我认同感和宿舍人际关系的中介作用[J]. 中国临床心理学杂志,2018,26(4):772-775,779.

[252] 张林,赵凯莉,刘燊,等. 父母、同伴依恋对青少年孤独感的影响模型:基于不同类型学校的检验[J]. 心理学探新,2017,37(4):339-344.

[253] 王英芊,邹泓,侯珂,等.亲子依恋、同伴依恋与青少年消极情感的关系:有调节的中介模型[J].心理发展与教育,2016,32(2):226-235.

[254] Abdollahi A，Abu Talib M. Self-esteem，body-esteem，emotional intelligence，and social anxiety in a college sample：The moderating role of weight[J]. Psychology, Health & Medicine，2016,21(2):221-225.

[255] Rosenberg M. Society and the adolescent self-image［M］. New Jersey：Princeton University Press，2015.

[256] 方平,马焱,朱文龙,姜媛.自尊研究的现状与问题[J].心理科学进展,2016,24(9):1427-1434.

[257] Chen Y M，Wu Y P，Zhang Y J，et al. Relationships between parenting style，self-perception and shyness among Chinese early adolescents[J]. Psychology Research，2014,4(11):897-904.

[258] 张亚利,李森,俞国良.自尊与社交焦虑的关系:基于中国学生群体的元分析[J].心理科学进展,2019,27(6):1005-1018.

[259] 李大林,黄梅,陈维,等.生活事件对初中生抑郁的影响:自尊和反刍思维的链式中介作用[J].心理发展与教育,2019,35(3):352-359.

[260] 段彩彬,周会,张冰,等.大学生外显自尊、内隐自尊及自尊分离与攻击性的关系[J].中国心理卫生杂志,2020,34(8):686-691.

[261] 高飞.大学生情绪智力与生活满意度的关系:安全感的中介效应与自尊的调节效应[J].中国健康心理学杂志,2022,30(1):96-101.

[262] 张钰,刘海燕.大、中学生社交网站使用强度、自尊和抑郁的关系:好友数量的中介作用和性别的调节作用[J].中国健康心理学杂志,2021,29(9):1391-1398.

[263] Bajaj B，Robins R W，Pande N. Mediating role of self-esteem on the relationship between mindfulness，anxiety，and depression［J］. Personality and Individual Differences，2016,96:127-131.

[264] 陈福侠,张福娟.工读学校学生同伴依恋、自我概念与孤独感的特点及其关系[J].心理发展与教育,2010,26(1):73-80.

[265] 温兴盛,秦素琼,玉丁婕.农村青少年依恋、自我概念与社交焦虑的关系[J].中国健康教育,2015,31(8):766-769.

[266] 赖建维,郑钢,刘锋.中学生同伴关系对自尊影响的研究[J].中国临床心理学杂志,2008(1):74-76.

[267] 邓林园,马博辉,武永新.初中生依恋与主观幸福感:自尊的中介作用[J].心理发展与教育,2015,31(2):230-238.

[268] 杨玲,陆爱桃,连松州,等.听障青少年依恋和生活满意度关系:自尊的中介作用[J].中国特殊教育,2013(9):27-32.

[269] Krueger F, Meyer-Lindenberg A. Toward a model of interpersonal trust drawn from neuroscience, psychology, and economics [J]. Trends in Neurosciences, 2018,42(2):92-101.

[270] 李彩娜,孙颖,拓瑞,等.安全依恋对人际信任的影响:依恋焦虑的调节效应[J].心理学报,2016,48(8):989-1001.

[271] 何晓丽,王振宏,王克静.积极情绪对人际信任影响的线索效应[J].心理学报,2011,43(12):1408-1417.

[272] 张冉冉,严万森.大学生社会孤独和人际信任与幸福感的关系[J].中国心理卫生杂志,2016,30(6):478-480.

[273] 王青.大学生人际信任现状及教育对策[J].国家教育行政学院学报,2011(8):83-87.

[274] 俞国良.社会认知视野中的亲社会行为[J].北京师范大学学报(社会科学版),1999(1):20-25.

[275] 李丹.影响儿童亲社会行为的因素的研究[J].心理科学,2000(3):285-288,381.

[276] 寇彧,付马,马艳.初中生认同的亲社会行为的初步研究[J].心理发展与教育,2004(4):43-48.

[277] 寇彧,徐华女.移情对亲社会行为决策的两种功能[J].心理学探新,2005(3):73-77.

[278] 朱丹,李丹.初中学生道德推理、移情反应、亲社会行为及其相互关系的比较研究[J].心理科学,2005(5):1231-1234.

[279] 刘衍玲,张小童,刘传星,等.亲社会视频游戏接触对中学生亲社会行为的影响:一个有调节的中介模型[J].西南大学学报(自然科学版),2019,41(6):44-50.

[280] Damon W, Eisenberg N. Social, emotional, and personality

development［J］. Handbook of Child Psychology，1998，3（5）：701-778.

［281］尚思源,苏彦捷.道德认知、道德情绪与亲社会行为的关系:来自元分析的证据[J].科学通报,2020,65(19):2021-2042.

［282］戴晓阳.常用心理评估量表手册［M］.北京：人民军医出版社,2015:186.

［283］Sroufe L A. Attachment and development：A prospective，longitudinal study from birth to adulthood[J]. Attachment & Human Development，2005,7(4):349-367.

［284］Berndt T J. Transitions in friendship and friends'influence ［J］. Transitions through Adolescence Interpersonal Domains & Context，1996,25:113-200,210-245.

［285］李丹.影响儿童亲社会行为的因素的研究[J].心理科学,2000(3):285-288,381.

［286］袁博,孙向超,游冉,等.情绪对信任的影响:来自元分析的证据[J].心理与行为研究,2018,16(5):632-643.

［287］向光璨,郭成,何晓燕,等.父母依恋、同伴依恋与希望的关系:领悟社会支持和自尊的链式中介作用[J].西南大学学报(自然科学版),2020,42(10):124-131.

［288］窦芬,王曼,王明辉.大学生同伴依恋与抑郁:自我认同感和宿舍人际关系的中介作用[J].中国临床心理学杂志,2018,26(4):772-775,779.

［289］琚晓燕,刘宣文,方晓义.青少年父母、同伴依恋与社会适应性的关系[J].心理发展与教育,2011,27(2):174-180.

［290］Stocks E L, Lishner D A, Waits B L,et al. I'm embarrassed for you：The effect of valuing and perspective taking on empathic embarrassment and empathic concern[J]. Journal of Applied Social Psychology，2011，41(1):1-26.

［291］胡伟,陈世盛,吕勇.高中生人际信任、疏离感和公民责任意识的关系研究[J].心理与行为研究,2014,12(6):795-799.

［292］Shaver P R, Mikulincer M. Attachment theory and research：Resurrection of the psychodynamic approach to personality ［J］.

Journal of Research in Personality，2005，39(1)：22-45.

[293] 刘艳，陈建文. 大学生自尊与社会适应的关系：积极核心图式与同伴依恋的链式中介效应分析[J]. 心理发展与教育，2020，36(6)：6.

[294] 琚晓燕，刘宣文，方晓义. 青少年父母、同伴依恋与社会适应性的关系[J]. 心理发展与教育，2011，27(2)：7.

[295] 潘彦谷，张大均，李知洋. 亲子和同伴依恋对初中生心理素质发展的影响：个人中心分析视角[J]. 心理发展与教育，2021，37(4)：10.

[296] Crowell J A, Treboux D. Review of adult attachment measures：Implications for theory and research [J]. Review of Social Development，1995，4(3)：294-327.

[297] Tracy J L, Robins R W. Self-conscious emotions：Where self and emotion meet[J]. Self in Social Psychology，2007：187-209.

[298] Baumeister R F, Tice V. The strength model of self-control[J]. Current Directions in Psychological Science，2007，16(6)：351-355.

[299] 徐淑慧. 法律意识植根于自我的教育研究[M]. 北京：中国社会科学出版社，2020：146-148

[300] 张索玲. 中小学生自尊结构、发展特点及其相关影响因素研究[D]. 大连：辽宁师范大学，2009.

[301] 郑全全，俞国良. 人际关系心理学[M]. 北京：人民教育出版社，1999：2-3.

[302] 戴汶珂. 大学生原生家庭功能与认知偏差的关系：安全感和人际关系行为困扰的多重中介作用[J]. 中国健康心理学杂志，2021，29(9)：1407-1411.

[303] 缪绿青，张钦斐，丁慧，等. 父母冲突对大学生攻击性及人际关系的影响：认知评价的中介作用[J]. 中国健康心理学杂志，2021，29(3)：417-422.

[304] 陶塑，张丽瑞，何瑾. 大学生人际关系适应与外向性和自我控制的关系[J]. 中国心理卫生杂志，2019，33(2)：153-157.

[305] 唐辉一，罗超，王悠悠，等. 高中生不良人际关系对其心理资本的影响：领悟社会支持的中介作用及其城乡差异[EB/OL]. http://kns. cnki. net/kcms/detail/11.5257. R. 20211108. 1917. 026. html.

[306] Judge T A，Erez A，Bono J E，et al. The core self-evaluations scale：Development of a measure[J]. Personnel Psychology，2003，56（2）：303-331.

[307] Judge T A，Bono J E. Relationship of core self-evaluations traits—self-esteem，generalized self-efficacy，locus of control，and emotional stability—with job satisfaction and job performance：A meta-analysis [J]. Journal of Applied Psychology，2001，86（1）：80.

[308] 王旭,刘衍玲,林杰,等. 亲子关系对中学生心理健康的影响:社会支持和心理素质的链式中介作用[J]. 心理发展与教育,2022,38（2）：263-271.

[309] Demaray M K，Malecki C K. Critical levels of perceived social support associated with student adjustment[J]. School Psychology Quarterly，2002,17（3）：213.

[310] Luszczynska A，Scholz U，Schwarzer R. The general self-efficacy scale： Multicultural validation studies ［J］. The Journal of Psychology，2005,139（5）：439-457.

[311] 郑日昌. 大学生心理诊断[M]. 济南:山东教育出版社,1999:339-344.

[312] Judge T A，Erez A，Bono J E，et al. The core self-evaluations scale：Development of a measure[J]. Personnel Psychology，2003,56（2）：303-331.

[313] 杜建政,张翔,赵燕. 核心自我评价的结构验证及其量表修订[J]. 心理研究,2012,5（3）：54-60.

[314] 叶悦妹,戴晓阳. 大学生社会支持评定量表的编制[J]. 中国临床心理学杂志,2008（5）：456-458.

[315] Feder M M，Diamond G M. Parent-therapist alliance and parent attachment-promoting behaviour in attachment-based family therapy for suicidal and depressed adolescents[J]. Journal of Family Therapy，2016,38（1）：82-101.

[316] Buist K L，Verhoeven M，Paranjpe A，et al. Associations of perceived sibling and parent-child relationship quality with internalizing and externalizing problems：Comparing indian and dutch

early adolescents[J]. The Journal of Early Adolescence,2017,37(8):1163-1190.

[317]Riggs S A. Childhood emotional abuse and the attachment system across the life cycle:What theory and research tell us[J]. Journal of Aggression,Maltreatment & Trauma,2010,19(1):5-51

[318]汤芙蓉,张大均,刘衍玲.大学生成人依恋、社会支持与抑郁的关系[J].心理发展与教育,2009,25(3):95-100.

[319]林国凤,耿靖宇,高峰强,等.大学生依恋回避与抑郁:复合中介模型的检验[J].中国临床心理学杂志,2018,26(1):82-85.

[320]王洪礼,刘红.大学生创新精神的心理测量学研究[J].心理科学,2009,32(3):679-681.

[321]尹俊婷,王冠,罗俊龙.威胁对创造力的影响:认知与情绪双加工路径[J].心理科学进展,2021,29(5):815-826.

[322]董念念,王雪莉.社会信息处理视域下创意实施激发员工创造力的机制研究:渠道效用感知的调节效应[J].科技进步与对策,2021,38(18):147-153.

[323]卢家楣,刘伟,贺雯,等.情绪状态对学生创造性的影响[J].心理学报,2002(4):381-386.

[324]李丽娜,张帆,齐音,等.情绪表达与留守儿童孤独感的关系:亲子沟通的中介作用及性别的调节作用[J].中国健康心理学杂志,2021,29(11):1756-1760.

[325]余彩云,陈世民,夏雪梅.高职生儿童期创伤与负性自动思维和情绪表达性的关系[J].中国心理卫生杂志,2021,35(11):929-934.

[326]王洪礼,刘红.大学生创新精神的心理测量学研究[J].心理科学,2009,32(3):679-681.

[327]申继亮,陈英和.中国教育心理测评手册[M].北京:高等教育出版社,2014:438-442.

[328]Morris A S, Silk J S, Robinson L R, et al. The role of the family context in the development of emotion regulation [J]. Social Development,2007,16(2):361-388.

[329]罗晓路,俞国良.青少年创造力、心理健康发展特点及相互关系[J].中

国教育学刊,2010(6):15-19.

[330] 俞国良,张伟达.创造力与心理健康:争议、证据及其研究展望[J].河北学刊,2020,40(5):168-177.

[331] Ryan R M，et al. Self-determination theory and the facilitation of intrinsic motivation， social development， and well-being ［J］. American Psychologist，2000，55(1):68-78.

[332] Topçu S, Leana-Taşcılar M Z. The role of motivation and self-esteem in the academic achievement of Turkish gifted students[J]. Gifted Education International，2018，34(1):3-18.

[333] 刘广增,潘彦谷,李卫卫,等.自尊对青少年社交焦虑的影响:自我概念清晰性的中介作用[J].中国临床心理学杂志,2017,25(1):151-154.

[334] Eisenbarth C. Does self-esteem moderate the relations among perceived stress， coping， and depression? ［J］. College Student Journal，2012,46(1):149-157.

[335] Brewer G，Kerslake J. Cyberbullying，self-esteem，empathy and loneliness[J]. Computers in Human Behavior，2015,48:255-260.

[336] Roley M E，Kawakami R，Baker J，et al. Family cohesion moderates the relationship between acculturative stress and depression in Japanese adolescent temporary residents［J］. Journal of Immigrant and Minority Health，2013,16(6):1299-1302.

[337] Fergusson D M，Horwood L J，Lynskey M T. Family change，parental discord and early offending[J]. Journal of Child Psychology and Psychiatry，1992，33(6):1059-1075.

[338] 王富百慧.家庭资本与教养方式:青少年身体活动的家庭阶层差异[J].体育科学,2019,39(3):48-57.

[339] 何爽,辛向,李俊丽,等.家庭亲密度和大学新生学校适应的关系:分离——个体化的中介作用[J].中国特殊教育,2014(5):87-90,96.

[340] 孙洪礼.家庭亲密度对大学生自尊的影响:生命意义的中介作用[EB/OL]. http://kns.cnki.net/kcms/detail/11.5257.R.20211103.1743.005.html.

[341] 任曦,王妍,胡翔,等.社会支持缓解高互依自我个体的急性心理应激反

应[J].心理学报,2019,51(4):497-506.

[342] Lakey B, Orehek E. Relational regulation theory: A new approach to explain the link between perceived social support and mental health [J]. Psychological Review, 2011,118(3):482-498.

[343] 张紫璇.大学生自我接纳与社交焦虑的关系:领悟社会支持的中介作用[D].长春:吉林大学,2016.

[344] Kerres M C, Kilpatrick D M. Measuring perceived social support: Development of the child and adolescent social support scale (C)ASSS [J]. Psychology in the Schools, 2002, 39(1):1-18.

[345] Sodeify R, Tabrizi F M. Nursing students' perceptions of effective factors on mental health: A qualitative content analysis [J]. International Journal of Community Based Nursing and Midwifery, 2020, 8(1):34.

[346] Fried Y, Tiegs R B. The main effect model versus buffering model of shop steward social support: A study of rank-and-file auto workers in the USA [J]. Journal of Organizational Behavior, 1993, 14(5): 481-493.

[347] 臧宏运,郑德伟,郎芳,等.有留守经历大学生自我效能感自尊在领悟社会支持和心理健康间的中介作用[J].中国学校卫生,2018,39(9): 1332-1335.

[348] 邢怡伦,王建平,尉玮,等.社会支持对青少年焦虑的影响:情绪调节策略的中介作用[J].中国临床心理学杂志,2016,24(6):1079-1082.

[349] Coplan R J, Rose-Krasnor L, Weeks M, et al. Alone is a crowd: Social motivations, social withdrawal, and socioemotional functioning in later childhood[J]. Developmental Psychology, 2013, 49(5):861.

[350] 姚若松,郭梦诗.社会支持对大学生社会幸福感的影响——希望的中介作用[J].心理学探新,2018,38(2):164-170.

[351] 刘济榕,王泉泉.日常压力对流动儿童诚信感的影响:社会支持与逆境信念的调节作用[J].心理发展与教育,2018,34(5):548-557.

[352] Judge T A, Bono J E. Relationship of core self-evaluations traits—self-esteem, generalized self-efficacy, locus of control, and emotional

stability—with job satisfaction and job performance：A meta-analysis [J]. Journal of Applied Psychology，2001,86(1):80-92.

[353] 黎建斌,聂衍刚.核心自我评价研究的反思与展望[J].心理科学进展, 2010,18(12):1848-1857.

[354] 罗杰,陈维,杨桂芳,等.大学生主动性人格对其拖延行为的影响:核心自我评价的中介作用[J].心理与行为研究,2019,17(5):692-698.

[355] 常淑敏,荆建蕾,郭玲静,等.发展资源与主观幸福感:核心自我评价的中介作用及性别差异[J].心理学探新,2017,37(6):555-560.

[356] 彭小兵,曹若茗.大学生核心自我评价对就业质量的影响:就业期望的中介作用[J].黑龙江高教研究,2020,38(8):121-126.

[357] Judge T A, Erez A, Bono J E. The core self-evaluations scale(c)ses：Development of a measure[J]. Personnel Psychology，2003,56(2)：303-331.

[358] 杜建政,张翔,赵燕.核心自我评价的结构验证及其量表修订[J].心理研究,2012,5(3):54-60.

[359] 叶悦妹,戴晓阳.大学生社会支持评定量表的编制[J].中国临床心理学杂志,2008(5):456-458.

[360] 费立鹏,沈其杰,郑延平,等."家庭亲密度和适应性量表"和"家庭环境量表"的初步评价——正常家庭与精神分裂症家庭成员对照研究[J].中国心理卫生杂志,1991(5):198-202,238.

[361] Xiu L, Yang Y, Han T, et al. Emotional expression inhibits attention bias：From the post-truth era perspective [J]. Social Behavior and Personality，2020,48(4):1-9.

[362] 孙彦,李纾,殷晓莉.决策与推理的双系统——启发式系统和分析系统[J].心理科学进展,2007(5):721-726.

[363] 李爱梅,谭磊,孙海龙,等.睡眠剥夺影响风险决策的双系统模型探讨[J].心理科学进展,2016,24(5):804-814.

[364] Wang X T. Emotions within reason：Resolving conflicts in risk preference[J]. Cognition and Emotion，2006,20(8):1132-1152.

[365] Shen W, Zhao Y, Hommel B, et al. The impact of spontaneous and induced mood states on problem solving and memory[J]. Thinking

Skills and Creativity，2019,32:66-74.

[366] 王云强,郭本禹,吴慧红.情绪状态对大学生道德判断能力的影响[J].心理科学,2007(6):1324-1327.

[367] Baas M，Roskes M，Koch S，et al. Why social threat motivates malevolent creativity[J]. Personality and Social Psychology Bulletin，2019，45(11):1590-1602.

[368] Pavelescu L M. Motivation and emotion in the EFL learning experience of Romanian adolescent students：Two contrasting cases[J]. Studies in Second Language Learning and Teaching，2019,9(1):55-82.

[369] Pekrun R，Goetz T，Frenzel A C，et al. Measuring emotions in students' learning and performance：The achievement emotions questionnaire（AEQ）[J]. Contemporary Educational Psychology，2011,36(1):36-48.

[370] 尹俊婷,王冠,罗俊龙.威胁对创造力的影响:认知与情绪双加工路径[J].心理科学进展,2021,29(5):815-826.

[371] 张晓渝.休谟与康德:动机情感主义与理性主义之分及其当代辩护[J].道德与文明,2015(4):140-146.

[372] 王晓莎,毕彦超.抽象概念语义表征的认知神经基础研究[J].生理学报,2019 (1):117-126.

[373] Ekman P，Friesen W V. Felt，false，and miserable smiles[J]. Journal of Nonverbal Behavior，1982 (4):238-252.

[374] Gutiérrez-García A，Calvo M G. Discrimination thresholds for smiles in genuine versus blended facial expressions[J]. Cogent Psychology，2015 (1):1064586.

[375] Krumhuber E，Manstead A S R，Cosker D，et al. Effects of dynamic attributes of smiles in human and synthetic faces：A simulated job interview setting[J]. Journal of Nonverbal Behavior，2009 (1):1-15.

[376] Mavadati S M，Mahoor M H，Bartlett K，et al. Disfa：A spontaneous facial action intensity database[J]. IEEE Transactions on Affective Computing，2013 (2):151-160.

[377] Scherer K R, Ellgring H. Are facial expressions of emotion produced by categorical affect programs or dynamically driven by appraisal? [J]. Emotion, 2007 (1):113.

[378] Frank M G, Ekman P, Friesen W V. Behavioral markers and recognizability of the smile of enjoyment[J]. Journal of Personality and Social Psychology,1993 (1):83.

[379] Evans D. The Search Hypothesis[M]//Evans D, Cruse P. Emotion, evolution and rationality. Oxford: Oxford University Press, 2004: 179-191.

[380] Plutchik R. Emotions and life: Perspectives from psychology, biology, and evolution [R]. American Psychological Association, 2003.

[381] McLellan T L, Wilcke J C, Johnston L, et al, Sensitivity to posed and genuine displays of happiness and sadness: A FMRI study[J]. Neuroscience Letters, 2012 (2):149-154.

[382] Rinn W E. The neuropsychology of facial expression: A review of the neurological and psychological mechanisms for producing facial expressions[J]. Psychological Bulletin,1984 (1):52.

[383] Ekman P. Darwin, deception, and facial expression[J]. Annals of the New York Academy of Sciences, 2003, 1000(1):205-221.

[384] Krumhuber E G, Manstead A S R. Can Duchenne smiles be feigned? New evidence on felt and false smiles[J]. Emotion, 2009 (6):807.

[385] Ekman P, Davidson R J, Friesen W V. The Duchenne smile: Emotional expression and brain physiology: II [J]. Journal of Personality and Social Psychology, 1990, 58(2):342.

[386] Soussignan R, Schaal B. Forms and social signal value of smiles associated with pleasant and unpleasant sensory experience [J]. Ethology, 1996 (8):1020-1041.

[387] Ekman P, Friesen W V, O'sullivan M. Smiles when lying[J]. Journal of Personality and Social Psychology, 1988 (3):414.

[388] Frank M G, Ekman P. Not all smiles are created equal: The

differences between enjoyment and nonenjoyment smiles [J]. International Jorurnal of Humor Research, 1993, 6(1):9-26.

[389] Ekman P, Davidson R J, Friesen W V. The Duchenne smile: Emotional expression and brain physiology: Ⅱ [J]. Journal of Personality and Social Psychology, 1990 (2):342.

[390] Schneider K, Josephs I. The expressive and communicative functions of preschool children's smiles in an achievement-situation[J]. Journal of Nonverbal Behavior, 1991 (3):185-198.

[391] Bolzani Dinehart L H, Messinger D S, Acosta S I, et al. Adult perceptions of positive and negative infant emotional expressions[J]. Infancy, 2005 (3):279-303.

[392] Frank M G, Ekman P, Friesen W V. Behavioral markers and recognizability of the smile of enjoyment[J]. Journal of Personality and Social Psychology, 1993 (1):83.

[393] Powell W R, Schirillo J A. Asymmetrical facial expressions in portraits and hemispheric laterality: A literature review [J]. Laterality, 2009 (6):545-572.

[394] Ekman P, Hager J C, Friesen W V. The symmetry of emotional and deliberate facial actions[J]. Psychophysiology, 1981 (2):101-106.

[395] Krumhuber E G, Manstead A S R. Can Duchenne smiles be feigned? New evidence on felt and false smiles[J]. Emotion, 2009 (6):807.

[396] Skinner M, Mullen B. Facial asymmetry in emotional expression: A meta-analysis of research[J]. British Journal of Social Psychology, 1991 (2):113-124.

[397] Ambadar Z, Cohn J F, Reed L I. All smiles are not created equal: Morphology and timing of smiles perceived as amused, polite, and embarrassed/nervous[J]. Journal of Nonverbal Behavior, 2009 (1): 17-34.

[398] Schmidt K L, Bhattacharya S, Denlinger R. Comparison of deliberate and spontaneous facial movement in smiles and eyebrow raises[J]. Journal of Nonverbal Behavior, 2009 (1):35-45.

[399] Schmidt K L, Ambadar Z, Cohn J F, et al. Movement differences between deliberate and spontaneous facial expressions: Zygomaticus major action in smiling[J]. Journal of Nonverbal Behavior, 2006 (1): 37-52.

[400] Ekman P, Friesen W V. Felt, false, and miserable smiles[J]. Journal of Nonverbal Behavior, 1982 (4):238-252.

[401] Hess U, Blairy S, Kleck R E. The intensity of emotional facial expressions and decoding accuracy [J]. Journal of Nonverbal Behavior, 1997 (4):241-257.

[402] Hess U, Kleck R E. Differentiating emotion elicited and deliberate emotional facial expressions [J]. European Journal of Social Psychology, 1990 (5):369-385.

[403] Schmidt K L, Ambadar Z, Cohn J F, et al. Movement differences between deliberate and spontaneous facial expressions: Zygomaticus major action in smiling[J]. Journal of Nonverbal Behavior, 2006, 30 (1):37-52.

[404] Schmidt K L, Bhattacharya S, Denlinger R. Comparison of deliberate and spontaneous facial movement in smiles and eyebrow raises[J]. Journal of Nonverbal Behavior, 2009 (1):35-45.

[405] Hess U, Kleck R E. Differentiating emotion elicited and deliberate emotional facial expressions [J]. European Journal of Social Psychology, 1990 (5):369-385.

[406] Weiss F, Blum G S, Gleberman L. Anatomically based measurement of facial expressions in simulated versus hypnotically induced affect [J]. Motivation and Emotion, 1987 (1):67-81.

[407] Frank M G, Ekman P. Not all smiles are created equal: The differences between enjoyment and nonenjoyment smiles [J]. International Jorurnal of Humor Research, 1993, 6(1):9-26.

[408] Gosselin P, Perron M, Legault M, et al. Children's and adults' knowledge of the distinction between enjoyment and nonenjoyment smiles[J]. Journal of Nonverbal Behavior, 2002 (2):83-108.

[409] Boraston Z L, Corden B, Miles L K, et al. Brief report: Perception of genuine and posed smiles by individuals with autism[J]. Journal of Autism and Developmental Disorders, 2008 (3):574-580.

[410] Manera V, Del Giudice M, Grandi E, et al. Individual differences in the recognition of enjoyment smiles: No role for perceptual-attentional factors and autistic-like traits [J]. Frontiers in Psychology, 2011(2):143.

[411] Perron M, Roy-Charland A. Analysis of eye movements in the judgment of enjoyment and non-enjoyment smiles[J]. Frontiers in Psychology, 2013(4):659.

[412] Calvo M G, Gutiérrez-García A, Avero P, et al. Attentional mechanisms in judging genuine and fake smiles: Eye-movement patterns[J]. Emotion, 2013 (4):792.

[413] Gosselin P, Beaupré M, Boissonneault A. Perception of genuine and masking smiles in children and adults: Sensitivity to traces of anger [J]. The Journal of Genetic Psychology, 2002 (1):58-71.

[414] Krumhuber E, Manstead A S R, Cosker D, et al. Effects of dynamic attributes of smiles in human and synthetic faces: A simulated job interview setting[J]. Journal of Nonverbal Behavior, 2009 (1):1-15.

[415] Manera V, Del Giudice M, Grandi E, et al. Individual differences in the recognition of enjoyment smiles: No role for perceptual-attentional factors and autistic-like traits [J]. Frontiers in Psychology, 2011(2):143.

[416] Boraston Z L, Corden B, Miles L K, et al. Brief report: Perception of genuine and posed smiles by individuals with autism[J]. Journal of Autism and Developmental Disorders, 2008 (3):574-580.

[417] Gosselin P, Perron M, Legault M, et al. Children's and adults' knowledge of the distinction between enjoyment and nonenjoyment smiles[J]. Journal of Nonverbal Behavior, 2002 (2):83-108.

[418] Perron M, Roy-Charland A. Analysis of eye movements in the judgment of enjoyment and non-enjoyment smiles[J]. Frontiers in

Psychology，2013（4）：659.

[419] Granhag P A，Strömwall L A. Research on deception detection： Intersections and future challenges [M]. Cambridge：Cambridge University Press，2004.

[420] Bartlett M，Littlewort G，Vural E，et al. Insights on spontaneous facial expressions from automatic expression measurement [M]. Cambridge：MIT Press，2010.

[421] Yan W J，Wu Q，Liang J，et al. How fast are the leaked facial expressions：The duration of micro-expressions [J]. Journal of Nonverbal Behavior，2013（4）：217-230.

[422] Pantic M，Patras I. Dynamics of facial expression：Recognition of facial actions and their temporal segments from face profile image sequences [J]. IEEE Transactions on Systems，Man，and Cybernetics，Part B（Cybernetics），2006（2）：433-449.

[423] Sebe N，Lew M S，Sun Y，et al. Authentic facial expression analysis [J]. Image and Vision Computing，2007（12）：1856-1863.

[424] Littlewort G，Whitehill J，Wu T，et al. The computer expression recognition toolbox（C)ERT[C]//2011 IEEE international conference on automatic face & gesture recognition（FG）. IEEE，2011：298-305.

[425] Wu T，Butko N J，Ruvolo P，et al. Multilayer architectures for facial action unit recognition[J]. IEEE Transactions on Systems，Man，and Cybernetics，Part B（Cybernetics），2012（4）：1027-1038.

[426] 叶浩生."具身"含义的理论辨析[J].心理学报,2014（7）:1032-1042.

[427] 叶浩生.具身认知:认知心理学的新取向[J].心理科学进展,2010（5）: 705-710.

[428] 殷融,苏得权,叶浩生.具身认知视角下的概念隐喻理论[J].心理科学 进展,2013（2）:220-234.

[429] 叶浩生.具身认知的原理与应用[M].北京：商务印书馆,2017:270.

[430] 谢久书,王瑞明,张昆,等.不同类型的知觉刺激对语言理解的影响[J]. 心理发展与教育,2012(5):502-509.

[431] 郑皓元,叶浩生,苏得权.有关具身认知的三种理论模型[J].心理学探

新,2017（3）:195-199.

[432] 王金龙,曾绪,鲜大权.对象概念的具身认知能力模型构建[J].心理学探新,2019（3）:200-205.

[433] 章玉祉,张积家.具身模拟程度和具体性对词语效价表征的影响[J].心理科学,2015（3）:538-542.

[434] 沈曼琼,谢久书,张昆,等.二语情绪概念理解中的空间隐喻[J].心理学报,2014（11）:1671-1681.

[435] Niedenthal P M. Embodying emotion[J]. Science，2007（5827）:1002-1005.

[436] 刘亚,王振宏,孔风.情绪具身观:情绪研究的新视角[J].心理科学进展,2011（1）:50-59.

[437] 唐佩佩,叶浩生,杜建政.权力概念与空间大小:具身隐喻的视角[J].心理学报,2015（4）:514-521.

[438] 杨惠兰,何先友,赵雪汝,等.权力的概念隐喻表征:来自大小与颜色隐喻的证据[J].心理学报,2015（7）:939-949.

[439] 刘耀中,谢宜均,彭滨,等.权力具身效应的影响因素及机制[J].心理学探新,2018（1）:25-30.

[440] 王丛兴,马建平,邓珏,等.概念加工深度影响道德概念水平方位隐喻联结[J].心理学报,2020（4）:426-439.

[441] 殷融,叶浩生.道德概念的黑白隐喻表征及其对道德认知的影响[J].心理学报,2014（9）:1331-1346.

[442] 贾宁,陈换娟,鲁忠义.句子启动范式下的道德概念空间隐喻:匹配抑制还是匹配易化？[J].心理发展与教育,2018（5）:541-547.

[443] 张良.具身认知理论视域中课程知识观的重建[J].课程·教材·教法,2016（3）:65-70.

[444] 马晓羽,葛鲁嘉.基于具身认知理论的课堂教学变革[J].黑龙江高教研究,2018（1）:5-9.

[445] 殷融,叶浩生.道德概念的黑白隐喻表征及其对道德认知的影响[J].心理学报,2014（9）:1331-1346.

[446] 贾宁,蒋高芳.道德概念垂直空间隐喻的心理现实性及双向映射[J].心理发展与教育,2016（2）:158-165.

［447］殷融,苏得权,叶浩生.具身认知视角下的概念隐喻理论［J］.心理科学进展,2013（2）:220-234.

［448］殷融,苏得权,叶浩生.具身认知视角下的概念隐喻理论［J］.心理科学进展,2013（2）:220-234.

［449］Robinson M D，Zabelina D L，Ode S，et al. The vertical nature of dominance-submission：Individual differences in vertical attention［J］. Journal of Research in Personality，2008（4）:933-948.

［450］Madzharov A V，Block L G，Morrin M. The cool scent of power：Effects of ambient scent on consumer preferences and choice behavior［J］. Journal of Marketing，2015（1）:83-96.

［451］陈巍,殷融,张静.具身认知心理学:大脑、身体与心灵的对话［M］.北京:科学出版社,2021:93.

［452］刘耀中,谢宜均,彭滨,等.权力具身效应的影响因素及机制［J］.心理学探新,2018（1）:25-30.

［453］陈乐乐.具身教育课程的内涵、理论基础和实践路向［J］.课程·教材·教法,2016（10）:11-18.

［454］梁静,阮倩男,李贺,等.认知负荷取向下基于记忆—反应冲突的欺骗检测［J］.心理科学进展,2020（10）:1619-1630.

［455］梁静,颜文靖,陈文锋,等.影响说谎行为的情境因素——基于自我概念维持理论的视角［J］.心理与行为研究,2016（5）:709-714.

［456］Louden R B. Kant's impure ethics：From rational beings to human beings［M］. Oxford：Oxford University Press，2002.

［457］Smolensky E，Becker S，Molotch H. The prisoner's dilemma and ghetto expansion［J］. Land Economics，1968（4）:419-430.

［458］Sandmo A. The theory of tax evasion：A retrospective view［J］. National Tax Journal，2005（4）:643-663.

［459］Jawahar I M，Stone T H，Kisamore J L. Role conflict and burnout：The direct and moderating effects of political skill and perceived organizational support on burnout dimensions［J］. International Journal of Stress Management，2007（2）:142.

［460］Ma Y，McCabe D L，Liu R. Students' academic cheating in Chinese universities：Prevalence，influencing factors，and proposed action[J]. Journal of Academic Ethics，2013（3）：169-184.

[461] Tversky K A. Prospect theory：An analysis of decision under risk[J]. Econometrica，1979（2）：263-291.

[462] Mazar N，Amir O，Ariely D. The dishonesty of honest people：A theory of self-concept maintenance［J］. Journal of Marketing Research，2008（6）：633-644.

[463] Wheeler S C，Berger J. When the same prime leads to different effects[J]. Journal of Consumer Research，2007（3）：357-368.

[464] Sela A，Shiv B. Unraveling priming：When does the same prime activate a goal versus a trait？［J］. Journal of Consumer Research，2009（3）：418-433.

[465] Shu L L，Mazar N，Gino F，et al. Signing at the beginning makes ethics salient and decreases dishonest self-reports in comparison to signing at the end［J］. Proceedings of the National Academy of Sciences，2012（38）：15197-15200.

[466] 张颖，冯廷勇.青少年风险决策的发展认知神经机制[J].心理科学进展，2014（7）：1139-1148.

[467] Kokis J V，Macpherson R，Toplak M E，et al. Heuristic and analytic processing：Age trends and associations with cognitive ability and cognitive styles[J]. Journal of Experimental Child Psychology，2002（1）：26-52.

[468] Simon H A. Rational choice and the structure of the environment[J]. Psychological Review，1956（2）：129.

[469] 李纾. 确定、不确定及风险状态下选择反转："齐当别"选择方式的解释［J］. 心理学报，2005（4）：427-433.

[470] Wang X T. Emotions within reason：Resolving conflicts in risk preference[J]. Cognition and Emotion，2006（8）：1132-1152.

[471] Fredrickson B L. The role of positive emotions in positive psychology：The broaden-and-build theory of positive emotions[J]. American Psychologist，2001（3）：218.

［472］Forgas J P，East R. On being happy and gullible：Mood effects on skepticism and the detection of deception［J］. Journal of Experimental Social Psychology，2008 (5)：1362-1367.

［473］Pyone J S, Isen A M. Positive affect，intertemporal choice，and levels of thinking：Increasing consumers' willingness to wait［J］. Journal of Marketing Research，2011 (3)：532-543.

［474］蒋元萍,江程铭,胡天翊,等.情绪对跨期决策的影响:来自单维占优模型的解释［J］.心理学报,2022 (2):122-140.

附录 A 小学生法律意识测评量表

A-1 学生法律认知测评量表

亲爱的小学生:

你们好! 这份问卷是关于大家对法律的一些基本看法。请仔细阅读题目,并在题目后面的选项中选择最适合你自己的选项,并画圈。例如,题目是"我是一名小学生",选项中①②③④⑤分别代表完全不符合、不太符合、不确定、比较符合、完全符合。因为你们是小学生,所以应选择⑤,即"完全符合"。本次调查采取匿名方式,且答案无好坏之分,所以请按照真实情况作答。谢谢大家的参与。

性别:1.男生(　　) 2.女生(　　) (请在对应的性别后打√)

年级:1.四年级(　　) 2.五年级(　　) 3.六年级(　　) (请在对应的年级后打√)

题　目	完全不符合	比较不符合	不确定	比较符合	完全符合
1.法律上来讲,我认为我可以独自去买文具。	1	2	3	4	5
2.法律上来讲,我认为我可以独自去买电脑。	1	2	3	4	5
3.我认为律师是提供法律服务的职业人员。	1	2	3	4	5
4.我知道打官司会用到法律方面的知识,比如在离婚的时候。	1	2	3	4	5
5.在大多数情况下,借钱的时候写了欠条,法律会让写欠条的人还钱。	1	2	3	4	5

续表

题　目	完全 不符合	比较 不符合	不确定	比较 符合	完全 符合
6. 我知道《中华人民共和国宪法》是根本大法。	1	2	3	4	5
7. 我知道《中华人民共和国义务教育法》。	1	2	3	4	5
8. 我知道《中华人民共和国未成年人保护法》。	1	2	3	4	5
9. 我认为成年子女有赡养扶助父母的义务。	1	2	3	4	5
10. 我觉得去学校读书是我的一种权利。	1	2	3	4	5
11. 当我受教育的权利被侵犯时，我可以通过法律途径来维护。	1	2	3	4	5
12. 我觉得法律可以维护秩序。	1	2	3	4	5
13. 我觉得法律面前人人平等。	1	2	3	4	5
14. 在我看来，大多数人都会遵守规则。	1	2	3	4	5
15. 法律应该禁止非法剥夺他人的生命。	1	2	3	4	5
16. 大多数人认为法律很公平。	1	2	3	4	5

A－2　小学生法律情感测评量表

亲爱的少年朋友：

　　你好！本次测试只作为一项调查活动，不用填写姓名，各种答案没有正确、错误之分。你只需要按照自己的实际情况，认真回答就可以了。下面是你对我国法律制度、法治精神、基本权利义务的一些情绪体验，请选择一个最符合实际情况的答案。每个题目后面的五个数字代表这些情绪体验与你自身情况的符合程度。

　　请仔细阅读每一道题目，并在后面相应的数字上打"√"。请先在这里填好个人基本情况。

　　年级：＿＿＿＿＿＿＿＿＿＿＿＿＿

　　性别：＿＿＿＿＿＿＿＿＿＿＿＿＿

题　目	完全 不符合	比较 不符合	不确定	比较 符合	完全 符合
1. 我相信法律可以很好地调节人与人之间的关系。	1	2	3	4	5
2. 我认为法律与生活密不可分。	1	2	3	4	5
3. 我认为法律是和谐社会不可缺少的一部分。	1	2	3	4	5
4. 我坚信法律是保护人民的坚强盾牌。	1	2	3	4	5
5. 我相信法律面前每个人都可以得到公正的对待。	1	2	3	4	5
6. 我希望法律平等对待每个人的合法权利。	1	2	3	4	5
7. 我期盼越来越完善的法律让生活越来越好。	1	2	3	4	5
8. 我希望法律永远坚持公平正义。	1	2	3	4	5
9. 我期望人们以后能更多地使用法律进行维权。	1	2	3	4	5
10. 我想要学习更多的法律知识。	1	2	3	4	5
11. 我想了解法律规定的权利和义务。	1	2	3	4	5
12. 我对各种不同类型的法律(如刑法、民法、劳动法、行政法)很感兴趣。	1	2	3	4	5
13. 我想知道更多有关法律援助的途径。	1	2	3	4	5
14. 我认为法律其实不能保护每个人的合法利益。	1	2	3	4	5
15. 我认为法律对弱势群体的保障没有落实。	1	2	3	4	5
16. 我认为并不是每个人都能得到法律公正的对待。	1	2	3	4	5
17. 我认为法律援助没有任何意义。	1	2	3	4	5
18. 法律维权的结果总是不如人意。	1	2	3	4	5
19. 我认为法律对网络上的行为没有约束作用。	1	2	3	4	5
20. 我厌恶法律限制我的活动。	1	2	3	4	5
21. 我讨厌法律强迫我们履行义务。	1	2	3	4	5
22. 我厌恶法律为我们设定的行为准则。	1	2	3	4	5
23. 我厌恶法律强迫我们遵守规定。	1	2	3	4	5
24. 学习法律知识很痛苦。	1	2	3	4	5

附录 B 中学生法律意识测评量表

B－1 中学生法律认知测评量表

亲爱的同学：

你好！本次调查的是关于中学生对法律的基本观点和看法，请根据你的实际情况作答，从①到⑤分别代表"完全不符合"到"完全符合"，请在符合你的情况上画"√"。本问卷采用不记名方式作答，遵循保密原则，请放心作答。请不要遗留选项，非常感谢你的参与！

一、基本资料

1. 年级：①初一　　　　②初二　　　　③初三
2. 性别：①男　　　　②女

二、法律认知

题 目	完全不符合	比较不符合	不确定	比较符合	完全符合
1. 我觉得法律可以维护秩序。	1	2	3	4	5
2. 我觉得法律面前人人平等。	1	2	3	4	5
3. 在我看来，大多数人都会遵守规则。	1	2	3	4	5
4. 我觉得法律可以确保我们的人身和财产的安全。	1	2	3	4	5
5. 我认为法律很公平。	1	2	3	4	5

续表

题　目	完全不符合	比较不符合	不确定	比较符合	完全符合
6.我知道《中华人民共和国宪法》的基本内容体系。	1	2	3	4	5
7.我知道《中华人民共和国义务教育法》的一些内容。	1	2	3	4	5
8.我知道《中华人民共和国未成年人保护法》。	1	2	3	4	5
9.我认为父母有抚养教育未成年子女的义务。	1	2	3	4	5
10我认为成年子女有赡养扶助父母的义务。	1	2	3	4	5
11.我觉得去学校读书是我的一种权利。	1	2	3	4	5
12.当我的受教育权被侵犯时,我可以通过法律途径来维护。	1	2	3	4	5
13.我认为当别人借钱写了欠条,法律就会去保护这个借钱的人的利益。	1	2	3	4	5
14.我知道打官司会用到法律方面的知识。	1	2	3	4	5
15.我知道律师具体是做什么的。	1	2	3	4	5
16.法律上来讲,我可以独自去买文具。	1	2	3	4	5
17.法律上来讲,我认为我可以独自去买电脑。	1	2	3	4	5

B-2　中学生法律情感测评量表

同学:

你好! 下面是你对我国法律制度、法治精神、基本权利义务的一些情绪体验,请选择一个最符合实际情况的答案。每个题目后面的五个数字代表这些情绪体验与你自身情况的符合程度:1 代表"非常不同意";2 代表"比较不同意";3 代表"不确定";4 代表"比较同意";5 代表"完全同意"。请仔细阅读每一道题目,并在后面相应的数字上打"√"。答案没有对错之分,我们会为你的作答进行保密,请放心填写。谢谢!

年级:＿＿＿＿＿＿＿＿＿＿＿＿

性别:＿＿＿＿＿＿＿＿＿＿＿＿

题　目	完全 不符合	比较 不符合	不确定	比较 符合	完全 符合
1.我认为法治社会可以带给人民幸福。	1	2	3	4	5
2.我觉得法律可以让我们的生活更加美好。	1	2	3	4	5
3.我认为法律可以平等对待我们的合法权利。	1	2	3	4	5
4.我认为在法律的保护下,社会会越来越美好。	1	2	3	4	5
5.我认为学习法律会引导我们向善。	1	2	3	4	5
6.我相信通过调解、诉讼等手段可以维护我的基本权利。	1	2	3	4	5
7.我认为越来越多的人会喜欢用法律的方式解决纠纷。	1	2	3	4	5
8.我对预防未成年人犯罪法的内容感兴趣。	1	2	3	4	5
9.我认为法律会为特殊主体(如残疾人)提供越来越多的权利。	1	2	3	4	5
10.我所承担的法律义务是合理的。	1	2	3	4	5
11.我对法院的庭审很感兴趣。	1	2	3	4	5
12.我对律师这个职业有点好奇。	1	2	3	4	5
13.我对自己应履行的法律义务很好奇。	1	2	3	4	5
14.我对自己即将拥有选举权很感兴趣。	1	2	3	4	5
15.我对具有最高法律地位的宪法感兴趣。	1	2	3	4	5
16.我认为法律权利会受到法律的保障。	1	2	3	4	5
17.我相信司法机关能维护正义。	1	2	3	4	5
18.我认为法律可以维护良好的社会秩序。	1	2	3	4	5
19.我相信法律可以预防违法犯罪。	1	2	3	4	5
20.法律可以保障我的人身安全不受侵犯。	1	2	3	4	5
21.我不喜欢宪法规定的各种法律义务。	1	2	3	4	5
22.我讨厌学习公民的基本法律权利。	1	2	3	4	5
23.法律的强制性让我讨厌。	1	2	3	4	5
24.法律义务让我觉得失去了自由。	1	2	3	4	5
25.去法院旁听庭审过程是一件令人生厌的事情。	1	2	3	4	5
26.看那些有关法律报道事件让我厌烦。	1	2	3	4	5

续表

题　目	完全 不符合	比较 不符合	不确定	比较 符合	完全 符合
27.学习法律基础知识让我厌烦。	1	2	3	4	5
28.我讨厌类似人民法院这样的司法机关。	1	2	3	4	5
29.我并不关心当前有哪些法律部门。	1	2	3	4	5
30.法律服务机构并不能维护我的合法权益。	1	2	3	4	5
31.法律在社会生活中的作用力不好。	1	2	3	4	5
32.我认为法律不一定惩罚侵害别人权利的人。	1	2	3	4	5
33.我觉得自己的基本权利没有得到保护。	1	2	3	4	5
34.法律不能让不平等现象减少。	1	2	3	4	5
35.我对人民检察院的公正性表示怀疑。	1	2	3	4	5
36.我觉得全面依法治国很难实现。	1	2	3	4	5
37.我不关心当前社会是不是法治社会。	1	2	3	4	5
38.我觉得维权行为很无聊。	1	2	3	4	5
39.法律不值得我尊重。	1	2	3	4	5
40.法律权利和法律义务是否平等，与我无关。	1	2	3	4	5
41.法律是什么与我无关。	1	2	3	4	5
42.我没有必要履行法律规定的义务。	1	2	3	4	5
43.我觉得我在网上发表任何言论都不会有问题。	1	2	3	4	5

B－3　中学生法律动机测评量表

亲爱的同学：

　　您好！我们正在做一项有关我国法律制度方面的调查测试，您的参与将对我们的研究提供很大的帮助。此问卷采用匿名填写的方式，题目无对错之分，您在回答问题时不必有任何顾虑。请您在认真阅读每个题目之后，凭第一感觉做出选择，不必过多思考。请严格按照各部分的要求进行回答，不要遗漏任何题目，否则您的答卷将无效。谢谢您对我们的支持和帮助！

性别：_____

年级：_____

题　　目	完全 不符合	比较 不符合	不确定	比较 符合	完全 符合
1. 我经常关注政治课中与法律有关的内容。	1	2	3	4	5
2. 我会因为对法律怀有好奇心所以想去了解它。	1	2	3	4	5
3. 我对自己有什么样的权利很感兴趣。	1	2	3	4	5
4. 我对学校开展的法律相关课程很感兴趣。	1	2	3	4	5
5. 我关注法律相关知识是因为它代表了公平正义。	1	2	3	4	5
6. 我觉得法律具有普遍约束力。	1	2	3	4	5
7. 我觉得违法行为会使我良心不安。	1	2	3	4	5
8. 我守法，是因为我觉得法律是解决问题相对公平的途径。	1	2	3	4	5
9. 我觉得在法律面前人人平等。	1	2	3	4	5
10. 我守法，因为我觉得法律代表正义。	1	2	3	4	5
11. 我觉得法律为我们评判个人的行为提供了准则。	1	2	3	4	5
12. 我觉得生活中很多事情需要法律来约束和调整。	1	2	3	4	5
13. 在生活中碰到一些问题后，我会联想到相关的法律。	1	2	3	4	5
14. 我觉得法律能为我们创造一个安全、健康、有序的社会环境。	1	2	3	4	5
15. 我觉得当自己权益受到侵犯时，可以拿起法律的武器保护自己。	1	2	3	4	5
16. 我觉得法律能够惩恶扬善。	1	2	3	4	5
17. 我觉得生活在法治社会中是幸福的。	1	2	3	4	5
18. 相对于其他处理纠纷的方式，通过法律的途径更方便。	1	2	3	4	5

A－B 中小学生法律意识测评量表(简版)

亲爱的同学：

你好！本次调查的是关于对我国法律的认知、评价、情感体验及意志的心理活动，请根据你的实际情况作答，从①到⑤分别代表"完全不符合"到"完全符合"，请在符合你的情况上画"√"。本问卷采用不记名方式作答，遵循保密原则，请放心作答。请不要遗漏选项，非常感谢你的参与！

年级：＿＿＿＿＿＿＿＿＿＿＿

性别：＿＿＿＿＿＿＿＿＿＿＿

题 目	完全 不符合	比较 不符合	不确定	比较 符合	完全 符合
1.我认为法律权利会受到法律的保障。	1	2	3	4	5
2.我认为法律可以维护良好的社会秩序。	1	2	3	4	5
3.我相信司法机关能维护正义。	1	2	3	4	5
4.我认为人民权益要靠法律保障。	1	2	3	4	5
5.我希望通过学习掌握更多的法律知识。	1	2	3	4	5
6.我希望自己在实际生活中能够善用法律。	1	2	3	4	5
7.我觉得晦涩难懂的法律知识没有必要掌握。	1	2	3	4	5
8.我觉得遵守法律是令人愉快的事情。	1	2	3	4	5
9.我认为法治社会可以带给人民幸福。	1	2	3	4	5
10.我认为在法律的保护下,社会会越来越美好。	1	2	3	4	5
11.我认为学习法律会引导我们向善。	1	2	3	4	5

附录 C　大学生法律意识测评量表

C-1　大学生法律认知测评量表

同学：

你好！非常感谢你参加大学生法律认知问卷调查，这是一组有关法律认知的问题，旨在了解目前大学生法律认知的现状。答案无对错之分，所以请你依据最真实的情况和意见来填写。同时我们承诺对你的作答进行保密，且你的回答只会用于科学研究，请放心作答。

年级：_____

性别：_____

专业：_____

题　目	完全 不符合	比较 不符合	不确定	比较 符合	完全 符合
1. 我认为法律是由国家制定的。	1	2	3	4	5
2. 我认为法律是以国家强制力保证实施的。	1	2	3	4	5
3. 我认为我国社会主义法律体现了人民意志。	1	2	3	4	5
4. 我知道《中华人民共和国宪法》是中华人民共和国的根本大法。	1	2	3	4	5
5. 我知道《中华人民共和国宪法》具有最高的法律效力。	1	2	3	4	5
6. 我认为任何组织和个人都不得有超越宪法和法律的特权。	1	2	3	4	5

续表

题　目	完全 不符合	比较 不符合	不确定	比较 符合	完全 符合
7.我知道我国宪法规定人民代表大会制度是根本政治制度。	1	2	3	4	5
8.我认为中华人民共和国公民在法律面前一律平等。	1	2	3	4	5
9.我认为人民权益要靠法律保障。	1	2	3	4	5
10.我认为法律权威要靠人民维护。	1	2	3	4	5
11.我认为应坚持依法治国和以德治国相结合。	1	2	3	4	5
12.我们要牢固树立宪法法律至上的观念。	1	2	3	4	5
13.我们要树立法律面前人人平等的基本法治观念。	1	2	3	4	5
14.我认为尊重和维护法律权威对全面依法治国至关重要。	1	2	3	4	5
15.我认为帮扶弱者为我国法律所规定和保护。	1	2	3	4	5
16.我认为公民合法的私有财产不受侵犯。	1	2	3	4	5
17.我认为法律应该保护我的个人隐私权。	1	2	3	4	5
18.我知道法律不允许公民的生命权被非法剥夺。	1	2	3	4	5
19.我知道公民依法享有选举权。	1	2	3	4	5
20.我认为公民有平等就业的权利。	1	2	3	4	5
21.我认为法律保障公民的宗教信仰自由。	1	2	3	4	5
22.我知道公民有权利申请旁听人民法院公开审判的案件。	1	2	3	4	5
23.我知道未经他人许可不得公开其隐私。	1	2	3	4	5
24我认为父母有抚养教育未成年子女的义务。	1	2	3	4	5
25.我认为成年子女有赡养扶助父母的义务。	1	2	3	4	5
26.我认为中华人民共和国公民有依法纳税的义务。	1	2	3	4	5
27.我知道维护国家主权和领土完整是全中国人民的共同义务。	1	2	3	4	5
28.我认为法律权利与法律义务相互依存,不可分割。	1	2	3	4	5
29.我认为法律权利与法律义务是平等的。	1	2	3	4	5

C-2   大学生法律情感测评量表

基本信息(相应选项打"√"即可)

你的性别:1.男(　　　)　　　2.女(　　　)

你的年级:1.大一(　　　)　　2.大二(　　　)　　3.大三(　　　)　　4.大四(　　　)

你的专业属于:1.文科(　　　)　　2.理工科(　　　)

下面是你对我国法律制度、法治精神、基本权利义务的一些情绪体验,请选择一个最符合实际情况的答案。每个题目后面的 5 个数字代表这些情绪体验与你自身情况的符合程度:1 代表"完全不符合";2 代表"比较不符合";3 代表"不确定";4 代表"比较符合";5 代表"完全符合"。请仔细阅读每一道题目,并在后面相应的数字上打"√"。

题　目	完全 不符合	比较 不符合	不确定	比较 符合	完全 符合
1.我认为法律可以维护良好的社会秩序。	1	2	3	4	5
2.我相信人民法院会公正司法。	1	2	3	4	5
3.我认为法治较人治而言,是一种值得信任的治理方式。	1	2	3	4	5
4.我相信个人的法律权利会受到法律保护。	1	2	3	4	5
5.我所承担的法律义务是合理的。	1	2	3	4	5
6.我认为学习法律会提升个人的综合素质。	1	2	3	4	5
7.我认为法治社会可以带给人民幸福。	1	2	3	4	5
8.我认为在法律的保护下,社会会越来越美好。	1	2	3	4	5
9.我觉得在日常生活当中运用法律知识解决问题很有趣,很有意思。	1	2	3	4	5
10."法律权利"是个美好的词。	1	2	3	4	5
11.我对自己享有的基本权利很感兴趣。	1	2	3	4	5

续表

题　目	完全 不符合	比较 不符合	不确定	比较 符合	完全 符合
12.我觉得依法治国希望渺茫。	1	2	3	4	5
13.法律在社会生活中的公信力并不好。	1	2	3	4	5
14.法律在社会生活中的作用力不好。	1	2	3	4	5
15.我觉得自己的基本权利没有得到保护。	1	2	3	4	5
16.我对社会主义法律的权威性感到失望。	1	2	3	4	5
17.法律是什么与我无关。	1	2	3	4	5
18.我不关心当前社会是不是法治社会。	1	2	3	4	5
19.我并不关心当前有哪些法律部门。	1	2	3	4	5
20.法律不值得我尊重。	1	2	3	4	5
21.我觉得相信法律是一件无聊的事情。	1	2	3	4	5
22.我觉得维权行为很无聊。	1	2	3	4	5
23.我觉得过马路闯红灯还被教育很没意思。	1	2	3	4	5
24.我不关注别人是否履行了法律义务。	1	2	3	4	5
25.法律权利和法律义务是否平等,与我无关	1	2	3	4	5
26.学习法律基础知识让我厌烦。	1	2	3	4	5
27.我讨厌类似人民法院这样的司法机关。	1	2	3	4	5
28.看那些卷入法律纠纷中的报道让我厌烦。	1	2	3	4	5
29.法律的强制性让我讨厌。	1	2	3	4	5
30.去法院旁听庭审过程是一件令人生厌的事情。	1	2	3	4	5
31.我讨厌学习公民的基本法律权利。	1	2	3	4	5
32.我不喜欢宪法规定的各种法律义务。	1	2	3	4	5
33.法律义务让我觉得失去了自由。	1	2	3	4	5

C-3 大学生法律动机测评量表

同学：

你好！非常感谢你参加大学生法律动机问卷调查,这是有关法律动机的一组问题,旨在了解目前大学生法律动机的现状。答案无对错之分,所以请同学们依据您最真实的情况和意见来填写。同时我们承诺对你的作答进行保密,且你的回答只会用于科学研究,请放心作答。

年级:＿＿＿＿＿＿＿＿＿＿＿＿＿

性别:＿＿＿＿＿＿＿＿＿＿＿＿＿

专业:＿＿＿＿＿＿＿＿＿＿＿＿＿

题　目	完全 不符合	比较 不符合	不确定	比较 符合	完全 符合
1.我觉得法治是一种令人感到满意的治国理政的方式。	1	2	3	4	5
2.我觉得使用法律使社会更有秩序。	1	2	3	4	5
3.我学习法律是为了培育法治思维。	1	2	3	4	5
4.我认为培育"法律至上"的观念很必要。	1	2	3	4	5
5.我认为守法是因为法律具有公正性。	1	2	3	4	5
6.我认为养成"任何人不得享有法律之外的特权"的观念很必要。	1	2	3	4	5
7.课后我经常关注与法律相关的知识。	1	2	3	4	5
8.我常想,如果不遵守法律,就容易出现不好的后果。	1	2	3	4	5
9.我学习法律的主要动力是想使我国成为一个法治社会。	1	2	3	4	5
10.我遵守法律是觉得这是现代公民应有的素质。	1	2	3	4	5
11.通过学习,我懂的法律知识比一般同学要多。	1	2	3	4	5
12.我想通过遵纪守法成为一名合格的公民。	1	2	3	4	5
13.我常因懂得更多的法律知识而产生强烈的满足感。	1	2	3	4	5

续表

题　目	完全 不符合	比较 不符合	不确定	比较 符合	完全 符合
14.我因努力学习法律知识而感到踏实。	1	2	3	4	5
15.我觉得,法律的使用可以抚平伤痛。	1	2	3	4	5
16.我觉得遵守法律是令人愉快的事情。	1	2	3	4	5
17.我觉得法律使用可以具有震慑效果。	1	2	3	4	5
18.我觉得很多人认为遵纪守法利大于弊。	1	2	3	4	5
19.对法律的了解使我对法律的学习兴趣越来越浓了。	1	2	3	4	5
20.我觉得使用法律使个人生活更美好。	1	2	3	4	5
21.我经常通过看法律专业书而有意识地提高自己的法律素养。	1	2	3	4	5
22.我觉得使用法律是社会进步的表现。	1	2	3	4	5